古兵探赜

走出古兵器认知误区

于炳文◎著

文物出版社

图书在版编目（CIP）数据

古兵探赜 / 于炳文著 . -- 北京：文物出版社，
2024.8
ISBN 978-7-5010-8410-4

Ⅰ.①古… Ⅱ.①于… Ⅲ.①兵器（考古）—介绍—中
国 Ⅳ.①K875.8

中国国家版本馆 CIP 数据核字（2024）第 076730 号

古兵探赜

——走出古兵器认知误区

著　　者：于炳文

封面题字：李　穆
责任编辑：许海意
版式设计：谭德毅
责任印制：王　芳

出版发行：文物出版社
社　　址：北京市东城区东直门内北小街 2 号楼
邮政编码：100007
网　　址：http://www.wenwu.com
邮　　箱：wenwu1957@126.com
经　　销：新华书店
印　　刷：宝蕾元仁浩（天津）印刷有限公司
开　　本：710mm×1000mm　1/16
印　　张：24.75
版　　次：2024 年 8 月第 1 版
印　　次：2024 年 8 月第 1 次印刷
书　　号：ISBN 978-7-5010-8410-4
定　　价：98.00 元

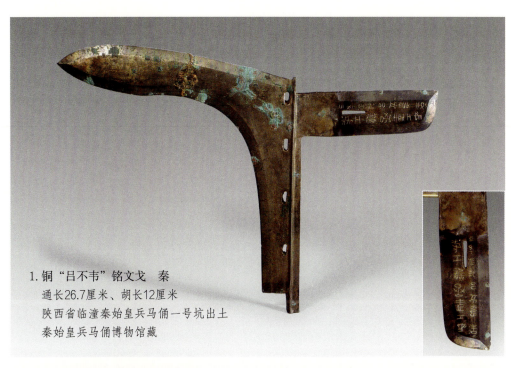

1. 铜"吕不韦"铭文戈　秦
通长26.7厘米、胡长12厘米
陕西省临潼秦始皇兵马俑一号坑出土
秦始皇兵马俑博物馆藏

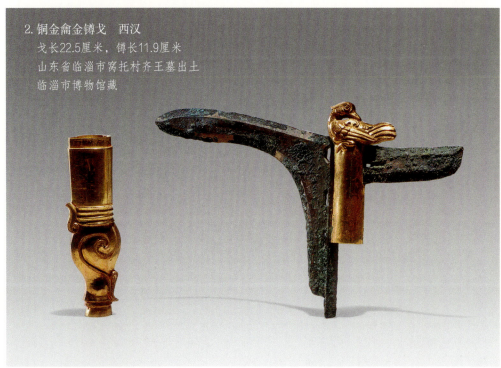

2. 铜金龠金镈戈　西汉
戈长22.5厘米，镈长11.9厘米
山东省临淄市窝托村齐王墓出土
临淄市博物馆藏

古兵之美

铜骹嵌绿松石玉叶矛　商
通长21厘米、骹长12厘米
河南省安阳市大司空
村25号墓出土
中国社会科学院考古
研究所藏

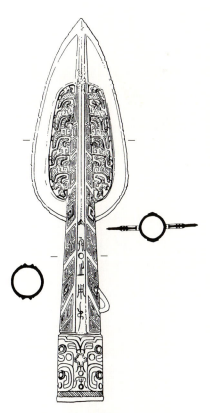

铜"佣"矛　春秋中期
通长31厘米
河南省淅川县下寺楚墓出土
河南省文物研究所藏

古兵之美

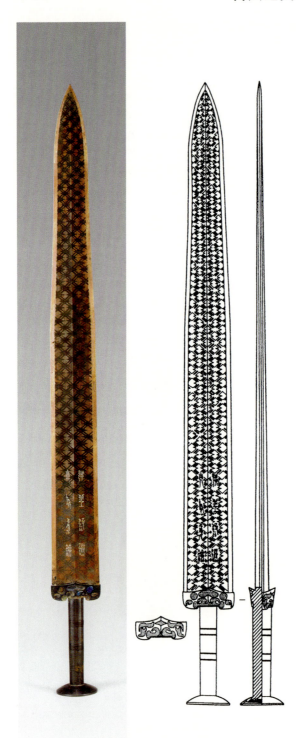

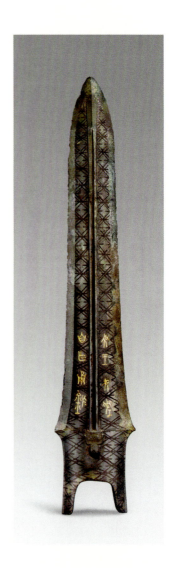

1. 铜"越王勾践"剑　春秋晚期
   通长55.6厘米、刃宽4.6厘米
   湖北省江陵市望山一号墓出土
   湖北省博物馆藏

2. 铜"吴王夫差"矛　春秋晚期
   长29.5厘米、叶宽5厘米
   湖北省江陵市马山出土
   湖北省博物馆藏

铜曾侯乙多果戟　战国早期
上件长29.9厘米、中件长18.7厘米、下件长17.2厘米
湖北省随州市曾侯乙墓出土
湖北省博物馆藏

铜剑形刺戟　战国中晚期
通长34厘米
河南省南阳地区拣选
南阳市博物馆藏

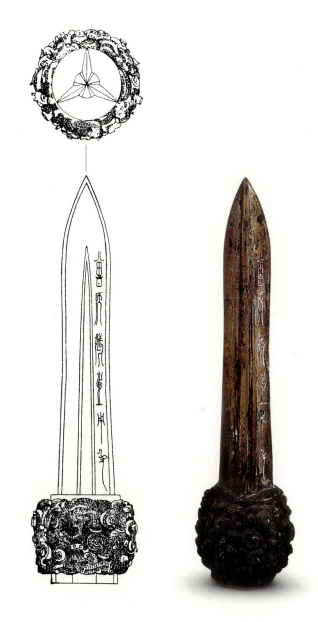

铜"曾侯郕"锐殳　战国早期
通高17.6厘米、刃长13.8厘米
湖北省随州市曾侯乙墓出土
湖北省博物馆藏

铜"亚醜"钺　商代后期
长32.7厘米、刃展34.5厘米
山东省青州市苏埠屯大墓出土
山东省博物馆藏

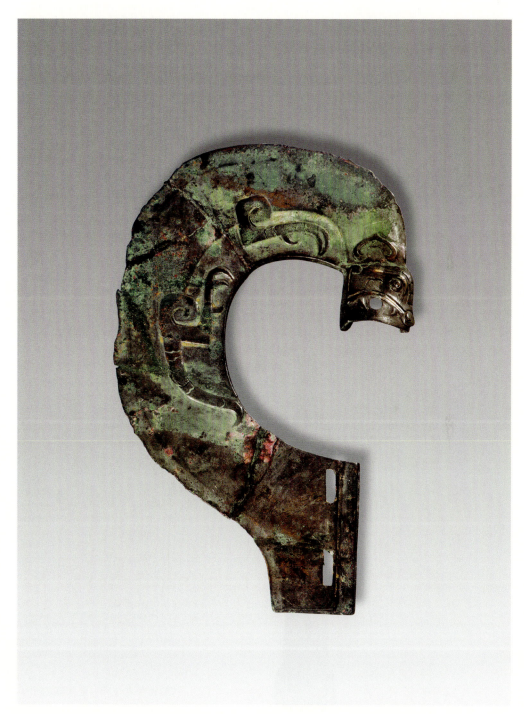

铜半环形虎纹钺　西周早期　通长23厘米　甘肃省灵台县百草坡西周墓出土　甘肃省博物馆藏

铁鋈银鱼龙纹斧　北宋嘉祐元年
通长33厘米
天津市博物馆藏

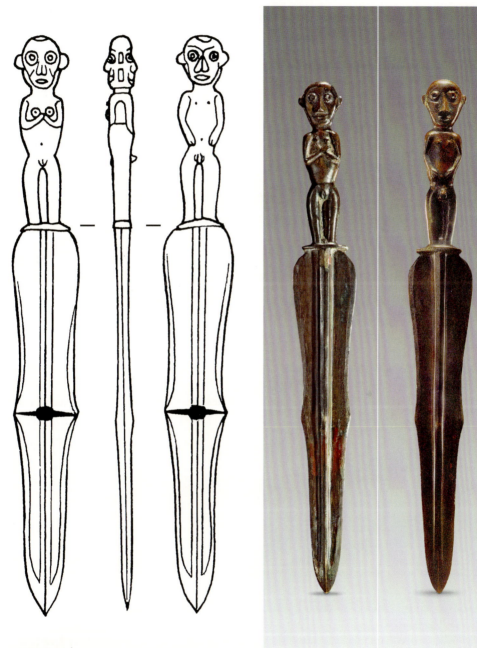

铜阴阳人柄曲刃短剑　西周晚期至春秋早期
通长31.6厘米、柄长10厘米
内蒙古自治区宁城县南山根墓葬出土
宁城县博物馆藏

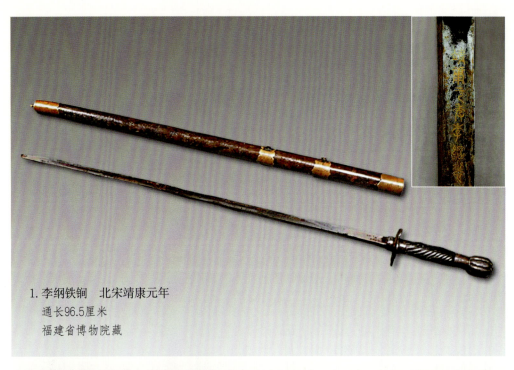

1. 李纲铁锏　北宋靖康元年
　 通长96.5厘米
　 福建省博物院藏

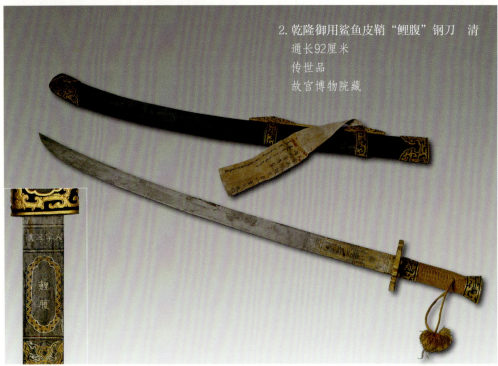

2. 乾隆御用鲨鱼皮鞘"鲤腹"钢刀　清
　 通长92厘米
　 传世品
　 故宫博物院藏

铜兽面纹胄　商代后期
通高18.7厘米、内径21厘米×18.6厘米
江西省新干县大洋洲墓葬出土
江西省博物馆藏

石甲、胄 秦

胄高32厘米、宽32厘米，甲高74厘米
秦始皇陵K9801陪葬坑出土
秦始皇兵马俑博物馆藏

乾隆御用金银珠云龙纹甲胄　清
甲衣长73厘米、甲裳长61厘米
传世品
故宫博物院藏

古兵之美

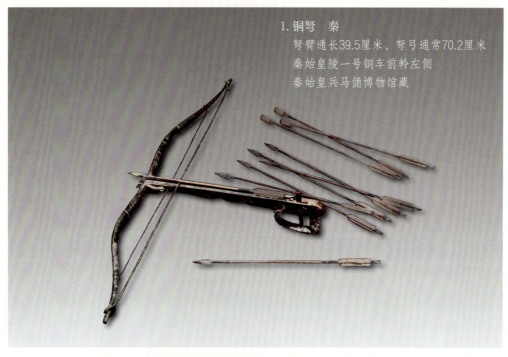

1. 铜弩　秦
弩臂通长39.5厘米、弩弓通常70.2厘米
秦始皇陵一号铜车前軨左侧
秦始皇兵马俑博物馆藏

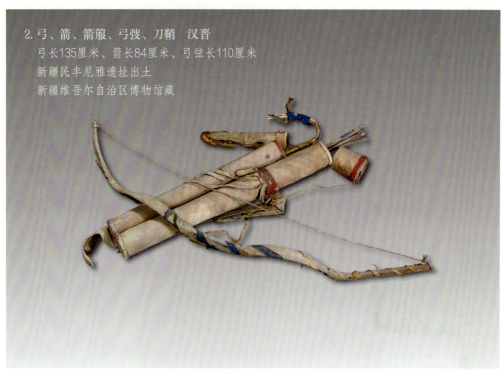

2. 弓、箭、箭箙、弓弢、刀鞘　汉晋
弓长135厘米、箭长84厘米、弓弦长110厘米
新疆民丰尼雅遗址出土
新疆维吾尔自治区博物馆藏

铜夔龙纹盾　秦　通高36厘米、肩宽20厘米
秦始皇陵一号铜车舆内侧舆内　秦始皇兵马俑博物馆藏

彩版一七

彩版一八

一号铜车　秦
通长225厘米，通高152厘米
秦始皇陵西侧出土
秦始皇兵马俑博物馆藏

陶弩射俑　秦
立射俑　跪射俑　通高178厘米　通高128厘米
秦始皇陵2号陪葬坑出土
秦始皇兵马俑博物馆藏

1. 铜鎏金马　西汉中期
　高62厘米、长76厘米
　陕西省兴平县窦马村出土
　陕西省茂陵博物馆藏

2. 铜马踏飞燕　东汉晚期
　通高34.5厘米、长45厘米
　甘肃省武威市雷台东汉墓出土
　甘肃省博物馆藏

1. 昭陵六骏之飒露紫　初唐
　　长约2.1米、高约1.7米
　　陕西省礼泉县昭陵
　　美国宾夕法尼亚大学博物馆藏

2. 三彩马　初唐
　　高66.5厘米、长84厘米
　　河南省洛阳关林出土
　　河南省洛阳博物馆藏

铜阳陵虎符　秦
长8.9厘米、厚1.2厘米
传山东省临城县出
中国国家博物馆藏

自　序

　　无论古代还是现代，无论中国还是外国，都把"富国强兵"当作基本国策。只有国家强盛了才有实力建设强大的军队，也只有拥有强大的军队才能保障国家长治久安，才能保障国民安居乐业。《左传·成公十三年》中说："国之大事，在祀与戎。""祀"是祭祀社稷，祭祀祖先，永延帝祚；"戎"是建设强大的军队，研发、制造先进的兵器，以保卫国家社稷。

　　而建设一支强大军队，首先国家要有强盛的综合实力，要有正确的国策；其次要有高素质的各级军事人才，要有训练有素的士兵；另外还要有先进的、品质精良的武器装备。三者缺一不可，所以历代统治者对军队建设和兵器制作都非常重视。西汉前期，由于经济凋敝，缺少战马，受匈奴侵扰数十年，以致高祖刘邦高登被困。直到武帝刘彻即位，求良马，修甲兵，选良将，练战骑，经过河南漠南之战、河西之战和漠北之战，迫匈奴远遁，"而幕（漠）南再无王庭"。在这三次战役中，一个刚刚崛起的兵种——骑兵起到了至关重要的作用，而当时的天子汉武帝对良马梦寐以求，曾遣使者远赴西域用金马驹去换，遭拒后又命贰师将军李广利出兵大宛，经过四年苦战，取回大宛"善马数十匹，中马以下牡牝三千余匹"。武帝大悦，作《西极天马歌》以贺。唐安史之乱中，一员猛将、一种新型兵器挽救了大唐的命运，那就是李嗣业和他手中的陌刀。北宋初年，对有司制造的各类兵器有严格的检验制度，称"旬课"，而且太祖赵匡胤亲自阅视监察质量。后来，金兵大举南侵，吴玠、吴璘在和尚原、饶凤关用神臂弓（弩）大败完颜宗弼（金兀术），镇守陕西一线数年，使金兵不得入川。在更早的秦代，更把制作工匠、作坊管理者、总管乃至相邦的名字都镌刻在兵器上，以备查验，称"物勒工名"。

由于国家的重视，一种先进的科学技术产生后，都优先用在兵器制造上。夏商之际，青铜冶铸技术刚刚诞生，马上就用来制作兵器，在河南偃师二里头遗址就出土有用青铜铸制的戈、戚和箭镞。春秋后期，钢铁冶铸技术发明，很快就出现了钢铁锻制的兵器，如湖南长沙铁路车站的春秋晚期墓出土有钢剑，稍晚的河北易县燕下都遗址出土了战国早期用铁甲片编缀的兜鍪。我国古代四大发明之一的火药，研制出不久，也用在了兵器上。唐末天祐年间，曾将火药绑缚在箭杆上，"飞火"攻城。到了北宋初年，曾公亮编纂《武经总要》，便收录了三个用火药制作武器的方法。

探讨我国的古代兵器史，可以追溯到原始社会晚期，先把狩猎工具用于氏族部落间的争斗，兵器也就诞生了。兵器历经夏商周、春秋战国、秦汉直至明清，长达五千年，中国文明史有多久，中国的兵器史就有多久。在中国古代兵器发展史上，学者习惯地把宋代以前定为冷兵器时代，把北宋以后定为火器与冷兵器并用时代。其标志是仁宗时期《武经总要》的编纂，其中就有火器的记载。前一时期长逾4000年，后一阶段近900年。

在以往的古代兵器研究中，人们常常根据所见古兵器的质地分为"石兵""铜兵"和"铁兵"，后来又有人根据古兵器的长短分为"长兵器"和"短兵器"等。但这些分类都没有抓住古代兵器的实质，缺乏科学依据。其原因在于：第一，每一类兵器都是多种材料制作的复合品，并非其中某一种材料可以指代；第二，兵器的尺寸长短都是根据当时的实战需要决定的，没有统一标准。科学的分类方法，是按照它们在实战中的用途划分为"格斗兵器""卫体兵器"和"远射兵器""防护具装"四大类，再加上"古代战车""古代战船"，构成了古代兵器的基本框架。

中国古代兵器发展了近5000年，随着时间的延续、历史的演进、科学技术的进步以及战争形式的变化，兵器发生了很大改变，兵器主体的质地由石质、骨质到青铜，又由青铜到钢铁，杀伤力越来越强。各朝各代都有新种类的兵器产生，也有不少种类的兵器消亡，即使同一种类的兵器在各朝各代也有着不同的特点。譬如钩镶，大概出现在西汉，到了两晋以后就见不到了。譬如手戟，东汉三国时期多有使用，晋代以后也消亡了，以致后代把短戟错认为手戟。又如远射利器强弩、砲（抛石机），到了元代也逐渐被火器取代。在古代兵器中，矛、枪使用时间最长，从原始社会末期一直到明清。有长身、短身，有宽叶、窄叶，有石质、玉质、青铜质的，还有钢质、铁质的。有长柄的车战用矛，有短柄的步战用矛，还有柄长介乎两者之间的骑兵用矛，即南北朝惯用的马矟。到了宋代，出现了适于不同兵种使用的各类枪，骑兵用的枪有双钩枪、单钩枪、环子枪，步兵所用的枪有素木枪、鸦项枪。还有用来攻城的拐枪、蒺藜枪、抓枪，用来守城的拐突枪、拐刃枪、抓枪等。大宁笔枪枪头形如笔锋，尖利非常，可以破穿锁子甲。另外锋刃下数寸加装有开了刃的小铁盘，枪刺出后敌人不敢抓搦抢夺。又如戟，最早的青铜戟出现在商代，是把矛和戈联装在柄上而成，西周常见通体合铸的青铜戟，春秋战国时期联装戟又重新出现在战场。到了战国晚期，铁制的"卜"字形戟产生，风靡两汉400余年。到了两晋，由于甲胄等防护性能增强，戟的小枝渐趋上翘，渐渐形成了另一支锋刺。南北朝时期，重甲骑兵成为战场的主宰，戟的最后一缕余光也熄灭了。宋代出现一种叫戟刀的兵器，也就是俗称的方天画戟。其整体略呈长方形，旁侧的小枝形如月牙，完全背离了戟的传统形制，故《武经总要》称它为戟刀，归入了刀的范畴。我们考查中国古代兵器要有历史的理念，需要一个科学的辩证的认识过程。

另外，我们现在所能见到的古代兵器，只是某件古兵器的主体，是原来的一部分，其他部分特别是有机材质，由于时间久远均已腐烂朽毁，难窥全豹。譬如一柄青铜剑，我们现在所能见到的只是它的剑身、剑格、剑茎、剑首，名贵的剑上还有花纹、铭文，有的还嵌有各种宝石，但这只是一柄裸剑。当时，一柄剑制成后，剑茎必须用丝麻织物反复缠绕，这样才便于使用者执握，古人称之为"缑"。浙江省博物馆珍藏的战国初期的者旨於賜剑，剑茎上缠绕的丝质缑绳历经两千多年，至今仍较完好。一柄好剑，一定会配有精美的剑鞘。剑鞘有的用木片刳挖、胶粘髹漆而成，上面再彩绘花纹，镶装各种饰件。如汉代诸侯王佩带的剑，剑首、剑格、剑璏、剑珌（摽）均用玉制作，称玉具剑。还有的剑鞘用金制作，用鲨鱼皮包饰，以显珍贵。平常不用时，或架在兵器架（兰锜）上，或放在剑匣（或称椟、梊）之内。剑匣是用木料刳制的，在考古中极少发现，只有长沙战国楚墓曾出土过。又如戈、矛，目前我们能见到的只是青铜或钢铁质的（商代有少量的石矛）矛头，有机质的柄（戈柄称柲，矛柄称矜）已经腐朽。东周时期的戈柄、矛柄多用积竹法制作，其做法是选取柔韧的木料作芯，外面贴附竹片，用丝麻类织物缠紧后再髹漆彩绘，柄的末端还装套有金属制作的镦镣。积竹法制成的戈、矛柄富有弹性，不易折断，步战、车战用都很适宜。为防止锈蚀，不用时，戈头上套有木片扣合制作的戈鞘（室）。因此，我们辨识古代兵器，还要有客观、全面的认识，不能以管窥豹。

　　辨识古代兵器，也是十分有趣的事。我们诵读古代典籍时，往往击节慨赞，时而又扼腕叹息。《史记》中，飞将军李广用大黄弩射杀匈奴裨将，卫青用武刚车结阵抵御匈奴铁骑，以少胜多。大黄弩、武刚车是啥样子？又李广出猎，误认巨石为虎，弯弓射之，中石没镞，怎样的箭镞才能如此锋利？《三国志》中，关羽刺颜良于马下，用的是刀吗？吕布辕门射戟，射的是戟的哪个部位？他惯用的兵器是戟还是矛？还有张辽威震逍遥津用的戟，典韦用的大双戟、太史慈用的手戟都是什么样子？《宋史》中，"驾长车踏破贺兰山缺"的民族英雄岳飞在郾城大捷中，大破金人铁浮屠、拐子马用的麻札刀、大斧是什么形制？岳云用的双铁椎有八十斤吗？还有金兀术麾下百战百胜的铁浮屠、拐子马又是什么？这些都是我们将要探讨的话题。这些我们都将本着以古代文献为引领，以考古发掘资料和传世文物为佐证予以一一探索。

于炳文

己亥中秋

目 录

兵车行——古代战车纵横　　　　　　　　　　　　1

车之五兵——古代车战用兵器　　　　　　　　　18

胡汉战争兵器考　　　　　　　　　　　　　　　36

从马踏飞燕到昭陵六骏——汉唐时期的战马　　　49

铁马秋风——两晋南北朝时期的甲骑具装　　　　60

铁骑与马镫　　　　　　　　　　　　　　　　　71

拐子马与铁浮屠　　　　　　　　　　　　　　　77

两件冤家对头的兵器——越王勾践剑与吴王夫差矛　86

丈八蛇矛趣谈　　　　　　　　　　　　　　　　91

中国古代军队使用过标枪吗　　　　　　　　　　102

"辕门射戟"说戟　　　　　　　　　　　　　　109

云长何曾用过青龙刀　　　　　　　　　　　　　121

宝刀屠龙（上）——唐代以前的刀　　　　　　　128

宝刀屠龙（下）——宋代以后的刀　　　　　　　139

利剑倚天（上）——剑是军中传统的格斗兵器　　146

利剑倚天（中）——古代佩剑传统及其他　　　　152

利剑倚天（下）——铸剑和御剑之术　　　　　　159

繁文华彩话龙泉——宝剑的装饰艺术　　　　　　165

程咬金三板斧——中国古代的斧钺　　　　　　　177

二郎神杨戬用的是什么兵器

　　——中国古代的异形砍斫兵器　　190

金箍棒的来龙去脉——中国古代的砸击兵器（之一）　197

八大锤兵器溯源——中国古代的砸击兵器（之二）　207

三鞭换两锏——中国古代的砸击兵器（之三）　216

说钩镶　　222

诸葛弩探观　　228

扳指的由来　　238

甲光向日金鳞开（上）——先秦两汉时期的甲胄　243

甲光向日金鳞开（中）——魏晋至隋唐时期的铠甲　254

甲光向日金鳞开（下）——宋元明清的铠甲　266

楼船夜雪（上）——唐代以前的战船　276

楼船夜雪（下）——宋代以后的战船　286

虎符的故事　　294

符与节　　300

西汉竹简中的两部孙氏兵法　　306

《孟德新书》之谜　　312

古代兵书巨著——《武经总要》　317

中国古代兵器图解　　329

后　记　　361

古
兵
探
赜

兵车行

——古代战车纵横

在古代战争中，无论中国还是世界上，战车都曾是战场的主宰，或将决定战争的格局乃至一个国家的命运。

一

在中国，公元前11世纪初，商朝与周人在牧野（今河南淇县南卫河以北地区）进行了决战，载于《尚书·牧誓》。公元前1046年，西周武王姬发趁商王朝主力军队东征夷人之时，亲率兵车300乘，虎贲3000人，甲士4.5万人，以及庸、蜀、羌、髳、微、彭、濮诸部落联军麾师东进，出函谷关，渡黄河，于二月甲子日清晨，大军到达了距商都朝歌仅七十里的牧野。这一天天清气爽，武王列开了部队，命士兵高举戈、矛，列起干盾，进行战前誓师。勉励大家要齐心合力，英勇作战，最后宣布要严格遵守纪律，战斗中每前进六七步，要前后看齐，每击杀四至七次，要保持严整的队形。而纣王帝辛沉醉于酒池肉林，疏于朝政，只得临时把奴隶和战俘武装起来，拼凑兵员，加上守卫都城的部队，共70万人（一说17万人），仓促迎敌。周军人数虽少，但训练有素，有备而来。双方列阵后，师尚父首先率百夫直冲商军的前锋，接着又以迅雷不及掩耳之势，指挥300余乘战车、2.6万人组成的精锐部队直捣纣王中军。纣王的军队虽多，但未经严格训练，又缺乏斗志，遇上周人疾驰的战车、如虎似狼的甲士，纷纷后退，还有不少人倒戈，为武王开路。鏖战从清晨至傍晚，商朝的军队彻底崩溃。纣王败回朝歌，看大势已去，登鹿台自焚，商朝遂亡。在牧野之战中，除去其他因素，武王的300乘战车组成的战车部队起了重要作用，决定了商王朝的灭亡，也决定了周朝的建立。

在世界范围内，发生最早、规模最大的车战是赫梯人与古埃及的卡迭石之战，时间比中国牧野之战早约300年。公元前1274年，古埃及新王朝法老拉美西斯二世为恢复埃及对叙利亚一带领地的统治权，以两千辆战车，两万步卒，编成以神命名的"阿蒙神""拉神""普塔赫神"和"塞特神"四个军团，另配备雇佣军约1万人，向叙利亚进军，亲征赫梯。到达卡迭石（在今叙利亚北部霍姆斯城附近）后，拟夺取赫梯在这里构筑的军事要塞。然而消息泄露，赫梯国王穆瓦塔利斯集结2500辆战车、步卒2万人，在卡迭石城以东地区隐蔽设伏，以待埃及军队。并派细作诈称卡迭石守军兵力不足，赫梯军主力尚远。拉美西斯二世中计，亲率"阿蒙神"一个军团长驱直入，在卡迭石城西北扎营。此时，"拉神"兵团刚刚渡过奥龙特斯河，其余两个兵团尚未过河。在赫梯军队战车与步兵合围进攻中，"阿蒙神"兵团几乎被全歼。拉美西斯二世凭借几十头战狮在自己战车周围护卫，才勉强稳住阵脚。随后赶来的"拉神"兵团也遭到赫梯军沉重打击。拉美西斯二世率兵拼死冲出包围，仓皇下令"普塔赫神"和"拉神"两个兵团前来救援。他们采用三线队形作战，猛攻赫梯军的侧翼，救出了拉美西斯二世。穆瓦塔利斯又令守卫卡迭石要塞的8000多名士兵夹击埃及军队，双方势均力敌，呈胶着状态（图一）。拉美西斯二世只好撤兵，返回埃及。

在这场战役中，双方都运用了自己的战术。赫梯人穆瓦塔利斯准确地掌握了情报，诱敌深入，并用卡迭石守军

图一
埃及与赫梯的卡迭
石之战

与主力军配合作战，两面夹击。古埃及拉美西斯二世先是中计被围，但他临危不乱。突围后，将战车与步兵配合，呈三线梯队配置（一线用步兵掩护战车作战，二线全用步兵；三线步兵和战车各半列阵）对战，挽救了败局。又过了十几年，新国王哈图舒尔三世与埃及法老拉美西斯二世缔结了"永不再战，共同御敌"的和平条约，战争结束。

二

根据考古资料，最早使用战车的是两河流域的苏美尔人，时间大约在公元前26世纪。乌尔城第779号墓出土的乌尔王的军旗上，有苏美尔披甲武士和战车的图像。苏美尔人的战车为木质，车厢用木板拼制而成，略呈长方形，车厢前部高高隆起。一根高高向上弯曲的车辕（独辀），后端连接车厢，前端有小钩连挂驾驴的颈带。车厢下装有四个外缘宽、内缘窄，用木板拼接成的小木轮（没有车辐）。战车由四头毛驴驾挽（当时苏美尔人还未养马）。车厢分为前、后两部分，前面插有木盾，斜挂有标枪筒。车厢后面有两名武士，前面的驾车，后面的肩扛短柄斧或持弓箭站在车尾。由此可见，苏美尔战车是最原始的战车，速度不是很快。战士们使用的兵器是短柄斧和标枪，没有长柄格斗兵器。杀敌方式为远者用箭射或标枪掷击，接近时只能跳下车来步战，用短柄斧砍斫格斗（图二）。所以苏美尔战车在更多的情况下，只是一种运送兵员的运载工具而已，但是它拉开了世界史上古代战车和车战的序幕。

公元前11世纪末期，在底格里斯河中游重新崛起的亚述人组建了骑兵、步兵和战车兵三大兵团。据考证，亚述骑兵是现在世界范围内最早出现的骑兵。亚述战车承袭了苏美尔战车车舆宽大的特点。从阿树尔那吉尔帕宫殿浮雕等（约前8世纪）资料看，车厢几乎呈正方形，围板高起。车厢中部偏后装有二轮，车轮直径大，八根车辐。用弯曲的木制独辀（辕），由四马驾挽。辕头缚轭并用颈圈皮带固定在驭马的肩颈部。箭筒、盾牌等兵器放置在车厢前部的两角。车上站立两名武士，一个是驭手，另一个负责拼杀

图二
苏美尔战车
（乌尔王军旗）

格斗（图三）。亚述人还有一种专门用于攻城的冲车，车厢外面装有甲片，车厢上建高起的塔楼，装有坚木做成的撞柱。作战时，不但能用来撞击敌人的城墙、营垒，还能站在箭楼上居高临下射杀敌人。亚述人的战车是重型战车，可以很好地与骑兵等兵种配合作战。当时的战策认为，一辆战车的战力相当于十名骑兵或二百名步卒。

在公元前16～前12世纪的古埃及新王朝时期，战车及战车兵是军队的主要兵种。据孟菲斯的铭文上记载，十八世阿门霍捷普二世（前1491～前1465年）曾征伐巴勒斯坦、叙利亚等地，缴获的战利品甚多，其中有"金银制战车六十辆，木制战车一千零三十二辆"。19世法老拉美西斯二世与赫梯人进行的卡迭石之战，双方都使用了大量的战车。不过双方的战车各有特点，埃及战车属于轻型战车，车体低矮，车厢窄小，平面几乎呈前窄后宽的三角形。长而直的独辕，前端连接车衡，衡上缚轭套驾马。小车轮，一般

图三
亚述战车
（阿树尔那吉尔帕宫殿浮雕）

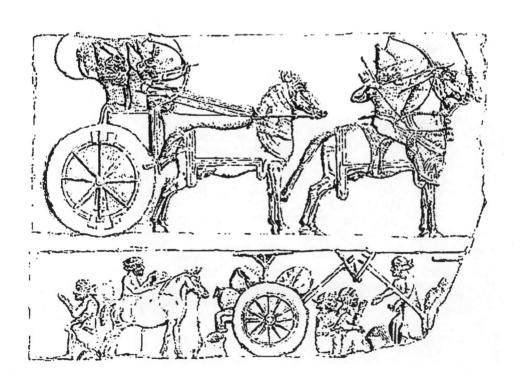

兵车行——古代战车纵横

6~8根车辐，偏于车厢的后部。埃及战车一车双马者居多，车上乘载武士一至两名，他们使用的兵器斜挂在车厢两侧。一名乘员时，乘员既要驾车又要杀敌，要求御者既要有熟练的驾车技术，又要有高超的射箭和格斗本领。若车上乘两名武士，前面的负责驾车，后面的站在车厢尾部，随时准备下车格斗（图四，又参见图一左侧）。埃及战车的车体轻，速度快，灵活机动利于在平原地带作战。但冲击力不及重型战车。而与埃及作战的赫梯战车是重型战车，车厢高大而厚重，车轮位于车身的中部，轮径大。车的负载能力更强，战车上可乘载三名士兵，战斗力明显比埃及战车强。但速度相对较慢（参见图一，右侧为赫梯战车）。所以，与埃及的轻型战车相比，两者各有特点。

古代战车传到了欧洲，首先被爱琴海流域的古希腊吸纳，公元前21~前17世纪的中米诺文化时期，就有古代车和战车的线索。到了公元前15~前12世纪的迈锡尼时期，两轮战车装备了希腊军队。希腊战车承袭了古埃及轻型战车的特点。一场战争开始，先是由双方主将驾着战车驰奔箭射，继而下车持兵器格斗。然后两军对战厮杀，充满了英雄时代的味道。从出土的公元前七八世纪陶瓶上的绘画等资料看，希腊

图四
埃及战车
（埃及哈布神庙浮雕）

战车车厢窄小，独辀，车厢偏后装有两个小轮，轮中有四至六根辐条，由双马或单马驾车，车上乘一人或二人，下车作战（图五）。罗马战车的出现已到了公元前二三世纪，由于当地丘陵山地较多，古罗马军队以骑兵、特别是步兵为主要兵种，战车数量较少。古罗马的战车也是古埃及、古希腊形式的轻型战车，小车厢，小车轮，独辀，车战方式也相似。在古罗马，战车也是一种时尚的比赛竞技形式，电影《宾虚传》再现了这一场景，其激烈程度不亚于一场战场格斗。

位于伊朗高原的波斯帝国也是一个拥有战车的国家，波斯战车属于苏美尔战车的另一个系列——重型战车。车厢宽大，围板高起。独辀双轮，轮径高。特殊的是战车的车辕向前突出，顶部装有锋利的冲角。在战车两轮的车舌装有长约1.3米长棱状的锋刃，形似镰刀，因而也称镰刀战车。据古典史料记载，波斯战车由四匹被甲战马驾挽，每辆战车乘载驭手和格斗武士各一人，他们的兵器是弓箭、数支标枪和长矛。弓箭用于远射，标枪用于投掷，长矛用于格斗。战车两轮的利刃还能杀伤近旁的敌兵（图六）。可是在公元前331年，就是拥有200辆这样武装到牙齿的战车，骑兵4.5万人，步兵20万人的波斯王大流士三世，在高加米拉却再次完败给了总兵力只有5万人的亚历山大马其顿军队（图七）。此外，

图五　古希腊战车（赫希菲尔德双耳喷口瓶）

图六　库纳克萨
时期波斯战车

图七　亚历山大远征波斯会战大流士三世（庞贝壁画）

还有公元前7世纪乌拉尔图帝国的重型战车，与亚述、赫梯战车形制相似，属同一个序列。

考察国外资料，我们不难发现，苏美尔战车是古代战车的起点，以后沿着两条路线发展，一条是亚述、赫梯、波斯、乌拉尔图的重型战车，一条是埃及、希腊、罗马的轻型战车。

三

中国的古代战车，一说出现在夏代。《吕氏春秋》记载，商汤灭夏，战于鸣条，军中有战车70乘，但没有考古资料佐证。目前所见中国最早的战车，出土于河南省安阳市的殷墟遗址，时代为商代晚期。战车为木质，从车上或车旁遗存的戈矛节兵器和箭囊看，当是战车（图八）。战车的形制为双轮独辀（辕），方形车舆（车厢），舆后开门，双轮，除殷墟宫殿区一座墓中随葬的战车为四匹马驾挽外，一般为二马驾挽。车上乘一个驭者，还有一个或两个作战武士。他们各自有自己适用的兵器，或远射，或近距离格斗，各司其职。

西周时期的战车在河南、陕西、山东都出土过，可惜都已经朽毁。以山东胶州西庵西周战车的朽痕观察，此时的战车仍沿用商代战车的形制，为单辕方舆双轮，但两轮间的轨宽减窄，车辕缩短，所以运转更加灵便。车轮的直径减小，辐条增多，不但降低战车的重心，行驶起来更加平稳，而且更加坚固。随着战争的发展，战车改两马驾挽为四马驾挽，使战车速度更快，冲击力更强，战车上装备的兵器种类增加，加长了兵器的柄秘，使之更适于车战，从而有了车战兵器与步战兵器的区别。

考古发掘所见春秋战国时期四马车，以河南三门峡虢国墓地出土的为最早。三座车马坑中共出土马车25乘。但由于朽残过甚，难以分辨出车辆的种类，不能确切区分是普通乘车还是战车。到了战国中晚期，河南淮阳马鞍冢楚墓两座车马坑出土了马车31乘，其中有20余乘是战车，尤以二号坑四号驷马战车为典型。这辆车车舆作横长方形，面积142厘米×94厘米。车舆的左、右两侧和后面共用80块青铜片包镶钉牢，甲片长13.6厘米，宽11.6~12.4厘米；并髹漆彩画。车门开在舆后，舆后部的两角装有铜柱头，两侧有供插旗幡用的铜质

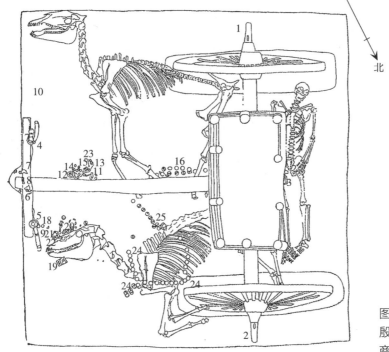

图八
殷墟孝民屯出土的
商代战车

插旗筒，右侧还有一个供插兵器用的椭圆形筒状器。这辆车的车毂很长，毂端各用四道铜箍加固（图九）。在陕西西安鄠邑春秋秦墓和湖北随州曾侯乙墓中，还出土了带矛刺的铜车軎。与西周的战车相比，无论其造型、制作，还是性能都先进了许多。此外，驾车的四匹马身上都披有马甲，马甲包括马胄、颈甲和身甲三部分，可以有效地遮护驭马（图一〇）。

　　秦统一后的战车，以秦始皇陵陪葬坑出土的一号铜车马最为形象。此车单曲辕双轮结构。车厢作长方形，横置于车辕、轮轴之上，厢的前面做成抹角，后面开门。辕的前端缚衡，衡上又缚双轭。由四匹马（两骖两服）驾挽。马的辔络鞍具齐备。车舆内竖立一具圆形伞盖，伞盖之下站立一铜车御俑。他两臂前伸，将四匹骏马的辔绳揽于手中。铜车通体绘彩，四匹驭马鬃白漆，示毛色如雪。

　　这两乘铜车都是按1：2的比例铸制的。若将其换算成

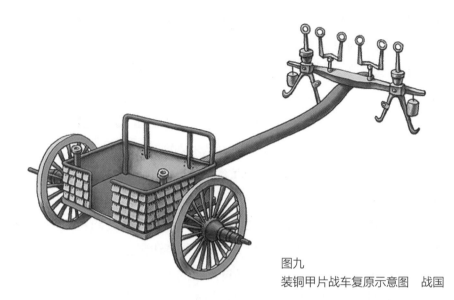

图九

装铜甲片战车复原示意图 战国

当时的实用车，一号车从马头至车尾通长4.5米、通高3.04米，车轮径133.4厘米。四马高度相差无几，以右服马最高，通首高184.6厘米，御官俑通冠高182厘米。考查其结构与古文献记载的"小车""戎车"接近（图一一）。

图一〇

包山楚墓出土皮马甲复原示意图

春秋至战国前中期，各国诸侯都争相发展战车，"千乘之国"不在少数。为了适应新的战争形势，驷马战车分化出了不同形制，产生了在战争中担负不同任务、形制各异的战车。如除了前面所述灵活轻便、适合长距离奔袭攻击的戎车（轻车）外，还有马披重甲，衡端装矛刺，车轴装曲刃矛状车軎，用于攻坚突壁的"冲车"。用于侦察、窥探敌人虚实的"巢车"，以及用于营屯防守的"苹车""轒

11

车"，甚至还有专供统帅乘坐、用以指挥作战的"戎路"车。

　　一号铜车的车舆也装备了各种车战用兵器。车厢前輢外侧的左边斜架一具铜弩，左輢外部前侧有一筒形箭箙，前輢内舆板之上有一呈长方形盒箙，由一条铜链缚扎固定。两箙均装有铜箭。右輢内侧前段与挡板之间插有双弧亚腰形铜盾。铜车御俑腰间佩有铜剑。按1：2的尺寸复原，铜弩弩臂长79厘米，弩弓长140.4厘米（图一二）；铜盾底边宽48厘米，高72.4厘米；第一种箭长70.4厘米，第二种长70.8厘米；御官俑腰间的佩剑通长120.7厘米；与战国同类兵器相比，剑的尺寸更长，弩更大，张力也当更强。

　　古代战车的车御、车士都要经过严格的遴选和训练。首先他们的身份必须是士以上的贵族，而且要身强力壮，技艺超群。《六韬·犬韬·武车士》*载太公（吕尚）曰："选

图一一
秦始皇陵一号铜车
（侧视图）

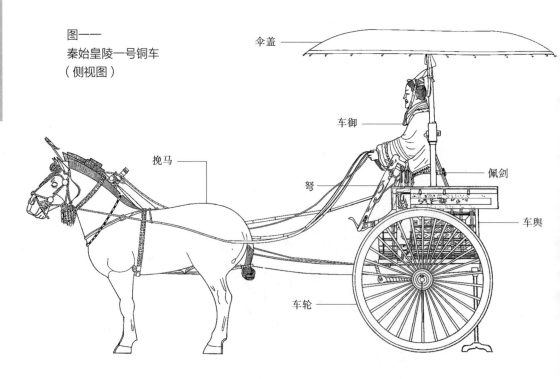

伞盖

车御

佩剑

挽马

弩

车舆

车轮

* 1972年，山东临沂银雀山西汉墓中出土的竹简中，有与今本《六韬》基本一致的太公书竹简，银雀山西汉墓时代为西汉前期，因而《六韬》的成书年代应该在战国时期。

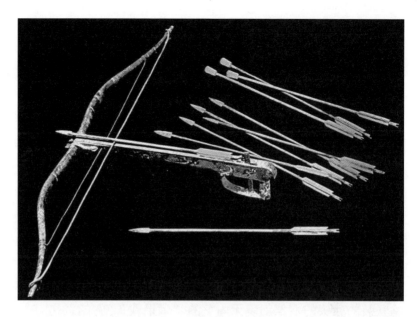

图一二
铜弩及铜箭
（秦始皇陵一号
铜车）

车士之法：取年四十以下，长七尺五寸以上，走能逐奔马，及驰而乘之，前后左右、上下周旋、能束缚旌旗；力能毂八石弩，射前后左右，皆便习者，名曰武车之士，不可不厚也。"而车御的驾车之术乃周代贵族教育，"礼、乐、射、御、书、数"六艺之一，从小训练。车御更是优中选优。秦始皇陵二号坑出土的御手身披的铠甲，披膊长及腕部，手上有护手甲，胫部着护腿，颈上围有盆领，显示了与众不同的地位。

战车上配备的兵器，是按车上三名乘员——车御、车左、戎右在作战时不同分工合理配置的，古籍中称之为"车之五兵"。对于"车之五兵"的种类，古书的记载不一，唯以《五经正义》记载的"矛、戟、剑、盾、弓"最准确，这里有远射兵器、有格斗兵器、有卫体兵器，符合车战的实际需要，也与考古资料相符。商代安阳小屯72号车马坑的战车上，随葬有三名武士各自的兵器，第一组兵器有弓箭、青铜戈和石戈，戈上残存木盾朽坏的痕迹，还有卫体用的青铜短刀一柄。这组兵器以格斗兵器为主体。第二组以远射兵器为主，配备了弓箭，还有一柄青铜戈和一柄青铜短刀，看来是为弓箭手准备的。第三组只有一柄石戈和一柄供防身卫体用的青铜牛首短刀，另有一枚驱马的马策，为车御使用的兵器。西周时期的车战兵器以山东胶州西庵出土的战车最为典型。车上随葬两组兵器，靠左的一侧有一柄戈和一柄戟，还有一组箭镞、一组盾饰。右侧只有一柄戈。仔细分析，车左的是主将的兵器，车右是格斗武士的兵器，车中间的御手位置未出土兵器。按常理说，这辆车在主将位置还应有车战的指挥器具——金鼓。西周以后，特别是春秋战国时期，战车上的格斗兵器除戈、矛外，还有戟、殳，它们的柄秘都比较长，如湖北随州曾侯乙墓出土的格斗兵器，戈、矛、戟的长度都在3米以上，最长的矛全长超过了4米。而且出现了在矛与戈联装的戟头的下部加装无内戈的"多果戟"，它的杀伤力更强。出土的殳也装长柄，殳头的下部呈刺球状，上部有突出三棱尖锋，不但可以砸击，还具有突刺功能。武士的防护装具是皮质的甲胄，优质的称为"犀甲"（可参见本书《车之五兵》）。

图一三
春秋时期车战行进
阵形示意图

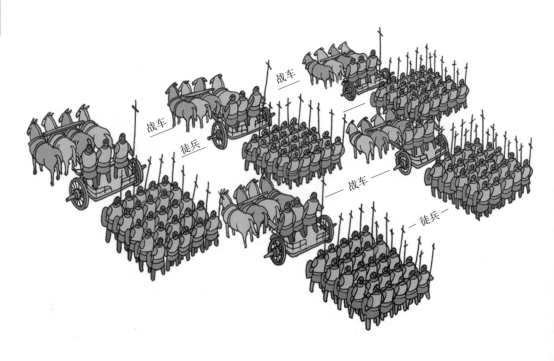

战车作战非常讲求战法，通常选择横排列阵，并与步卒配合作战。而且要配置第二线主力，即把后列战车排在相当于前列两车的缝隙处，以发挥弓矢威力。斜列的队形，同样是后列的车在前列车的缝隙处（图一三）。两军列好阵形，击鼓进军，相距较远时以箭矢对射。两车逼近，错车才能格斗，当时错车都遵守一个规矩，也就是都以己车右侧去错迎对方来车的右侧，此时手持长柄兵器的戎右格斗拼杀（图一四）。电光石火之间，胜负立见，一方败退，一方追击，战斗即结束。大规模的车战，讲求多兵种配合，讲求战阵编队。西周至春秋前期，一乘战车配备甲士7人，徒兵15人。春秋中期以后，配合战车行动的徒兵多达72人。大规模的车战，往往有几百乘战车，乃至上千乘战车参战，这就要求统帅根据天时、地利、敌军的兵力部署，以及己方的军事实力，进行布阵和编队。布阵讲究长短相济，攻守配合，前有锋，后有卫。阵法有方阵、雁行之阵、五阵、八阵等名目（图一五）。战车编队或双队，或三队，或多队，这每一队称为一"编"，编有五乘、九乘、

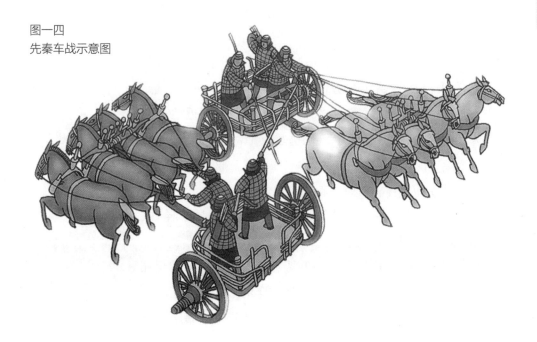

图一四
先秦车战示意图

图一五　春秋时期车战鱼丽阵形示意图

十五乘、二十五乘等不同编法。一切都从实战出发。

　　爱国诗人屈原在《九歌·国殇》中，以极其悲愤的心情描绘了秦楚之间一场敌胜我负的战争。"操吴戈兮披犀甲，车错毂兮短兵接。旌蔽日兮敌若云，矢交坠兮士争先。凌余阵兮躐余行，左骖殪兮右刃伤。霾两轮兮絷四马，援玉枹兮击鸣鼓。天时怼兮威灵怒，严杀尽兮弃原野。出不入兮往不反，平原忽兮路超远。带长剑兮挟秦弓，首身离兮心不惩。诚既勇兮又以武，终刚强兮不可凌。身既死兮神以灵，魂魄毅兮为鬼雄。"

　　从另一个角度考查，这也是对一场惨烈车战的全过程的描述，当战斗开始，双方的驭手驾驭着战车冲向战场，车左武士远距离弯弓射箭，一时矢雨交坠。冲到近前，两车错毂，戎右各自挥舞戈矛殊死拼杀。但敌军已冲乱了我方的阵列，自己战车的左右骖马一死一伤。战车翻倒绊住了驾马。主将仍然高举鼓槌敲击战鼓，鼓舞士兵冲杀。直到他们英勇战死，手中仍紧握着强弓利剑，虽身首异处，但浩气永存："身既死兮神以灵，魂魄毅兮为鬼雄。"

　　我们将中国的古代战车与国外特别是西亚、欧洲的相互比较，就会发现有很大不同。首先在战车的形制上，它既不同于亚述、波斯的高轮重型战车，也不同于埃及、希腊、罗

马的小轮轻型战车。车厢较宽敞，围板低矮，有"小戎浅收"之誉。车轮较高，轮辐多（有的多达40余根），车毂长。车辕前端缚衡，衡上置轭，轭下驾马，两骖两服。其一，马的系驾方式也不同，中国的胸带式系驾法不压迫胸腹，驾马的呼吸顺畅，明显优于国外的颈带式系驾法（参见孙机《中国古代舆服论丛》），辔具复杂，各有其用。其二，中国的战车上乘载三名车士，驭手居前，远射车士在左后方，近战格斗车士（戎右）在右后方，三人呈"品"字形分布，各司其职，互不影响。而国外的战车上往往只乘载一至二人，近战时还要跳下车来步战，战车只是一种运载工具。此外，中国车战兵器长短相济，远近搭配，甚至将弩装配在战车之上，比国外战车丰富得多。其三，中国古代战车由于在车上作战，必须遵循战车"左旋"的战法，这是国外车战没有的。也正因为如此，中国的车战时讲究序列编组，多兵种配合，更讲究阵法，编组有双队、三队、多队之分，阵法有雁行、鱼丽、五阵、八阵、方阵之妙。其四，中国古代有战车建制、战阵的军事理论指导，《孙子兵法》《孙膑兵法》《墨子》《六韬》等兵家著述中都有论述。

　　如此看来，中国的古代战车虽然比国外的战车晚几百年，但自成体系，与国外战车相较，比其重型战车驰奔速度快，比轻型战车车体坚固，而且车上武士在车上即可以作战，一乘战车就是一座移动的战斗堡垒。加上特有的编队、特有的阵法，可以说是世界史上战斗力最强、最完备的战车，中国古代的车战也是世界史上最有魅力的车战。

车之五兵

——古代车战用兵器

一

《左传·僖公二十八年》记载了晋楚两国在城濮（今山东鄄城临濮集）的一场激战。晋国一方联合了齐、秦、宋国，有战车700乘；中军以先轸为统帅，晋文侯也在中军；上军居右，狐毛为主将，狐偃辅佐；下军在左，栾枝为主将，胥臣为辅佐。楚国一方以陈、蔡、申、息为联军，中军由楚国本国若敖六卒组成，子玉为统帅；右军乃陈、蔡联军，子上统领；左军为申、息联军，子西统领。

四月四日晨，晋军选中楚军的薄弱环节，下军佐将胥臣即率马身蒙着虎皮的战车冲向楚右军的陈、蔡联军，一击即溃。上军主将狐毛又树起二旆佯作败绩，引诱对面楚左军追击。楚左军统帅子西上当，立即进击，随之成为孤军。晋中军主帅先轸抓住时机，率晋公族组成的精锐部队横击楚左军，晋上军狐毛、狐偃又回师夹击。楚左军大败，子玉见左、右军尽已失利，勉强收住中军，才没有造成全军覆没的后果。

城濮之战既是晋楚双方主将智慧与才干的博弈，也是双方战车的较量。

殷商以降，特别是春秋战国时期，战车是军队的主体，往往也是一个国家实力的象征，故有"千乘之国""万乘之国"云云。在城濮之战中，晋国出动了战车700乘，楚国出动的战车与之相当。这一战发生在公元前632年。40多年后，成公二年（前589年），晋国又与齐在鞌发生战争，出动战车800乘。又过了60年，到公元前529年，晋国陈兵于邾，出动战车4000乘。百年间，临战时战车的数量增加了将近五倍。

根据考古发掘资料和历史文献记载，西周以后的战车大多由四匹马驾挽，故称"驷马战车"，中间两匹称服马，两侧的叫骖马。车上三名车兵呈"品"字形站立，各司其职。中间的负责驾车，称"御"；车左侧偏后的以弓箭为主要兵器，负责远距离射杀敌人；车右侧偏后的用戈矛等长柄兵器，在两车冲锋左旋错毂时，近距离与敌人格斗，称"车右"或"戎右"（图一）。如果是统帅所乘的指挥车，则统帅和鼓、

图一　战车及车士位置复原示意图
（根据秦始皇陵兵马俑复原）

丁宁等指挥系统居中，御手居左，戎右在右。城濮之战中晋文侯的战车就是这样，晋文侯居中，荀林父为御，魏犨作戎右。

与现代战争中的坦克一样，战车的优势在于力量，在于冲击力，特别适合平原作战。在当时一乘战车就相当于一座移动的战斗堡垒，远距离可用弓弩射杀敌人，近距离可用戈、矛、戟等格斗兵器砍斫、击刺敌人。因此车士的身份也高，多为诸侯、卿大夫的族属。装备的兵器、甲胄也很精良。车战的场面宏阔而惨烈。前面提到的鞌之战可作例证，记载见于《左传·成公二年》。

这一战发生在公元前589年六月十七日，鞌为齐地，在今天的山东济南附近。两军对阵，齐国国君亲自临阵，邴夏为其驾车，逢丑父为戎右。晋国郤克为主帅，解张驾车，郑丘缓作戎右。齐侯大意轻敌，狂傲地说："待我灭了敌酋再吃早饭。"随之马不披甲，就指挥战车冲向敌阵。初时势头甚猛，晋军一时为其压制。主帅郤克被流矢射中，鲜血一直流到了鞋子上，仍击鼓不止，对左右说："我受伤了。"御手解张说："刚开始接战，我就被箭射穿了手和肘，我折断箭杆继续驾车，血把左边车轮都染红了，但不敢吭声，您也忍忍吧。"郑丘缓也说："从争战开始，我除了与敌人格斗，一遇到险阻，还要下车推车，您难道没看见？不过您真的受伤了。"解张又说："旗鼓是军队的耳目，进退都要依从它。车上有一人坐镇，我们就可以取胜，怎能因为自己受伤而坏国君的大事呢？披坚执锐，本来就是去赴死的，现在还没到死的地步，您还要坚持。"于是把六辔揽在左手，腾出右手挥舞鼓槌击鼓。驷马飞奔，战车疾驰，全军跟着主帅的战车一起往前冲。齐军溃败，晋军挥师追击，围绕华不注山转了三周才停了下来。

在鞌之战中，排除其他因素，齐侯的盲目轻敌是其失败的主要原因。晋方指挥车上，主帅郤克、御手解张、戎右郑丘缓三个人密切合作促成他们取得了胜利。另外，我们也看到了战争的残酷、兵器的锐利。春秋战国时期，各国都有国家管理的专门的兵器制造机构，把最先进的科学技术用到了兵器制作上。在当时，秦国的弓、韩国的弩、吴越的刀剑等非常有名，乃至屈原《楚辞·国殇》中都有颂咏，称之为吴戈、犀甲、长剑、秦弓。

车战是一种特殊的作战形式，对战法、战技有着严格的要求，渐渐地发展出了一系列适合车战用的兵器，这类车战兵器讲究短长相济，远射兵器张力要适当，射程要远；格斗兵器柄柲要长而适用，又不易折断；防护装具要能有效地保护车士，也就有了历史上的"车战五兵（车之五兵）"之说。

二

关于"车之五兵"的兵器种类，古代典籍有所记载，《周礼·夏官司马下》"司兵掌五兵五盾"，郑玄注曰："五兵者，戈、殳、戟、酋矛、夷矛。"《五经正义》则认为是"矛、戟、剑、盾、弓"。

戈、戟、剑、盾、弓大家都了解，但对殳、车戟、酋矛、夷矛恐怕就不太清楚了。殳是一种长柄砸击兵器，车兵之一。《释名·释兵》曰："（殳），长丈二而无刃，有所撞挃于车上，使殊离也。"用于实战，《左传·昭公二十一年》记载，张匄为吕地封人华豹作戎右与晋国作战，两车交错，晋国公子城一箭射死了华豹，张匄急了，抽殳下了车，又被公子城射中腿部。张匄挣扎爬了起来，挥殳砸断了公子城的车轸。车战用殳一般长4米左右，上部装有铜质的殳头，下部装有铜镈，曾侯乙墓和秦始皇陵兵马俑坑都曾出土过。

车戟，即车战用戟，柄也较长。《考工记》曰："车戟常，崇于殳四尺，谓之五等。"《释名·释兵》曰："车戟曰常，长丈六尺，车上所持也。"车戟的实物，在考古发掘中也屡有发现。酋矛、夷矛都是战车上用的击刺兵器，《考工记·庐人》曰："酋矛常有四尺，夷矛三寻。"郑玄注曰："八尺曰寻，倍寻曰常。酋、夷，长短名，酋之言遒也，酋近夷长矣。"也就是说，虽然都是战车用矛，但是酋矛柄较短，夷矛的柄更长些。《说文·矛部》曰："（酋矛）建于兵车，长二丈。"夷矛三寻，一寻八尺，即二丈四尺（以上所说，皆为周尺）。《释名·释兵》云："（夷矛）不言长而曰夷者，言其可夷灭敌，亦车上所持也。"在考古发掘资料中，矛是最常见的兵器，也常常出土在战车附近，只是矜（柄）多已朽毁，其尺寸只能根据朽痕推算，不太准确，两者区分较为困难。两者都是车战用的击刺兵器，没有必要严格区分。《考工记》还把人的身高作为车战兵器长度的标准，人长八尺（为寻，倍寻为常），车轵长四尺，戈长六尺六寸，殳长寻有四尺（一丈二尺，人高的1.5倍）；车戟常，崇于殳四尺（一丈六尺，人高的2倍）；酋矛常有四尺（两丈，人高的2.5倍），谓之"六等之数"。若以车士平均身高170厘米为标准，车轵约85厘米，戈长约140厘米，殳长约250厘米，车戟约长340厘米，酋矛约长420厘米。书中对兵器的长度做了明确的限制，"凡兵无过三其身，过三其身，弗能用也"，也就是说，兵器最长不能超过人高的三倍（510厘米）。

就实战而言，兵车上的兵器，是根据三名车士（车御、车左、戎右）的需要配置的。车左需要远射兵器，戎右需要格斗兵器，他们三人又同时需要卫体兵器和防护具装，特别是车御两手都要控缰驾马，更需要防护性能更好的甲胄。两者相较，《五经正义》中"矛、戟、剑、盾、弓"为"车之五兵"的说法则更准确。

杨泓先生根据考古资料，对古代的战车与车战做过详细研究。他认为，当时一乘战车套上挽马，宽度约为3米，全长也有3米。两车对驰而来，即使马头相碰，双方车厢的前缘相距也必须在4米以上。而当时戈、矛、戟等车战格斗兵器一般长3.2米上下，很难伤及对方。因此，车战必须遵循一个重要原则，那就是在较远距离时，张弓箭射，冲锋到近前时，双方的战车均向左转，两车错毂，戎右挥舞格斗兵器交战厮杀。又因为当时的战车，特别是冲车，体量大，车轮高，又是单辕，为加强稳定性，车毂较长，一般情况下，车毂加上车軎的长度在55厘米左右。若再加上两车错毂时为避免刮蹭必留的距离，两车厢最近距离至少在1.6米，这一距离正是双方戎右持戈、矛类格斗兵器交战的距离。剑类等短柄兵器只能卫体，在马倒车毁的情况下，供车士在地上搏斗之用。至于盾等防护器具是在远距离遮挡对方射来的箭矢时使用的（图二、三）。所以远射兵器、格斗兵器、卫体兵器与防护具装有机配置，才是最合理也是最实用的"车之五兵"。这也得到了考古资料的证明。

　　车战在春秋战国时期发展到了顶峰，这一时期的车战兵器也达到了最高水平。安徽舒城九里墩春秋墓，湖南长沙浏城桥一号春秋晚期墓，湖北随州战国前期的曾侯乙墓、荆门包山战国中晚期的楚墓，乃至后来的秦始皇陵区都曾出土过车战用兵器。湖南长沙浏城桥一号墓出土的"车之五兵"不但齐全，而且保存较好。远射兵器有弓和箭，弓3张，竹制，长125～130厘米。箭8支，带笴（箭杆）长75.5厘米，出土时装在竹箭箙内，格斗兵器有戈7柄，矛4柄，戟1柄。其中3柄戈长90～140厘米，另外4柄戈长303～314厘米。戟长283厘米。铜矛中虽然矛头只有4件，矛柄却有7根，其中两件，一件长289厘米，一件长297厘米。卫体兵器有铜剑4柄，长度均达50厘米。随州曾侯

▶ 图二
车战兵器使用示意图（侧视）

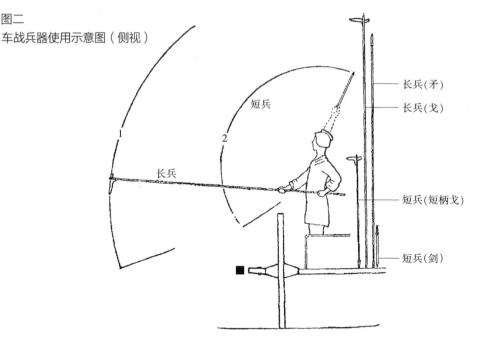

短兵

长兵

1

2

长兵（矛）

长兵（戈）

短兵（短柄戈）

短兵（剑）

古兵探赜

▼ 图三
车战示意图（俯视）

1.戎右使用长柄武器（戈）杀伤范围，长矛的杀伤范围比之略小；2.戎右使用卫体兵器（剑）杀伤范围，若使用短柄戈杀伤范围在两者之间；3.短戈，长1.4米；4.长戈，长3.14米；5.长矛，长2.97米；6.剑，长50厘米；7.车轼；戎右身高1.69米（兵器数据根据湖南长沙浏城桥1号春秋墓）

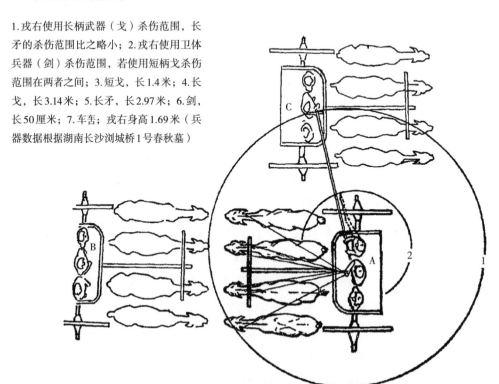

C

B

A

2

1

乙墓出土的格斗兵器戈、矛、戟等长度都在3米以上，最长的矛全长超过了4米（图四）。而且出现了在矛与戈联装的戟头的下部，加装两个与无内戈相似"戟果"的"多果戟"，它的杀伤力更强（图五）。出土的殳也装长柄，殳头的上部突出三棱尖锋，下部呈刺球状，不但可以砸击，还具有突刺功能（图六）。防护装具是皮质的甲胄。

春秋战国时期，兵器是由国家专门的机构制作的。《考工记》载，弓人为弓，矢人为矢，函人制甲，其他制造兵器的还有庐人、桃氏、冶氏等，所以才能制造出质量优良的兵器。以青铜兵器的铸造为例，在青铜冶铸的铜锡配比方面有"六齐"之说，其中四齐说的都是兵器，"三分其金而锡居其一"为大刃之齐，"四分其金而锡居其一"为戈戟之齐，"五分其金而锡居其一"为斧斤之齐，"五分其金而锡居其二"为削矢之齐。为了使车战格斗兵器的柄加长又不易折断，发明了"积竹"法。这种方法以木为芯，其外贴附几条或十几条竹片，再用丝麻缠紧，然后髹漆彩绘而成（图七、八）。以"积竹法"制成的戈、矛，柄（柲）比单根木柄柔韧得多，弹性好又不易折断，正适应战车用长柄格斗兵器的需要。《考工记》记载制作这类兵器柄柲，是由"庐人"完成的。在考古资料中，曾侯乙墓、包山楚墓的许多戟、矛，还有殳的柄都是用"积竹法"制作的。还有弓，《考工记》记载，制成良弓也极为不易，需要干、角、筋、胶、丝、漆六种材料，而且取材、制作还要择时选地，"冬析干而春液角，夏治筋，秋合三才，寒奠体，冰析灂"，次年春才能配弦装弓。

正是由于国家这些专门机构的直接管理和参与，才

图四 铜矛 战国（曾侯乙墓出土，连柄长4.35米）

车之五兵——古代车战用兵器

25

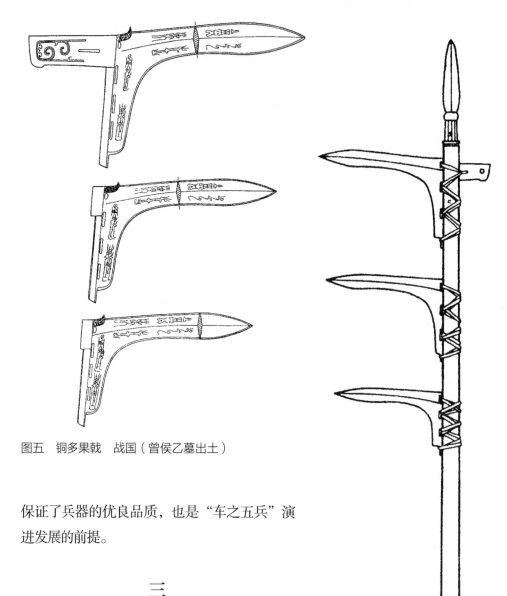

图五　铜多果戟　战国（曾侯乙墓出土）

保证了兵器的优良品质，也是"车之五兵"演
进发展的前提。

三

　　中国的战车与车战起源于何时，战车以
及战车用兵器又是怎样发展的呢？有人认为
夏代就有了战车，《左传》《墨子》等书均有
"奚仲作车"的记载，并且他还作了夏朝的
"车正"。但说夏代有战车，尚缺乏考古资料
支持，证据不足。到了商代晚期，战车及车

古
兵
探
赜

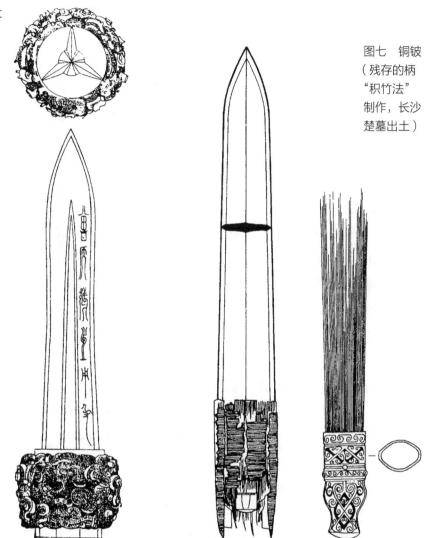

图六　铜殳
（曾侯乙墓
出土）

图七　铜铍
（残存的柄
"积竹法"
制作，长沙
楚墓出土）

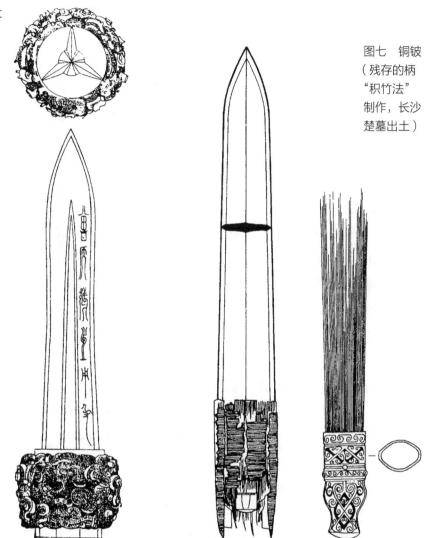

车之五兵——古代车战用兵器

战兵器已步入发展阶段，车战也有了相当规模，则已是铁
的事实。

《史记·周本纪》记载，周武王姬发灭商纣时，出动
了"戎车三百乘，虎贲三千人，甲士四万五千人，以东伐
纣"。在殷商末期，周人只是西北地区的一个部族，尚可
出动战车300乘，商王朝拥有的战车数量当更多。在考古

资料中也屡有发现，据统计，自20世纪50年代以后，以河南安阳殷墟为中心发现了商代晚期的马车20余乘，都是双轮独辀，由两匹马驾挽。其中6乘在车厢内或附近出土有数量不等的兵器，当为车兵之属。以安阳大司空村175号车马坑为例，在车内及附近，出土了铜斤、石矛各1件，铜弓形器2件，铜镞22枚，石镞10枚。大司空村292号车马坑出土了铜戈、兽首短刀、锛、弓形器、策柄各1件，铜镞10枚。郭家庄147号车马坑出土了铜戈2件，弓形器1件，铜镞12枚。此外白家坟北地、孝民屯南地等车马坑也有兵器出土。山东滕州

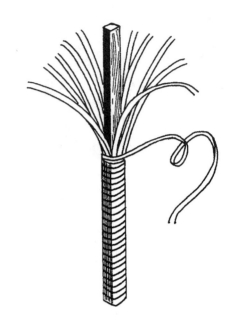

图八 "积竹法"制兵器柄示意图

前掌大墓地发掘了5座车马坑，除了一座（M132）被晚期墓葬打破外，其余4座（M40、M41、M45、M131）车厢内都出土了铜戈、铜斧、铜锛、铜胄、铜镞、漆盾等兵器（图九、一〇）。这5座车马坑的入葬年代为西周早期早段（西周初年），车都用两匹马牵挽，沿袭了商代晚期风格。

　　综观上述及相关的考古资料，我们认为，商代晚期的战车以及车上的兵器配备尚处于发展演进阶段。第一，战车由两匹马驾挽，尽管还不具备西周、春秋战国驷马战车的速度及冲击力，但与步卒对战仍具有较大的优势；第二，战车没有装甲，与普通乘坐的马车区别不大；第三，车上的三名车士，除居中的车御外，左、右的车士尚没有车左（远射手）和戎右的明确分工；第四，车上的格斗兵器只有戈（铜戈、石戈），而且戈柄较短，连柄长也只有1.5米左右，很难在两车交毂时进行格斗拼杀，而且品种单一，不能起到短长相济的作用。

西周是战车与车战的大发展时期，这一时期车马坑及战车的考古发掘资料非常丰富，如陕西长安张家坡西周墓车马坑、宝鸡強国墓地车马坑、长安普度村西周墓车马坑、北京房山琉璃河西周燕国墓地车马坑、山东胶县西庵西周墓车马坑、河南三门峡虢国墓地车马坑、山西

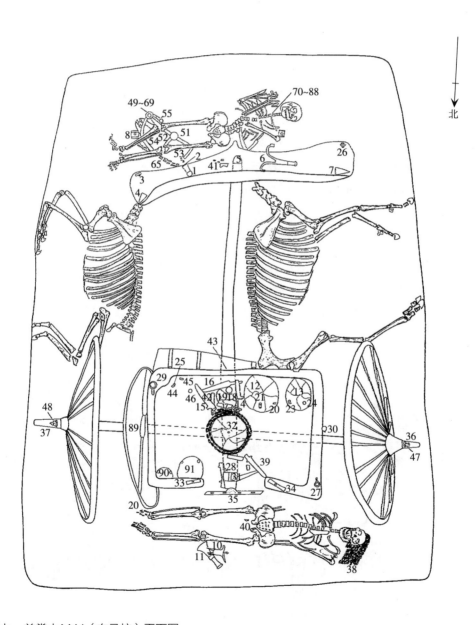

图九 前掌大 M41（车马坑）平面图

侯马北赵晋侯墓地一号车马坑等。综合考察西周车马坑的资料，并将其与殷商时期的比对，两者有着质的区别。其中最大的区别就是自西周起，驷马战车就登上了战争的舞台，时代以河南三门峡虢国墓地出土的为最早。驷马战车不但加强了战车的速度和冲击力，而且负载力大大加强，车厢的面积可以适当加大，这样战车上的三名车士活动就会更自如，就能配置更多的兵器。其次西周的战车加装了更多的青铜部件，如车轴两端的车毂、车軎，车辀（辕）的辀头，车轮的车辐加多，因此西周的战车更加坚固。西周晚期战车车厢上还装了铜甲片，以加强其抗击打性能。譬如山西侯马北赵晋侯墓地一号车马坑，坑中随葬了48辆车，驾车马匹的数量不少于105匹，其中有不少的是战车。车厢内保存有铜戈、铜矛、铜箭头、马具等。11号车车厢的外栏装有铜甲片，甲片

图一〇
前掌大M41战车复原示意图

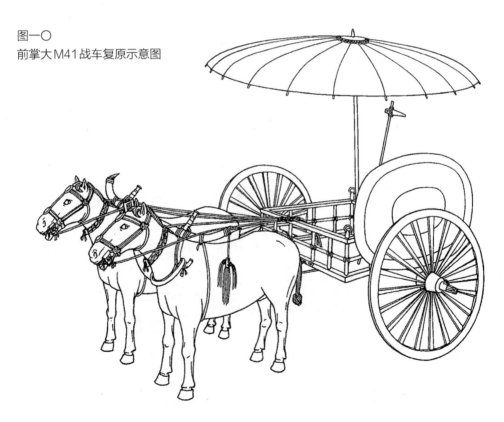

略呈莲瓣形，甲片高9.8厘米、宽6.6厘米、厚0.1厘米。左、右后栏的甲片横向3排，纵向5列，排列得相当整齐（图一一、一二），当是马拉战车装甲的起始。西周以后，战车上的车士，特别是车左的车士和戎右分工更加明确，车左远射，戎右近距离格斗，配备的兵器有了明显的区别。山东胶州西庵西周墓车马坑出土的一乘战车上，车厢左侧的兵器有铜戈、钩戟和铜箭镞，还有铠甲，而右侧只有一柄铜戈，造成这一区别的正是两人在车战中担负的不同职责（图一三）。从北京昌平白浮西周墓、河南三门峡虢国墓地车马坑的资料看，随着战车和车战的

图一一
北赵晋侯墓地11号
车后栏装甲情况

图一二
北赵晋侯墓地11号
车左栏及左后栏装
甲情况

发展，车上逐渐增加了矛、戟、钺等格斗兵器，改变了商代战车格斗兵器只有戈的单一状态，以戟、矛为主的长柄兵器与短柄戈类兵器的组合逐渐形成，从而促进了"车之五兵"的发展，提高了战车的攻击性能，同时也促使车战必须遵循一定的法则和规律来进行。

　　春秋战国时期是战车和车战的成熟期，青铜铸造的兵器，包括车战兵器（"车之五兵"）达到了最高水平。前文提到的安徽舒城九里墩春秋墓、湖北随州战国前期的曾侯乙墓等都提供了丰富的考古实物资料，这里不再赘

古兵探赜

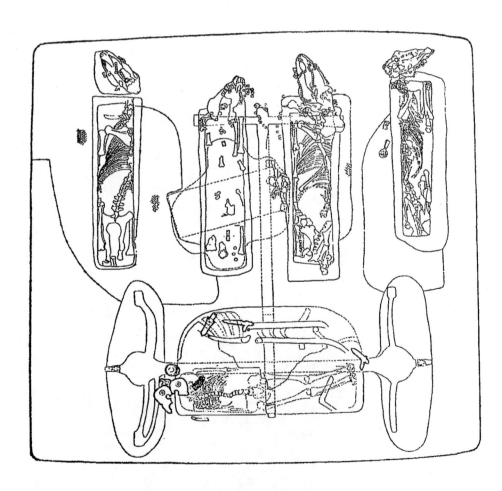

图一三

山东胶州西庵出土的驷马战车

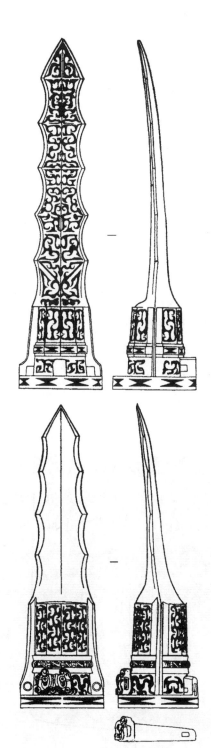

图一四
曾侯乙墓出土的矛状铜车軎及辖

述。这一时期的特点是战车装甲更科学。如河南淮阳瓦房店马鞍冢战国时期2号车马坑4号车，车厢外侧钉装青铜甲片80片。有的战车的车毂上还装了带棘刺的矛状车軎（图一四）。驾车的两匹服马身上披有马甲，如湖北曾侯乙墓出土的战车。车战兵器种类更完善，发明了"积竹法"，兵器柄柲不再受材料的限制，可以根据不同兵器的实战要求决定其长度。各类兵器的制造还有专门机构，有理论指导（见于《考工记》），不但质量大大提高，而且便于统一规制，批量生产。

战车虽然是作战的利器，但也有其明显的弱点，就是受地理条件的局限，不适宜山地和丛林作战。鲁昭公元年（前541年），晋国与狄人作战，魏舒为帅，因地形险隘窄仄，"乃毁车以为行"，舍弃战车，采用步兵阵法作战，取得了胜利。数十年后，赵国的武灵王与牧猎民族娄烦、林胡作战，笨重的战车难于对付灵活迅捷的骑兵，他克服各种阻力，诏令百官和将士脱去褒衣大袖的传统服装，改穿适于骑射的牧猎民族服装，并且学习骑马射箭，发展骑兵。这一变革动摇了战车主宰战场的地位。春秋战国时期生产力的发展，科学技术的进步，特别是铁制兵器的使用促进了这一变化。

战国中晚期以后，车战开始走向下坡路。这一变化表现在两个方面：其一，衰变时间是缓慢的，直到秦代战车仍是

车之五兵——古代车战用兵器

中军主力。以秦始皇陵2号坑为例，应有木质战车89
乘，驾车陶马356匹，车兵俑261件，骑兵俑和战马
各116件，步兵俑562件。这些陶俑和陶马在2号坑
的分布情况是，东部偏北为立、跪式弩兵俑，西部偏
北部是12列骑兵俑，中部是三列驷马战车，南部是
步兵俑。可见，2号坑的布局，仍是以驷马战车为中
心，骑兵、步兵、弩射兵在周围与之配合。其二，战
车的制作，车上的兵器配置处于最高水平。秦始皇陵
一号铜车最形象，也最说明问题了。一号车是二号车
的导车，兼有仪卫性质，所以属于兵车（图一五）。
车双轮独辀，由四匹马牵挽。车上只有车御一人，车
御腰间佩剑，双手执辔。车厢内树有车伞，车厢前轮
左边与车轼的掩板前架一弩（图一六），左轮前部外
侧置以筒形箭箙，内装铜箭12支。右轼内侧嵌以盾
箙，盾箙内插有铜盾（图一七）。车厢内贴近前轮处
还有一个匣形铜笼箙，内装铜箭54支。

图一五
秦始皇陵一号铜车

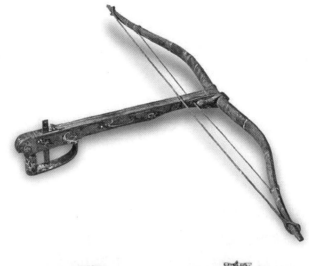

图一六
一号铜车前轮上的铜弩

图一七
一号铜车左轮外侧的铜盾

　　可以说到了战国晚期，战车和与之相关的车战兵器虽已像西山薄日，但依旧是美丽的。直到西汉中期，汉武帝北击匈奴，以骑兵作为军中的主力兵种，卫青、霍去病常常率骑兵几万、十几万与匈奴作战，车辆则用来运输粮草辎重，兼作构筑营垒的器具。战车至此才退出了战场，车战兵器（"车之五兵"）也逐渐被适于骑兵作战的马戟、马矟和环首刀所取代。

胡汉战争兵器考

西汉武帝时期，汉王朝与北方草原牧猎民族匈奴进行过一场大规模的战争，史称"胡汉战争"。这场战争对双方都产生了巨大影响，虽然汉王朝取得了胜利，匈奴或北遁，或南降，但汉王朝也因之资财耗尽，国力大伤。影响这场战争的除了国力、国策、兵力、战将、战策之外，兵器、战具也是重要因素之一。

以匈奴为代表的草原牧猎民族与中原农耕民族争斗由来已久。公元前771年，犬戎会同申、缯等国组成的联军攻入镐京，杀死周幽王，西周从此失祚。战国晚期，匈奴屡屡侵扰赵国北境，李牧奉命驻守代郡、雁门，曾破匈奴10万骑。秦始皇嬴政灭六国，一并天下，遂命蒙恬将兵30万，北略河南地（今内蒙古鄂尔多斯一带），却匈奴700里。后又西起临洮（今甘肃岷县），东迤辽东，筑长城蜿蜒万余里以备胡。西汉立国，由于连年征战，国力孱弱，对匈奴连年侵扰无力抗争，高祖刘邦曾遭白登之辱，只能纳币帛，约和亲，采取守势。直到元朔年间，国力日盛，武帝刘彻以卫青、霍去病为将，将兵北击匈奴，连连获胜，一雪前耻。

其中最重大的战役是河南漠南之战、河西之战和漠北之战。河南漠南之战开始于元朔二年（前127年），以车骑将军卫青为帅，出云中（今山西大同附近），袭高阙（今内蒙古杭锦后旗东北），取河套，筑朔方城（今内蒙古杭锦旗北），置五原（今内蒙古包头西北）。之后，又率兵突袭右贤王王庭（今蒙古国南戈壁省）。这一战役不但遏制了匈奴的嚣张气焰，还占领并经营了一块进可攻、退可守的战略要地，奠定了反击匈奴大捷的基础。河西之战由骠骑将军霍去病率领，第一次于元狩二年（前121年）春从陇西出发，沿河西走廊西进，经金城、另居（今甘肃永登西），越乌鞘岭，翻焉支山，连战连捷。同年夏，又出北地，涉腾格里沙漠至居延泽，长驱两千余里，追歼匈奴。迫浑邪王率4万余人归汉，并置武威、张掖、酒泉、敦煌四郡，从而扩大了战果，解决了匈奴西部的威胁，有助于朝廷对外商贸往来。经过这两次战役之后，匈奴的实力连遭重创，逃往漠北，曾歌曰："亡我祁连山，使我六畜不蕃息；失我燕支山，使我嫁妇无颜色。"汉武帝不给其喘息机会，于元狩四年（前119年），派卫青、霍去病一路出定襄（今山西忻州定襄县），一路出代郡（今河北蔚县一带），东西夹击匈奴，最后聚歼匈奴主力，封狼居胥山（今蒙古国乌兰巴托东）而还。这就是著名的漠北决战。这三次军事战役，彻底消灭了匈奴的主力，"匈奴远遁，漠南无王庭"。直到西汉晚期，和亲代替了争战，再无大规模的侵扰。

　　西汉王朝征伐匈奴之所以能获胜，骑兵和战马是关键因素之一。因为匈奴是马背上的民族，逐水草而居，生性剽悍。他们呱呱坠地就与牛羊、马匹为伍。《史记》《汉书》中都说，他们幼时骑羊射鸟鼠，少年时乘马射狐兔，成年后人人能纵马弯弓，尽为甲骑；他们行动迅疾，人自为战，"利则进，不利则退"，不讲求阵法。"斩首者赐酒一卮，所得虏获因以予之，得人以为奴婢。"（《史记·匈奴列传》）所以骑兵是他们基本的兵种建制，战马则是他们的生命。而中原则以步兵、车兵为主要兵种。步兵速度相对较慢，战车灵活机动性差，以此应对匈奴的骑兵，往往处于劣势。为了对付匈奴的骑兵，战国时期，赵武灵王就曾以胡服骑射，组建骑兵。秦朝虽然有了骑兵这个兵种，但只是配合战车、步兵作战，不是战场

的主力，直到西汉文帝时期仍是如此。陕西咸阳杨家湾陪葬
俑坑文物资料显示，当时骑兵的装备还不很完善。首先马背
上只有与秦代战马上相似的软鞯垫，而没有马鞍，更没有马
镫。其他马具有辔、鞦等。其次是骑兵的装束与步兵没有大
的差别，都是头戴巾帻或皮弁，身着战袍，足蹬麻鞋。也有
些骑兵披挂有保护前胸和后背的铠甲，只是数量较少，仅占
骑兵俑总数的1/10（图一），反映了骑兵初创时期的特点。东
汉画像石胡汉战争图所见的骑兵形象与之大体相似（图二、
三），因为时代较晚，在山东肥城栾镇、邹城高李村、藤县万
庄的胡汉战争画像的无人乘骑的空马上，已出现了中间凹下、
两端高起的马鞍，比西汉的马具有所进步。

　　在胡汉战争画像中，不论是汉朝军队还是匈奴军队，
参战的既有骑兵，也有步兵。兵器方面，汉军所用的有弓
箭、矛、戟、环首刀、盾、钩镶、弩，另在沂南北寨的胡
汉战争画像中，还有锤和钺。而匈奴的军队大多使用弓箭，
少数使用矛、戟等长柄兵器。两者相较，汉朝军队使用的

图一　西汉步、骑兵及两汉鞍具
1.步卒　2.骑兵　3.铠甲　4.武弁　5~7.鞍具（5.西汉前期　6.西汉后期　7.东汉晚期）

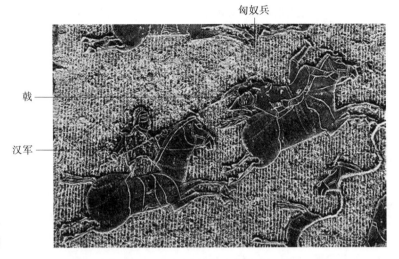

图二
胡汉交战图之骑兵
（局部，山东嘉祥）

匈奴兵

戟

汉军

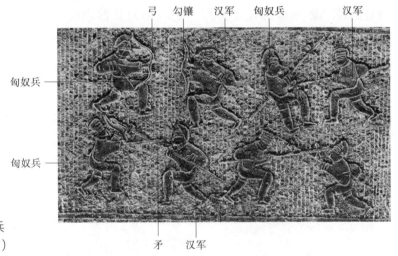

弓　勾镶　汉军　匈奴兵　　汉军

匈奴兵

匈奴兵

矛　汉军

图三
胡汉交战图之步兵
（局部，山东嘉祥）

兵器种类明显多于匈奴（图四）。

　　考古资料也证实了这一点。在汉代，匈奴虽然以游牧
为业，但也有相对发达的手工业，能冶铁、制陶，筑宫室。
铸造的兵器有刀、剑、矛、箭镞、马具等。其匠人可能是
被掳掠的汉人工匠，或者是由汉人传过去的技术。从内蒙
古桃红巴拉和呼鲁斯太两处匈奴墓地出土的遗物看，早在
战国前期，匈奴人就能冶铸青铜短剑、短刀、鹤嘴锄、斧、
小锤等。属于战国晚期的有西沟畔、阿鲁柴登、玉隆太等

处墓地，所出土的兵器以青铜短剑为代表，其形制为直刃、柄首，做成双环形、环形或触角形，上面装饰鸟兽图案，可视为匈奴文化的典型兵器。铁剑是战国后期出现的新兵器，西沟畔出土者长51.2厘米，剑身呈柳叶形。铁制的箭镞也有增多的趋向，1979～1980年发掘的西沟畔墓葬，和伊克昭盟补洞沟清理的八座墓可作为西汉时期匈奴文化的代表，出土的铁剑比战国的明显加长，可达70厘米，铁刀多已锈残，铁镞有三叶式、三棱式、四棱式、平头式数种，以及铁甲片等。辽宁西丰西岔沟墓地为西汉武帝至宣帝时期的北方牧猎民族的墓葬，对他的族属学界尚有争议，或认为是匈奴，或认为是鲜卑。但在匈奴强盛之时，鲜卑是匈奴的藩属，所以即使是鲜卑，研究匈奴兵器也应给予足够的重视。在西岔沟63座墓葬中，出土了剑71柄、矛48件、环首刀数柄、各类箭镞数千余枚。综合这些资料分析，

图四　画像石刻中的胡汉步、骑兵

（1、2、4.胡卒　3、5.汉卒；上排为滕州西户口画像石，下排为苍山前姚村画像石）

匈奴的兵器从形制上看，比战国时期有较大的变化和发展。以剑为例，一是铁制的剑明显增多，这些铁剑在剑身后装铜柄，或在剑茎外夹附木柄；二是剑的种类复杂，除了有匈奴特色的双曲环首短剑外，还有茎呈柱状穿套铜环者，茎外夹附木柄者。这些剑均为长剑，长70~80厘米，与中原的铁剑相近，环首刀也与中原的酷似，矛以铁制的为多，箭镞有铜制的、铁制的，还有骨镞、石镞等。形制有双翼式、三棱式和鸣镝等。总体看来，这些兵器无论工艺水平还是形制，都大大吸收了汉朝中原文化的先进因素。特别是长剑、矛、环首刀、镞等与中原的相差无几（图五），差

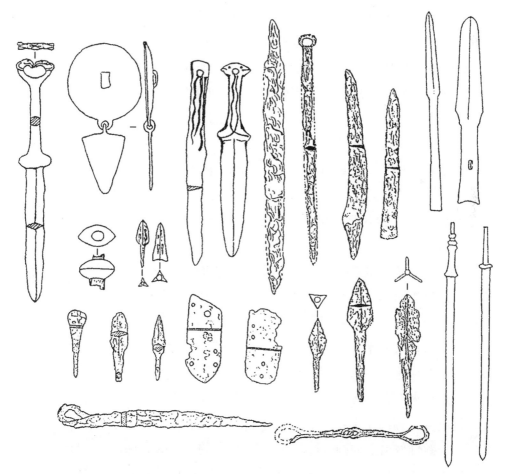

图五　战国至西汉中期匈奴所用兵器、马具

（有青铜短剑、马面帘、铜小锤、铜制铁剑、铁刀、铁剑、铜矛、铜柄铁剑、铁镞、铁甲片等）

的或许只是质量，如环首刀较少，未见钢制兵器——此时匈奴人尚未掌握先进的炼钢技术。

关于汉朝与匈奴在军事上的优、劣势对比，晁错在《言兵事疏》中有过客观而精准的分析，曰："今匈奴地形技艺与中国异，上下山阪，出入溪涧，中国之马弗与也；险道倾仄，且驰且射，中国之骑弗与也；风雨罢（疲）劳，饥渴不困，中国之人弗与也；此匈奴之长技也。若平原易地，轻车突骑，则匈奴之众易挠乱也；劲弩长戟，射疏及远，则匈奴之弓弗能格也；坚甲利刃，长短相杂，游弩往来，什伍俱前，则匈奴之兵弗能当也；材官驺发，矢道同的，则匈奴之革笥木荐弗能支也；下马地斗，剑戟相接，去就相薄，则匈奴之卒弗能给也；此中国之长技也。以此观之，匈奴之长技三，中国之长技五。"事实就是这样，在汉朝军队使用的兵器中，杀伤力明显优于匈奴的兵器，最主要就是弩。弩和弓虽然都是远射兵器，但其性能却比弓优越许多，其一是有弩臂，设机枢，可以加大弓的张力，射程比弓要远；其二是可以延长瞄准时间，从容发射，命中率更高；其三是事先可把弩张好，敷上箭，等待时机，同时发射，克敌于不措。对付匈奴骑兵，弩是最好的兵器（图六、七）。

汉代是弩改进和应用更广泛的时期。与战国相比，在结构上，最主要的是在弩机外加装了一个称为"郭"的匣状青铜外壳，牙、牛、悬刀等机件均用铜枢按组合关系装入郭内。郭有三个优点：一是保护弩机，使弩臂不易劈裂，从而可以制作张力更大、射程更远的弩；二是简化了组装程序，加快做弩的速度；三是加高了望山，有的还在望山上加刻刻度，提高了命中率。如河北满城刘胜墓出土的铜弩机，安徽舒城出土的铜弩机（图八）。汉代的弩，既有靠臂力拉张的"擘张弩"，又有靠双脚踏弓臂，双手拽弓弦装箭的"蹶张弩"。在汉代画像中，这两种形象都能够见到

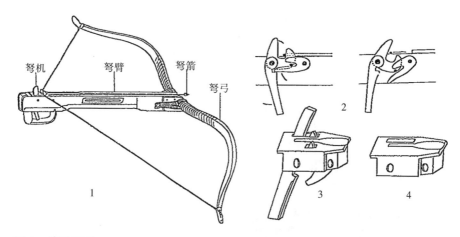

图六　弩和弩机

（ 1.弩复原图　2.战国弩机　3、4.西汉弩机与郭 ）

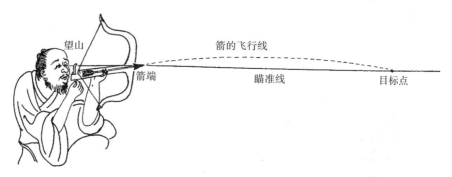

望山

箭的飞行线

箭端

瞄准线

目标点

图七　射弩示意图

（图九）。"蹶张弩"一定要靠身强力壮的武士拉张，在当时称这类人为"材官蹶张"。

　　在汉代战争中，弩发挥过巨大的作用，军队中有强弩将军。如前述，在抗击匈奴的河西之战中，李广以强弩为主要兵器，以四千骑兵对匈奴五万兵马，毫不示弱，李广将全军列成圜形阵，用强弩硬弓挡住了匈奴铁骑的一次次进攻，一当十之。又用大黄弩射杀敌将，鼓舞士气，顽强地坚持了两天，直到张骞率大军到来才得解围。漠北之战中，霍去病以武刚车列阵，与匈奴激战，强弩也发挥了巨大的作用。李广之孙李陵，亲率五千步卒北击匈奴，在浚

胡汉战争兵器考

图八
刻度铜弩机
西汉
（舒城出土）

古兵探赜

图九
画像石中的蹶张
力士

稽山被匈奴三万铁骑围住，李陵在两山间以大车为营，士卒环营列阵，前排持戟盾，后排用弓弩。千弩俱发，匈奴骑兵纷纷应弦而倒。在西汉，有不少用弩的高手，如申屠贾以"材官蹶张"，从高祖击项羽，后来当了丞相，其他如

周勃、李广、李陵等都以弩射闻名于世。因而，弩是克制
匈奴的第一利器。

环首刀也是胡汉战争画像中常见的兵器，多为汉朝士
兵使用。使用者一手持刀，一手持盾或钩镶。出土的实物
资料也很多，其形制长身直背，一面刃，柄后接一环形首。
多用铁制作，优者用钢锻制，也有用铜铸者。这种环首刀
以劈砍为主要功能，特别适合骑兵使用，在西汉时期，可
以说是伴随骑兵而发展起来的新型短柄格斗兵器。在西汉
前期，军队中环首刀与铁剑并存，与匈奴作战的汉武帝时
期，铁剑仍有使用，以后渐渐取代了铁剑而成为军队的
主要装备（图一〇）。长柄兵器中，矛仍在继续使用（图

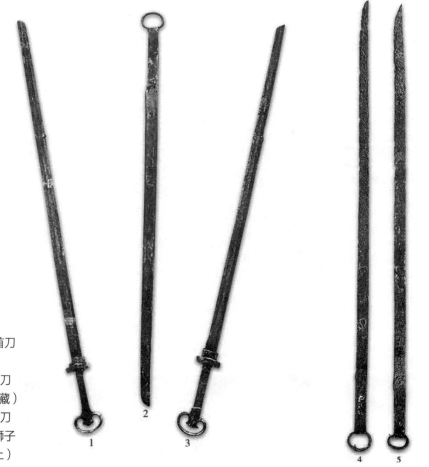

图一〇 环首刀
西汉
1～3.铜环首刀
（徐州博物馆藏）
4、5.铁环首刀
西汉（徐州狮子
山楚王陵出土）

一一），戟在汉代有了很大变化，战国时期常见的矛、戈合装与柄上的铜戟，到了汉代被铁制的"卜"字形戟所取代。为了加固，有的还在横枝和戟刺之间加装了铜龠。戟也有钢制的，如河北满城刘胜墓所出土者。这种"卜"字形戟在战国晚期就已出现，见于易县燕下都。到了西汉，成了军队装备的主要长柄兵器（图一二、一三）。在汉代几百年的发展中，"卜"字形戟的形制也有变化，西汉末期以后，横出的戟援渐趋向上弯，更利于向前突刺。胡汉战争画像所见的戟大多是这种形式。

在胡汉战争画像中，还见到一种叫钩镶的兵器。这种兵器由盾派生而出，可攻可防。江苏徐州狮子山楚王陵出土过完整的钩镶，它是由一个铁制的铤架上铆接一块盾形镶板做成。铤架的上下两端各伸出一个向前弯曲的钩，中间有一个长方形，可供手握的镶鼻，镶板中间有一个前突

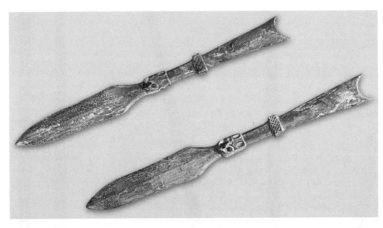

图一一
铜矛 西汉
（仪征詹庄出土）

图一二
铜戟 西汉
（仪征詹庄出土）

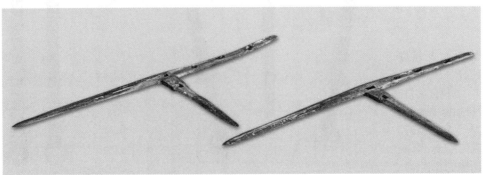

图一三
铁戟 西汉
（徐州狮子山楚王
陵出土）

的尖刺。《释名·释兵》云："两头曰钩，中间曰镶，或推镶，或钩引，用之之宜也。"从画像石图像看，它常与环首刀、短柄斧等配合使用，是步兵所用的兵器。作战时，中间的镶板可以格挡，两头的钩可以用来钩锁敌人的兵器，还可以用镶板前面的尖锥来刺击贴近身边的敌人，其性能比盾优越（图一四）。这种兵器产生于东汉时期，在胡汉战争画像中可以见到钩镶使用的图像（图一五），它是步战用兵器。实际上，在西汉胡汉战争最激烈的时候，钩镶还没有出现。

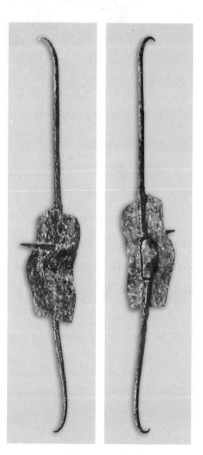

图一四 铁钩镶 东汉
（徐州汉兵马俑博物馆藏）

图一五　使用环首刀和钩镶的汉卒（采自冷兵器研究所图）

　　分析胡汉战争西汉王朝取胜的原因，在军事方面，主要的是组建了强大的骑兵部队，以骑兵对骑兵，以机动对机动，加之汉武帝善于用人，卫青、霍去病、李广都善于用兵，他们控辖的骑兵把迅疾灵活的特长发挥到了极致，能千里驰驱，长途奔袭。又革除了匈奴骑兵结构松散、不求阵法的弊病，可以集团作战，多兵种作战。他们既有战略眼光，又谙熟战术，当是取得胜利的必备条件。较先进的兵器，特别是强弩、环首刀和长戟等在军队中的广泛应用，兵器装备比匈奴精良，也是取得胜利不可缺少的条件之一。

从马踏飞燕到昭陵六骏

——汉唐时期的战马

1969年，甘肃武威雷台清理了一座东汉墓[*]，出土金银、铜铁、玉石、陶器等各类文物200多件，其中一匹铜马特别引人注目。这件铜马以腾飞的姿态呈现在世人面前，马高34.5厘米，从头至尾长45厘米，重7.15千克。它昂头拖尾，三足腾空，右后足踏在一只展翅疾飞的鹰隼背上（图一）。马头微微侧向左方，与回首惊视的鹰隼相互呼应。无论从哪个角度评判，它都符合古来良马的标准，也是中国古代青铜艺术的精品，给了今人极大的研究想象空间，所以自出土以来，学者给他起了不少好听的名字，如"马踏飞燕""马超龙雀""飞马奔雀"等等。

这座东汉墓还出土了铜车马仪仗俑数十件，有持戟、持矛、持斧的骑兵，有战马，有牵马俑，还有斧车、导车、辂车。据铜马胸前铭文所记，雷台汉墓为"守张掖长张君"之墓，下葬年代约在186～219年。

汉代重视良马由来已久。早在西汉初年，由于秦朝暴政和秦末连年战乱，全国经济凋敝，"天子不能具钧驷，将相或乘牛车"。正因为国力孱弱，又缺乏战马，惨受匈奴骑

---

[*] 雷台汉墓的入葬年代，一般认为在"汉灵帝中平三年（186年）至献帝之世"，吴荣曾《"五朱"和汉晋墓葬断代》认为："同样出土小五铢的雷台墓，其年代也应靠近西晋为合适。"孙机《关于甘肃武威雷台出土铜奔马的年代》也有相关论述。虽然对墓葬时代的判断略有早晚，不影响铜奔马的艺术成就。

图一　马踏飞燕　东汉（甘肃雷台汉墓出土）

兵的侵扰，只得纳金银布帛而求一时媾和。几十年后，直到汉武帝时期，经济、军事实力渐盛，才开始对匈奴进行反击。而传统的步兵、车兵行动迟缓，难以在大漠与来如风、去无影的匈奴骑兵对战。必须扩充骑兵，组建强大的骑兵兵团，形成对匈奴压倒的势态。这样，战马特别是良马的需要就成了首要前提。

西汉初期以前，内地的马多头大耳长，体矮颈粗，四肢较短，适合挽车负重，不适于骑乘（图二）。而真正适于骑乘的良马身高颈长，耳小如劈竹，胸肌宽厚，躯体粗壮，四肢修长，臀尻圆实，马踏飞燕就是其形象写照。汉武帝对这样的良马求之若渴，可是这样的良马多产自西域。《汉书·西域传》云："（大宛国）多善马，马汗血，言其先天马子也。"应劭云："大宛旧有天马种，蹋石汗血。汗从前肩髆出，如血。号一日千里。"颜师古云："蹋石者，谓蹋石而有迹，言其蹄坚利。"汉武帝为此数次遣使赴西域求取良马。元鼎四年（前113年）从渥洼（今甘肃安西境内）水边得良马，乃作《天马之歌》。后来又遣使持千金及金马驹赴大宛求取良

图二
漆木马与漆木骑兵
西汉
（四川绵阳双包山
出土）

图三
铜持戟骑俑　东汉
（甘肃武威雷台汉
墓出土）

马，被拒绝且使者惨遭杀害。武帝震怒，命贰师将军李广利出兵西域，进行了将近四年的艰苦征战。于太初四年（前101年）春，李广利斩大宛王首级，取大宛"善马数十匹，中马以下牡牝三千余匹"。武帝甚喜，遂把原来名天马的渥洼乌孙马改称"西极马"，把大宛汗血马赐名作"天马"，作《西极天马歌》以贺："天马徕从西极，经万里兮归有德。承灵威兮降外国，涉流沙兮四夷服。"由歌词可见，汉武帝对用西域良马平定夷狄寄予了莫大的希望。回过头来，我们再看看雷台汉墓出土的骑兵仪卫铜俑，战马昂首张口，四足伫立，武士怒目挺胸，一手控缰，一手持戟、矛、大斧（图三），随时准备驰骋疆场，这不正是汉武帝当年所期待的骑兵的形象吗？

汉武帝引进大宛良马，改良了马种，相马之术随之兴盛起来，随之出现了专门的相马著述《相马经》。善相马者东门京依照良马的各部分尺寸，按比例铸造成青铜马，以作为衡量良马的标准。汉武帝诏令把它置于长安鲁班门外，并把鲁班门改名为金马门。后来这类铜马被称为"马式"。1981年陕西茂陵一号无名冢随葬坑出土了一匹鎏金铜马，通高62厘米，身长76厘米。高头长身，龙目兔额，耳如劈竹，胸肌饱满，足蹄坚健（图四）。学者考证认为，此马和前述雷台出土的马踏飞燕相比较（图五），都是汉代大宛良马的艺术形象，从而为我们了解汉代马式提供了参照。

汉武帝也正是依仗强大的骑兵消除了北方匈奴之患。任命卫青、霍去病、李广为将，率领强大的骑兵北击匈奴。

古兵探赜

图四
鎏金铜马　西汉
（陕西茂陵出土）

自元狩二年（前121年）起，经过河南漠南之战、河西之战和漠北之战三大战役，连战连胜，一雪前耻。卫青、霍去病充分发挥了骑兵灵活迅疾、能长途奔袭的特点，出其不意，攻其不备。河西之战时，骠骑将军霍去病率领精骑，沿河西走廊西进，经金城、另居（今甘肃永登西），越乌鞘岭，翻焉支山。同年夏，又出北地，涉腾格里沙漠至居延泽，长驱两千余里，追歼匈奴，迫混邪王率四万金众归汉。漠北之战聚歼匈奴主力时，最远到达今蒙古国乌兰巴托以东地带，封狼居胥山（一说在内蒙古克什克腾旗西北）而还。歼敌数量三万、五万甚至七万。经过这三次军事战役，彻底消灭了匈奴的主力。自此直到西汉晚期，西汉王朝与匈奴再无大规模的争战。

而这时的骑兵，尚是在发展中的兵种。马具还不完备，马鞍低矮，更缺少能把骑兵与战马紧密结合在一起的马镫，骑兵的兵器、甲胄仍处于初创阶段，有待于进一步完善。东汉后期，马鞍渐渐高起。东汉末三国时期，骑兵尤受重

图五
马踏飞燕　东汉
（甘肃雷台汉墓出土）

视，董卓军中有西凉铁骑，曹操麾下有"虎豹骑"，公孙瓒有"白马义从"。劲旅"白马义从"后来由赵云带到了刘备处，成了刘备骑兵的中坚。西晋末至东晋发明了马镫[*]，使用的兵器——马矛、马戟的形制也慢慢改进，骑兵的装备渐趋完善。南北朝时期由于马镫的广泛使用，重甲骑兵迅速发展起来，这些重甲骑兵人披铠甲，马披具装（马铠，战马的防护装备，多由皮革、铁甲片制作），持锐攻坚，所向披靡，使骑兵发展到了一个高峰。但由于战马的负荷过重，限制了战马的速度。又过了200余年，到了隋末唐初，唐王李渊、李世民父子学习突厥骑兵的长处，为战马卸去了沉重的具装，成了轻装骑兵，才恢复了骑兵原本灵活迅疾的特点，这当是骑兵装备上的第二次革命。

李世民在推翻隋朝和后来平灭各路反王时，多年征战，他坐下的战马和他一起屡立战功，也曾救他多次脱险。李世民即位后，于贞观十年（636年），下诏匠师将自己在屡屡征战时骑乘过的六匹骏马的形象刻石立于陕西礼泉县昭陵陵园北阙之前，以彰显战功，这就是我们今天在陕西省博物馆看到的六块骏马浮雕石刻（其中两块为复制品），后人称之为"昭陵六骏"。

据说这六匹战马图像的蓝本是由唐代著名画家阎立本绘制的。这六匹跟随唐太宗闯营掠阵的骏骑，有平刘黑闼时所乘的拳毛䯄，平王世充、窦建德时所乘的什伐赤，平薛仁杲时所骑的白蹄乌，平宋金刚时所乘的特勒骠，平东都时所乘的飒露紫（图六），平窦建德时所骑的青骓（图七）。昭陵六骏的每块石刻均由整块长方形巨石雕琢而成，高约170厘米，宽约205厘米，厚约30厘米。它们在关中大地屹立了1300余年，历尽沧桑。1914年，其中"飒露

---

* 2019年南京鼓楼区伍佰村孙吴丁奉墓出土的陶马，马腹左侧悬挂有一只三角形马镫，或可将马镫的使用历史提早几十年。

紫""拳毛䯄"两块石刻被盗运到美国，现藏于费城宾夕法尼亚大学博物馆，其余四块现存于西安碑林博物馆。

这六块石雕表现的都是战马的侧面形象，有的扬蹄驰奔，有的碎步徐行，有的停足伫立。它们像是在战场上驰骋，或刚刚从战场上下来，被射中的箭支还留在身上。特别是飒露紫的头前，一位头戴兜鍪、腰佩刀及箭囊的将军，俯首伫立在为它拔箭。这个人就是唐初名将邱行恭。《新唐

图六
昭陵六骏之飒露紫
唐

图七
昭陵六骏之青骓
唐

从马踏飞燕到昭陵六骏——汉唐时期的战马

55

书·丘行恭传》记载，"行恭，善骑射，勇敢绝伦"。唐武德四年（621年），唐军在洛阳邙山与王世充军决战，秦王李世民为了试探敌方兵力的虚实，骑着飒露紫，亲自带领丘行恭等数十骑冲至敌人阵地的后方，与敌交战甚烈，斩敌无数，但不慎与随行诸骑失散，跟在身边的只剩下了丘行恭一人。突然间敌人的流矢射中了"飒露紫"前胸，丘行恭先是张弓射杀冲到前面的几个敌兵，又跳下马来，不顾个人生死给御骑飒露紫拔箭，并且把自己的坐骑让给秦王，自己"于御马前步执长刀，巨跃大呼，斩数人，突阵而出，得入大军"。为此，唐太宗对他大大褒奖，并把他的形象雕刻在"飒露紫"旁，以彰显后世："贞观中，有诏刻石为人马，以象行恭拔箭之状，立于昭陵前。"（《旧唐书·丘行恭传》）太宗给"飒露紫"题的赞语是："紫燕超跃，骨腾神骏，气詟三川，威凌八阵。"

昭陵六骏的名字都不是中原本土的马名，有学者从突厥语语源学角度考证，飒露紫又名沙钵略，是勇健者的紫色战马；拳毛䯄是权于麾国的良马；什伐赤是以突厥高官号"设发"为名的战马；特勒骠应作特勤骠，特勤本是突厥的职官名；白蹄乌是被冠以"少汗"荣誉性专名的坐骑；青骓一词也源于突厥语，这匹马当来自西方大秦[*]。由此可见它们都是出自突厥的百里挑一的良马。

据史书记载，李渊、李世民变甲骑具装为轻装骑兵从李渊任隋朝将领就已经开始了。李渊镇守晋阳在马邑备边时，对突厥骑兵进行了长期而细致的研究，认为"突厥所长，惟恃骑射，见利即前，知难便走，风驰电卷，不恒其阵"。正因为突厥骑兵行动迅疾，可以抢占先机，征战每每取胜。而突厥骑兵行动迅疾的原因是他们的战马不披具装，

---

[*] 关于"昭陵六骏"名字及马种的考论，参见葛承雍《唐昭陵六骏与突厥葬俗研究》，载《唐韵胡音与外来文明》，中华书局，2006年。

负载轻，而"中国兵行，皆反于是"，战马为沉重的具装所累。"今若同其所为，习其所好"，则可以战而胜之。于是汲取突厥骑兵的长处，仿照突厥轻装骑兵的模式训练自己的骑兵。这对骑兵来说是具有划时代的改革举措，并且取得了极大成效。

在隋末唐初的连年征战中，李渊父子为了装备骑兵，对突厥、西域的良马求之若渴。如太原起兵时，李渊不惜向突厥称臣，才赊取好马五百匹。武德三年（620年）李渊令李瑗向突厥纳布帛数万段，约和亲，颉利可汗"遣使随瑗献名马"。贞观元年（627年），西突厥向唐王朝进献万钉宝钿金带以及马五千匹。他们还在边贸互市中购马，在与突厥的作战中俘获战马充为己用。武德八年（625年），唐将王君廓破突厥于幽州，"俘斩二千余人，获马五千匹"。贞观四年（630年），李靖灭突厥，"俘虏男女十万口，驼马数十万计"。当时其他各路反王也是如此。刘武周于大业十三年（617年）把俘获的汾阳隋朝宫人进献突厥可汗，突厥"以马报德"；武德三年（620年）王世充将宗女嫁入突厥，得聘马千匹。

李唐的轻骑兵在多次征战中屡建奇功。大业十一年（615年），突厥犯塞，李渊和马邑太守王仁恭前去御敌。由于兵力不足，惜败。李渊"选精骑二千为游军，居处饮食随水草如突厥，而射猎驰骋示以闲暇，别选善射者伏为奇兵。虏见高祖，疑不敢战，高祖乘而击之，突厥败走"。大业末年，魏刀儿夹攻太原，李渊出战被围，李世民率轻骑兵突入重围把李渊救出虎口。又会齐步兵，大破贼兵。这一年李世民刚刚十八岁，他的麾下有一支精锐的骑兵部队。唐太宗所属的许多战将也善于用轻装骑兵作战制胜，贞观四年（630年，《新唐书》作贞观八年）突厥进犯定襄，李靖"率骁骑三千，自马邑出其不意，直趋恶阳岭以逼之"。突厥可汗大惊怖，李靖又施计离间其心腹，其后

图八
黑釉三彩马　唐
（河南洛阳关林出土）

图九
陶马　唐
（陕西礼泉出土）

出兵定襄，大破之，斩杀无数，俘获了隋齐王杨暕之子正道及隋炀帝的萧后，唯突利只身逃遁。在李世民麾下，尉迟恭、秦琼、程知节等都是跨马持锐的骁将。

除了"昭陵六骏"之外，许多三彩马都是唐代良马的化身，如河南洛阳关林唐墓出土的一匹黑釉三彩马，高66.5厘米，周身漆黑，唯马的头面、马尾、四蹄作白色。它胸肌宽厚，臀尻浑圆，足胫细而蹄碗大，低头作嘶鸣之态（图八）。马的身上已备好了鞍辔，随时等候主人骑乘。由这匹三彩马我们自然会想到"昭陵六骏"的白蹄乌，两者有异曲同工之妙。再如陕西礼泉县初唐辅国大将军张世贵墓出土的陶马，高49厘米，以白色绘彩，马的身躯微微后坐，右前蹄抬起，马头侧俯嘶鸣，似乎要挣脱前面牵马俑手中的缰辔而驰奔沙场（图九）。其形象生动异常，正如李贺《马诗》第四首所写："此马非凡马，房星本是星。向前敲瘦骨，犹自带铜声。"杜甫亦有诗赞大宛马曰："胡马大宛名，锋棱瘦骨成。竹批双耳峻，风入四蹄轻。所向无空阔，真堪托死生。骁腾有如此，万里可横行。"

铁马秋风

——两晋南北朝时期的甲骑具装

"楼船夜雪瓜洲渡，铁马秋风大散关"，是宋代诗人陆游《书愤》中的诗句。本文借用诗中"铁马"二字来讲两晋南北朝时期的主要军事装备——甲骑具装（重甲骑兵）。甲骑，指的是身披重甲的武士；具装，指的是战马披挂的马铠（图一、二）。两晋南北朝与宋代虽然相差数百年，但是到了宋金时期，仍有重甲骑兵的孑遗，或有人认为是金朝完颜宗弼（金兀术）的精锐拐子马或铁浮图。

综合考察魏晋南北朝时期的墓葬和壁画资料，较完备甲骑具装，无论是人铠还是马铠，都是用钢铁或皮革制成的，先根据不同需要制成各种甲片，再用甲片编缀成人甲或马甲。其中人甲有保护头颈的兜鍪、遮护身躯的身甲。几百年中，铠甲形制有所变化，十六国时期延续了魏晋时期的筒袖铠，南北朝多使用两当铠，南北朝后期筒袖铠逐渐被防备性能更加良好的明光铠所替代。

图一
彩绘具装甲骑陶俑
北朝
（宁夏彭阳出土）

筒袖铠又被称作"诸葛亮筒袖铠"，其形制是前身甲与后背甲连缀在一起，两肩臂部还有较短的筒袖，整体与现在的半袖T恤衫相似（图三），后来为了加强对颈部的防护，又加装了高起的盆领。防护头部的兜鍪，兜鍪其顶部竖有盔缨，两侧有护耳，眉心间有下突。这种筒袖铠防护性能非常好，《南史·殷孝祖传》载："诸葛亮筒袖铠、铁帽，二十五石弩射之不能入。"两当铠的前身甲与后背甲是分开的，在肩部用扣带连接，腰间束带。两当铠名实相符。《释名》曰："裲裆，其一当胸，其一当背也。"后来，又在两肩部位加披掩膊，增强了对骑兵两肩和上臂的防护。这种铠甲披挂方便，适合骑兵穿着，这也是其在南北朝时流行的原因之一。明光铠的典型特点，是铠甲的前胸和后背都有两个大大的金属圆护，在太阳光的照耀下，像铜镜一样闪闪夺目，所以叫"明光铠"（图四）。明光铠不但防护性能良好，而且披挂起来十分威武，有恐吓敌人的作用。北周大将蔡祐曾披挂明光铠作战，甲亮人勇，威震敌胆，皆

图二
具装甲骑陶俑　北朝
（河北湾漳北齐墓出土）

图三
着筒袖铠陶俑　西晋
（中国国家博物馆藏）

图四
着明光铠陶俑　北齐
（山西太原娄睿墓出土）

古兵探赜

曰"此铁猛兽也，皆遽避之"（《周书·蔡祐传》）。但这种铠甲制作工艺复杂，造价昂贵，在南北朝时期为珍稀的优质铠甲，只有少数高级将领才能披挂。到了唐代，社会经济高度发展，它才大批量装备于军队。

　　完备的具装包括战马的马具，还有防护战马躯体的马甲。战马的马具包括掌控马行动的辔头、乘骑用的鞍具、把鞍具与战马维系在一起的胸带与鞦带，以及帮助骑手骑乘的马镫等。其中最主要的是马镫和马鞍，三国至东晋初年发明了马镫，后来又由单只镫变为双镫，从而为骑兵的快速发展插上了翅膀。此时还出现了两头高高翘起的马鞍，使骑手在马上骑坐得更稳当。十六国以后完备马铠具装包括戴套在头部的面帘、搭扣在颈部的鸡颈、挂在胸前的当胸（荡胸）、披在背部的马身甲、搭在马臀部的搭后以及寄生等六大部分（图五）。面帘用来保护马的头部，鸡颈用来保护马的颈部，当胸用来保护马的前胸，身甲用来保护马

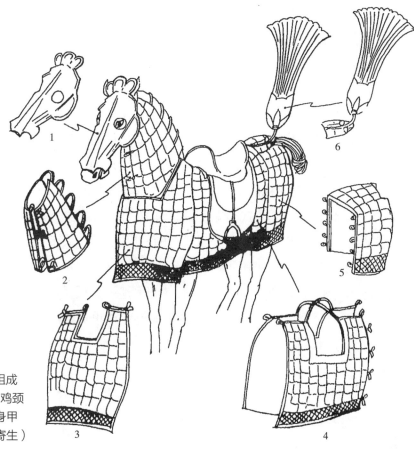

图五
具装马铠的组成
（1.面帘 2.鸡颈
3.当胸 4.身甲
5.搭后 6.寄生）

的躯干，搭后用来保护马的臀尻，寄生树立在搭后上面，形似扇面，用来保护乘骑者的后背。总之，若战马把整套具装铠披挂起来，可以有效地保护除马眼、四肢、马尾以外的整个部位。

重甲骑兵使用的兵器自魏晋至南北朝几百年间有所变化，魏晋十六国时期传统的戟仍是军队中的主要兵器（参见本书《"辕门射戟谈戟"》），其原型"卜"字形戟源于两汉，但为了对付日益优越的铠甲，戟刺逐渐加大加长，戟援逐渐上翘、上钩，慢慢丧失了钩斫功能，成了戟枝。甘肃武威雷台东汉（或西晋）墓出土的铜仪卫骑俑手中所执的戟就是这个样子（图六）。到了北魏时期，戟枝甚至上折成直角，成了第二根戟刺，更适合骑兵使用，但最终还是被另一种更简单使用的兵器——马矟淘汰了。

马矟的原型就是矛。矛一直是军队的主要兵器装备，三国时期，勇将几乎全以矛为兵器，张飞、赵云、马超用矛，孙策、公孙瓒用矛，乃至关云长斩颜良、吕奉先杀董卓用的也应该是矛。矛经过改进成马矟后，更适合骑兵使用。改进后的马矟，一是将矛的刃部加长并具有两刃；二是加长了矛的矜（柄）部，优化矛柄的材质，使其更柔韧不易折断。南朝梁大同三年（537年），武帝萧衍幸游乐游苑，恰逢少府新制成"两刃矟"，此矟"长二丈四尺，围一尺三寸"。武帝令羊侃试用，羊侃跨上御赐的紫骝战马，舞动马矟，"左右击刺，特尽奇妙"。武帝大加夸赞，曰："邹鲁遗风，英贤不绝"。马矟（矛）的突刺性能比戟优越，能够穿透更优质的铠甲，相对而言，其制作工艺又比戟简单，这是马矟在军队中成为主要制式兵器的根本原因。加之十六国以后，以党项为首的北方牧猎民族入主中原，他们擅用马矟，从而推动了马矟的进一步发展。马矟的形象资料见于当时的壁画和画像砖中，如甘肃敦煌285窟西魏壁画《五百强盗成佛图》以及高句丽壁画中，有马披具装铠的重甲骑兵形象，骑兵手持马矟的矟刃长，矟柄更长，矟头之下还加饰各色缨幡（图七：1、2），羊侃所用的两刃矟应该就是这个样子。

当时重甲骑兵使用的兵器还有刀，这种刀也是从两汉时期的直背直柄环首刀改进而来的。环首

图六　铜持戟武士模型　东汉
（甘肃武威雷台出土）

刀多为钢铁制成，身长、背厚、刃薄，非常适合骑兵劈砍之用。西汉时期就已有"三十涑""百涑"的精钢刀，魏晋以后钢铁冶炼技术进一步发展，为兵器的制造提供了先决条件。三国两晋的环首刀长度已达到1.2米左右。东晋时出现了一种刀头微微上翘，宽护格的鎏柄铁刀，长达47厘米（图八：1），应该是装长柄使用的。还有一种刀锋斜煞、刀身前部略宽、后部略窄、铤部窄细的铁刀，长77厘米，这种刀也要加装木柄方能使用（图八：2）。文献中说南北朝时期有人使用"七尺大刀"，《太平御览》引《灵鬼志》中说，陈安"双持二刀，皆长七尺，驰马运刀，所向披靡"。应当就

1

2

图七

1.敦煌西魏壁画中持马矟的重甲骑兵

2.朝鲜龙岗郡高句丽壁画执马矟的重甲骑兵

铁马秋风——两晋南北朝时期的甲骑具装

是与之类似的长柄大刀。

　　甲骑具装防护性能好既是其优点，也是其最大的缺点，那就是，骑兵的体重加上铠甲，再加上披在马身上的具装，起码在一百千克以上，战马的负重太大，影响了战马的速度，骑兵也就失去灵活迅捷的优势。所以到了隋代，重甲骑兵走上了末路。隋末战争中，以秦王李世民为首各路反王的轻骑兵（战马不再披挂具装）发挥了重要作用，拉开了新的战争序幕。

续

　　马披具装铠的重甲骑兵虽然发展壮大于两晋南北朝时期，但是战马披甲古已有之，早在春秋战国就已存在。《左传》记载，晋楚城濮之战时，为了恐吓楚军，晋军在驾车的辕马身上披了虎皮。湖北荆门战国时期的包山楚墓中，驾车的辕马身上披有甲片编缀的皮甲，包括马胄、颈甲和身甲，可以保护驾车辕马身躯的主要部位。骑兵战马具装铠是在战车驭马的马甲基础上改进而成的，不过在材质上除皮甲外，增加了铁甲。

　　具装铠最早出现在东汉末年，当初数量很少。曹操在与袁绍官渡之战时，马铠不足10具，袁绍拥有骑兵万余，马铠也不过区区300具（曹操《军策令》），极为珍稀。所以曹操常常以此和其他名贵铠甲赏赐有功的属下。曹植就曾得到过他赏赐的马铠，还有两当铠、明光铠、环锁铠等，为此还作了《先帝赐臣铠表》记载这件事。

　　魏晋以后百余年间，披挂具装铠的重甲骑兵迅速发展起来，先是在牧猎民族盘踞的北方，曾以鲜卑拥有的具装铠最多。4世纪中前期，后赵羯人石勒曾与鲜卑多次争战，一次缴获鲜卑铠马5000匹，又一次夺得铠马10000匹。到

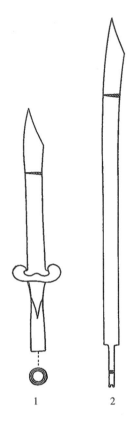

图八　铁刀
（江苏镇江东晋墓出土）

1　　　2

了4世纪末，后秦羌人姚兴与西秦鲜卑人乞伏乾归作战获胜，竟收得铠马6万匹（均见于《晋书》二人的"载记"中）。这是在北方。在南方，东晋等王朝曾将与鲜卑人作战俘获的具装铠甲骑收编改造，并形成了自己军队的劲旅。

在两晋南北朝时期，北方牧猎民族的南下和连年的争战促进了甲骑具装的发展。甲骑具装的发展，其数量的急速增加是一方面；为了适应作战的需要，骑兵铠甲、马的具装铠，乃至兵器的改进则是另一方面。重甲骑兵披挂的铠甲和使用的兵器前面已讨论过。下面主要讨论两晋南北朝时期战马具装铠的演进与变化。

十六国、南北朝时期的墓葬及壁画比较丰富，为我们探讨当时战马的具装铠提供的资料也相对较多。出土具装铠的墓葬多集中在我国的东北地区，如辽宁北票西官营子北燕冯素弗墓曾出土过铁具装铠，八家乡喇嘛洞墓地、朝阳十二台乡88M1也出土过铁具装铠。出土甲骑具装俑及铠马的墓葬有陕西西安草场坡1号十六国墓、咸阳平陵十六国墓以及宁夏彭阳的墓葬。2013年元旦前后，西安灞桥区洪庆街王村建筑工地发掘的十六国墓葬中，也有甲骑具装俑出土。北朝时期甲骑具装俑资料见于山西太原北魏太和年间的司马金龙墓、河北磁县临漳北朝大墓等。2009年，河北考古工作者又在距此不远发掘的北齐皇族高孝绪墓中，发现有经彩绘的甲骑具装俑。至于墓室壁画中的甲骑具装资料时代更早，如云南昭通东晋太元年间的霍承嗣壁画，稍后的司马东寿墓壁画、吉林集安高句丽墓壁画。石窟壁画如甘肃天水麦积山北魏第127窟壁画、第285窟的西魏壁画，敦煌第296窟北周壁画，以及河南邓州画像砖、江苏丹阳南朝墓砖拼壁画等，也有甲骑具装图像。

综合考察上述资料，或可以认为骑兵战马的具装铠当与先秦时期牵挽战车的甲马在形制上有所传承。与之相比，只增加了当胸，加大了搭后，新装了寄生。若与战国时期乃至秦始皇陵园出土的石质马甲（图九、一〇）相比，则增加了抵抗背后击打的寄生。甲片的形制有所变化，体量也小了些，所以相对灵活。

至于两晋十六国南北朝200多年间，战马具装铠虽然有所变化，但变化不大，要说变化较大和具有特色的是具装铠中的马面帘。这些面帘既有用大块铁板制作的，也有

图九
皮马甲复原示意图
战国
（包山楚墓出土）

图一〇
石马甲复原图
秦
（秦始皇陵园出土）

古兵探赜

用小片铁甲片编缀制作的。辽宁朝阳十二台乡出土的十六国时期的马面帘就是使用大小不同的四块铁板制连缀成的。其主要面板的大小、形状与马颜面相近，额部上缘上折形成三个连弧状花瓣，下部下折并连缀一块舌形甲片，用来保护马的鼻头。它的上部两侧各开有一个半圆形眼孔，下部开有露鼻孔。面板的两侧各连缀一块护颊板，护颊板上也开有半圆形眼孔，它与面板两侧的半圆空合二成一，露出战马的双眼。护颊板的下缘还有带扣，通过带扣系带可以把面帘固定在马头上。

北朝时期战马的面帘多用甲片编缀成一个整体，面帘上开孔眼露出战马的双耳、双眼还有鼻孔。在面帘的装饰

图一一　十六国时期具装马各式面帘

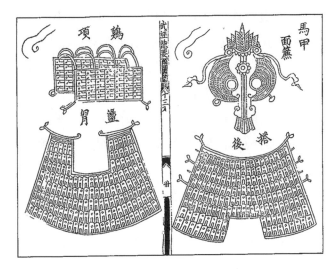

图一二
北宋《武经总要》
中的马甲图像

上，十六国时期常在面帘面板上部、两只马耳之间立有三叶花形饰。北朝时期则在马面帘的额头部位装有插缨饰的管状缨饰座（图一一）。另外，具装铠的寄生，十六国时期的多呈树枝状，北朝时期的多呈扇面形，对骑者后背的防护性能可能会更好些。

另外，据文献记载，南北朝乃至隋朝，由于具装甲骑是主要兵种，所以常常把着铁铠、骑披铁具装战马的骑兵和着皮质甲、骑披皮具装战马的骑兵各自分列兵团，旗甲一色，整齐划一，作战时不但可以鼓舞己方士气，还可以起到威慑敌胆的作用。到了唐代，具装甲骑虽然不再是战场的主宰，但仍然保留着这一兵种，懿德太子墓中就曾出土过具装甲骑俑群。甚至到了北宋仁宗时期，曾公亮等人撰修的《武经总要》中收有马甲的图像，图像中马甲除了没有寄生之外的其他五个部分与十六国南北朝时期的具装铠非常接近（图一二）。南宋初年，金兵南下攻宋，仍用重甲骑兵与宋军作战，可见其影响时间之长。具装甲骑最早出现在我国北方，随之传到了朝鲜，又经过朝鲜传到了日本。甚至朝鲜、日本都出土过具装马铠，可见其影响之广。

铁骑与马镫

在距今1600多年的十六国南北朝时期，骑兵主宰着战争的胜负，特别是南北朝，重甲骑兵驰骋疆场。当时的骑兵人着重甲，马披具装。冲锋陷阵，所向披靡（图一）。

骑兵的重甲包括头上戴的铁兜鍪，身上披着的两当铠，手中使用的兵器是长柄马矟。战马的具装又称具装铠、马铠，一副齐全的具装铠有面帘、鸡颈、当胸、身甲以及保护马臀部的"搭后""寄生"等六部分，还有一架带有马镫的鞍具（参见第63页图五）。这些重甲、具装把骑兵连同他的战马保护得严严实实，只有马腿暴露在外。他们作战冲

图一
西魏重甲骑兵（据敦煌壁画摹写）

锋无所顾忌，犹同决堤洪水，一泻千里，既有力量，又有速度，势不可挡。

说到具装马铠，在东汉末年已经渐趋完备了。但在军队中还不是主要装备。官渡之战时，曹操曾说到他与袁绍兵力之对比，袁绍有马铠三百具，他自己只有区区十具。（《太平御览》引《魏武军策令》）。而当时袁绍的兵力是多少呢？"简精卒十万，骑万匹。"但时过百余年以后，到了十六国南北朝时期，重装甲骑就成了军队的生力军，动辄成千上万，是什么原因促使这一巨变？其一是当时社会生产力和科学技术的发展进步，其二是马镫的产生、演进乃至普及促成的。

试想一名骑兵穿上了厚重的铠甲，加上弓、箭、戟、矟等必要的军事装备，再加上本身的体重，足足有一百六七十斤重。而战马的马背加上鞍鞯，高度在1.5米左右，这样上马就非常困难，只有长久训练才能驾轻就熟。上了马之后，既要驾驭奔驰如飞的战马，还要手持兵器与敌人进行格斗厮杀。特别是戟、矛类长柄格斗兵器，需要双手持握，只有用双腿夹紧战马的肩胛，稳住重心，才能解放双手去搏击。稍有懈怠，就显得力不从心，顾上顾不了下，手脚难以并用。而有了马镫，骑兵就能以马镫为着力点，单脚认镫，从容跨上马背。作战时，用双脚踏镫协助控制战马，腾出双手舞动兵器，不论拈弓射箭还是持矟挥戈，都可以身心合一、得心应手了。就是这么小小的制作简单的马镫，把骑兵和战马有机地结合在一起，起到了改造军事装备的重要作用，促进了兵种发展乃至战争形式、战争规模的巨大变化。

马镫是中国创制和首先使用的。它的形象最早出现在湖南长沙西晋永宁二年（302年）墓的陶马和骑马俑上，在马鞍左侧前部靠近鞍桥之处悬挂着三角形的马镫，但马镫只有一个，而且只悬挂在马的左侧（图二）。2019年6

图二　骑马陶俑（长沙西晋墓出土）

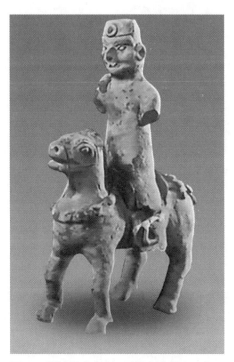

图三　陶骑俑（南京三国吴丁奉墓出土）

月南京鼓楼区伍佰村孙吴家族墓M3出土了16件鼓吹骑俑，其中一件在马腹左侧悬挂一只马镫。马镫呈三角形，其悬挂位置较高，与长沙永宁二年墓一样，陶俑的脚并没有踏在马镫内。从墓内同出的陶制买地券看，墓主为东吴大将丁奉。卒于孙吴建衡三年（271年）。这说明，马镫起码在三国时期就已经出现了，比西晋永宁二年墓早了数十年。丁奉墓出土了16件性质相似的鼓吹骑俑，只有这一件有马镫，说明马镫还只是处于初创阶段。孙吴地处江南，以舟船为主要战具，战马次之，孙吴战马已有简单的单只马镫，曹魏、蜀汉也一定会有。从图像看，它只供骑者上马时蹬踏所用，上马之后脚脱开马镫就不用了，因此它只是马镫的雏形，算不上严格意义上的马镫。这类单只马镫实物，目前发现时代最早的是河南安阳孝民屯154号墓出土的马镫。这件马镫通高27厘米，上部有长柄，柄上端还有一个横穿。下部接椭圆形镫环，环外径16.4厘米，宽1.8厘米（图四）。这件马镫是此墓出土的鎏金铜马具中的一件，从出土位置看，当悬挂在鞍具的左前部（图五），与长沙西晋永宁二年墓陶马俑的情况相同。其年代在西晋末东晋初。

　　年代稍晚，在辽宁朝阳表台子东

铁骑与马镫

73

晋墓中出土了一副两只马镫。这座墓也出土了一套完整的马具。这套马具包括衔镳、辔饰、鞍具、马镫以及胸带、鞧带的饰物等。马镫的形制也是长柄椭圆环形，但是木芯外包皮革，再涂漆绘云纹而成，一副两只，分别悬挂在马鞍的左右两侧。更晚些的是辽宁北票西官营子北燕冯素弗墓出土的一副铜鎏金包木芯的马镫。其镫环的形状略呈三角形，镫体微向外鼓，上接短柄，柄上端开扁形孔。宽16.8厘米，通高23厘米（图六）。这副马镫也是一副两只，它的形状、大小非常便于骑者认镫，比安阳孝民屯、朝阳袁台子出土者明显进步。

而且有了双镫，骑者就能更容易控制战马。这时已到了十六国时期，墓主冯素弗乃北燕人，卒于北燕太平七年（415年）。虽然只是过了百十年光景，马镫由单只变成了双只，形制也发生了一些改变。这些改进，促进了骑兵特别是重甲骑兵的飞速发展，因此在时代相近的墓葬中，出土了形状相近、质地类似的马镫多副，如吉林省集安

图四　铜马镫
（安阳孝民屯晋墓出土）

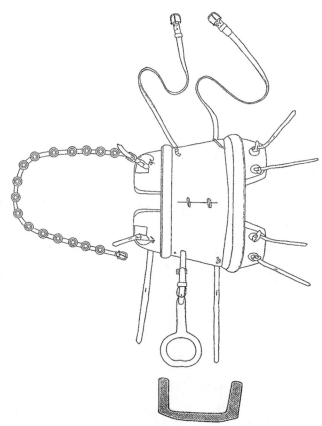

图五　鞍具（安阳孝民屯晋墓）

图六　马镫　北燕（北票北燕冯素弗墓出土）

的禹山下41号墓以及万宝汀78号墓等高句丽墓葬。

　　这一时期，马镫的出现和不断改进，还促进了兵器的发展，原来锋刃两歧的戟已不能穿透重甲，逐渐被一种称作"马矟"的矛代替了。这种矛长身、长骹、窄刃、长柄，穿透力强，利于马上作战（图七）。当时的兵器还有大刀，武士们或双手持矟，或一手用矟一手用刀，还有的用双刀，左右手各握一柄。

　　马镫在中国诞生之后，也很快传到了周边国家。5世纪末传到了朝鲜半岛，庆州皇南洞天马冢就出土有与冯素弗形制相似的马镫。又通过朝鲜半岛传到了日本，在日本古坟时代中期的墓葬中曾发现带马镫的马具，其中最有特色的就是面帘（图八）。向西，经青海、甘肃、新疆传到了中亚，再辗转传到了欧洲，

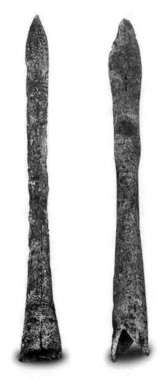

图七
铁矛（马矟）
（宁安虹鳟鱼场渤海墓出土）

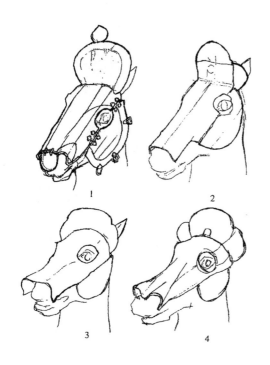

图八
中、韩、日古代铁马面帘
（1.中国辽宁朝阳十二台乡88M1　2.韩
国东莱福泉洞10号墓　3.韩国陕川玉
田28号墓　4.日本和歌山市大谷古坟）

古兵探赜

不过这已是此后三四百年的事了。

　　马镫传入欧洲，正是欧洲中世纪步兵向骑兵演进之时。它像催化剂，促进了欧洲马具的改进和骑兵的发展，也促进了中世纪骑士制度和封建化的进程。对于马镫的研究，杨泓先生曾有《铁甲、马铠和马镫的关系》文章，刊载在《考古》1961年第12期。英国科技史学家怀特曾说："很少有发明像马镫那样简单，而又很少有发明具有如此重大的历史意义。马镫把畜力应用在短兵相接之中，让骑兵与马结为一体。"另一位英国学者李约瑟曾对马镫的发明做过高度评价，他认为此项发明虽然简单，但它的作用可与火药的发明相比，他还说，像中国的火药帮助欧洲摧毁了封建制度的基础。照此说来，马镫的发明也是中国对世界文明的重大奉献，把它列为"第五大发明"或许也有一定道理。

拐子马与铁浮屠

12世纪上半叶，金兵灭辽后，随即撕毁盟约，大举兴兵攻宋。1127年5月，金兵攻取汴梁，掠走徽、钦二帝，北宋遂亡，这就是历史上有名的靖康之难。此后，康王赵构南逃，在南京应天府（今河南商丘）即位，又辗转至扬州、杭州、绍兴等地。1132年在杭州定都，名临安，史称南宋。

在金兵十余次南下攻宋的征战中，主将金兀术（完颜宗弼）的麾下有两支劲旅，一曰"拐子马"，一曰"铁浮屠"。这两支劲旅势不可挡，屡屡得胜，但也数次被抗金军民打败，记载见于《宋史》岳飞传、刘锜传、韩世忠传及其他史籍中，但大多语焉不详，相互混淆抵牾，让人难以理解。

《宋史·岳飞传》记载："初，兀术有劲军，皆重铠，贯以韦索，三人为联，号'拐子马'，官军不能当。是役也，以万五千骑来，飞戒步卒以麻札刀入阵，勿仰视，第斫马足。拐子马相连，一马仆，二马不能行，官军奋击，遂大败之。兀术大恸曰：'自海上起兵，皆以此胜，今已矣！'"这一役发生在绍兴十年（1140年），战场是河南郾城（今漯河市郾城区）。同书《刘锜传》也记载，顺昌（今安徽阜阳）之战时，"兀术被白袍，乘甲马，以牙兵三千督战，兵皆重铠甲，号'铁浮图'；戴铁兜牟，周匝缀长檐。三人为伍，贯以韦索，每进一步，即用拒马拥之，人进一步，拒马亦进，退不可却。官军以枪标去其兜牟，大斧断其臂，碎其首。敌又以铁骑分左右翼，号‘拐子马’，皆女真为之，号‘长胜军’，专以攻坚，战酣然后用之。自用兵以来，所向无前；至是，亦为锜军所杀。战自辰至申，敌败，遽以拒马木障之，少休。城上鼓声不绝，乃出饭羹，坐饷战士如平时，敌披靡不敢近。食已，撤拒马木，深入斫敌，又大破之”。这一战，刘锜率宋军两万，破金兵十万。次年（1141年），金兵再举兵南下，攻庐、和二州。刘锜、张俊、杨沂中陈兵御敌，在柘皋（今安徽巢湖一带）对阵。“兀术以铁骑十万分为两隅，夹道而阵”，再遣“拐子马两翼而进”。宋将杨沂中“以万兵各持长斧奋击之，敌大败”。在此前后，破金拐子马、铁浮屠的不只岳飞、刘锜，还有韩世忠、吴璘、吴玠。韩世忠镇守镇江时，金别将挞孛也“拥铁骑过五阵东”，宋军伏兵于大仪镇（今江苏省镇江西北），待金兵到来，骤然杀出，“背嵬军各持长斧，上揕人胸，下斫马足。敌披甲陷泥淖，世忠麾劲骑四面蹂躏，人马尽毙”。吴玠与金兵大战于饶凤岭，“金人披重铠，登山仰攻。一人登则二人拥后，先者既死，后者代攻。玠军弓弩乱发，大石摧压，如是者六昼夜”。在和尚原，玠命诸将选劲弓强弩，分番迭射，号‘注矢队’，连发不绝，繁如雨注”。在仙人关，“金生兵踵至，人披重铠，铁钩相连，鱼贯而上。璘以驻矢队迭射，矢如雨下，死者相迭”。这些关于拐子马、铁浮屠的记载多有让人费解之处，以致成为史学界的一宗公案，遗留至今。

上述资料都源于《宋史》，而《宋史》为元人脱脱等人于元末至正年间撰修，距当时已过了200余年，所载未必翔实可靠。邓广铭先生《岳飞传》曾将相关资料进行了梳理、考证认为，最早的记载是杨汝翼的《顺昌战胜破贼录》，杨汝翼曾跟随刘锜在顺昌，目睹了这次战役的全部过程。文中说，金兀术合龙虎大王及三路都统，拥甲兵铁骑十有余万，"四太子披白袍，甲马，往来指呼，以渠自将牙（笴）兵三千策应，皆重铠全装。虏号'铁浮图'，又号'扢叉千户'。其精锐特甚。自用兵以来，所向无前，至是，亦为官军杀伤。先以枪揭去其兜牟，即用刀斧斫臂，至有以手捽扯者。……自辰至戌，贼兵大败。遂以拒木障之。少休，……去拒马木，深入斫贼，又大破之"。是战，未见拐子马。只说，临战前，一个被俘的兵卒说"所可杀者，止是两拐子马"。此后，顺昌通判汪若海写了一篇顺昌之战的札子，对铁浮屠、拐子马有较为详细的描述："兀术所将，号常胜军。……其所将攻城士卒号铁浮屠，又曰铁塔兵，被两重铁兜牟，周匝皆缀长檐，其下乃有毡枕。三人为伍，以皮索相连。后用拒子马，人进一步，移马子一步，示不反顾。""以铁骑为左右翼，号拐子马，皆是女真充之。自用兵以来，所不能攻之城，即勾集此军。"60年后，岳珂写《鄂王行实编年》，载郾城大战，先臣岳飞亲自率领轻骑进驻郾城。"……日出一军挑虏，且骂之。兀术怒其败，（绍兴十年七月）初八日，果合龙虎大王、盖天大王及伪昭武大将军韩常之兵逼郾城。先臣遣臣云领背嵬、游奕马军直贯虏阵，……鏖战数十合，贼尸布野，得马数百匹。"

"初，兀术有劲军，皆重铠，贯以韦索，凡三人为联，号'拐子马'，又号'铁浮图'，堵墙而进，官军不能当，所至屡胜。是战也，以万五千骑来，诸将惧，先臣笑曰：'易耳！'乃命步人以麻札刀入阵，勿仰视，第斫马足。'拐子马'既相联合，一马偾，二马皆不能行，坐而待毙。官军奋击，僵尸如丘。兀术大恸，曰：'自海上起兵，皆以此胜；今已矣！'拐子马由是遂废。"《宋史》基本采用以上特别是岳珂的相关记载。

分析上述资料，我们可以得知，其一，拐子马和铁浮屠都是金兀术麾下精锐的特战部队，两者各具特点，各有长技，而不像岳珂所言"号'拐子马'，又号'铁浮图'"；其二，在与宋军作战中屡屡得胜；第三，岳飞、刘锜、韩世忠、吴璘、吴玠之所以取胜，在于对拐子马和铁浮屠采用了不同的战法，战而胜之。

拐子马为金兀术的精锐铁骑，所有将士全是女真人，他们自幼生长在草原，擅于骑射，优中选精，组成该军。每临战，将他们布置在大阵的两翼。待适当时机骤然发起冲锋，攻敌于不备，往往会取得意想不到的战果。这样看来，拐子马必须具有速度的优势，不可能是重甲骑兵，因为重甲骑兵战马的负载量过大，速度慢，唐代以来已被摒弃。所以拐子马一定是轻甲或中甲骑兵。岳珂云拐子马"贯以韦索，凡三人为联"肯定谬误，因为把战马用皮索相联，必然影响马的速度，又使骑兵丧失了机动性。南宋人张棣在《金虏图经》中记载："不以多寡，约五十骑为一队，相去百步而行。居长以两骑自随，战骑则闲牵之，待敌而后用……"这或许是宋人错误认识的根源所在。对金人铁骑的兵器装备该书也有记载："弓力止七斗，箭极长，刀剑亦不取其快利。甲止半身，护膝微存，马甲亦甚轻。"至于战法，"必以步军当先，精骑两翼之。或进或退，见可而前，弓矢亦不妄发。虏流有言曰：'不能打一百余个回合，何以谓马军？'盖骑先贵冲突，而已，遇败亦不散去，则逐队徐徐而退"。清乾隆帝《御批通鉴辑览》中也批评说："北人使马，唯以控纵便捷为主。若三马联络，马力既有参差，势必此前彼却；而三人相连，或勇怯不齐，勇者且为怯者所累，此理之易明者。……况兀术战阵素娴……岂肯羁绊己马以受制于人？此或彼时列队齐进，所向披靡，宋人见其势不可当，遂从而妄加之名目耳。"

在宋代，重甲骑兵虽然存在，但已不是骑兵的主体，曾公亮《武经总要》有马甲具装的记载和图像，徐州博物馆收藏有宋代重甲骑兵的实物资料（图一）。辽、金两国当亦如此。另外，拐子马只见于《宋史》记载，同是元人脱脱撰修的《金史》却不见。由此看来，这只是宋人的称呼而已，因为布置在主阵的两翼而称之。这种阵法宋人在早年就已采用，并非金人独创。曾公亮《武经总要》卷七收有"东西拐子马阵"，称之"为大阵左右翼也"。

宋将面对金人拐子马的进攻，采用了一些行之有效的战法，使用的兵器有大斧（图二）、各类砸击兵器（图三）、麻札刀等在顺昌大战时，宋将杨沂中用的是大斧，"以万兵各持长斧奋击之"。韩世忠在镇江与金别将挞孛也铁骑接战时，用的也是大斧，"背嵬军各持长斧，上揠人胸，下斫马足"。

图一
具装马铠　宋
（徐州博物馆藏）

这种大斧刃部宽若月牙，斧顶厚重，装上长柄，为破甲之利器。《武经总要》卷一三"器图"收有其图像（图二），并说除大斧外，还有"开山""静燕""日华""无敌"等名目。天津市博物馆藏有一件铁鎏银鱼龙纹斧，通长33厘米，斧的两刃角外展特甚，斧刃圆弧；斧身铸作鱼龙形，龙首鱼身，口大张，外展成斧刃；鱼身有鳞，尾分叉。在龙口外斧刃处，有铭文"嘉祐丙申岁次十二月造"。斧身下接铸銎柄。銎柄下粗上细，中部和末端各有一道箍棱（图四）。岳飞在郾城大战中，用的是麻札刀。初接战，岳飞命岳云率背嵬、游奕精锐骑兵同金兀术的拐子马周旋，"或角其前，或掎其侧""更进迭却"，经过数十次往来鏖战，金军气焰稍减（语见《鄂国金佗稡编》《宋会要辑稿》）。岳飞遂命"步人以麻札刀入阵，勿仰视，第斫马足"。诸书中未写岳家骑兵用的是哪种兵器，但率兵争战岳云用的是双铁椎，一种极有分量

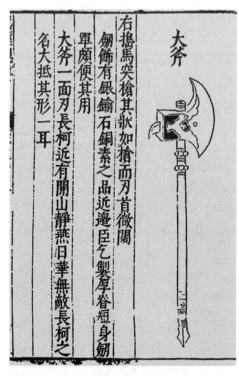

图二　大斧　（《武经总要》）

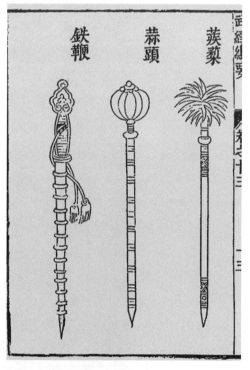

图三　骨朵等砸击兵器（《武经总要》）

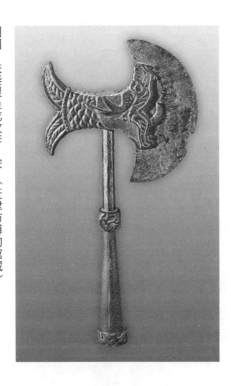

的砸击兵器，又叫骨朵，《武经总要》"器图"中有载。有长柄、短柄之分。岳云的兵器为双椎，当是短柄者。至于麻札刀，其形制未见明确记载。明戚继光《练兵纪实杂集·军器解上》载："兵人一手持牌，一手持腰刀，此即岳飞旁牌麻札刀之制。"可见麻札刀乃一种与盾牌配合使用的锋利的短柄钢刀。

　　有人说铁浮屠是重甲骑兵，它的特点是人着全铠，马披具装，而且还是三匹马为一组，用皮索联在一起。如岳珂所云"兀术有劲军，皆重铠，贯以韦索，凡三人为联，号'拐子马'，又号'铁浮图'"。在这个问题上，岳珂显然把拐子马与铁浮屠混在了一起，所以才有"一马偾，二马皆不能行，坐而待毙"的臆断。而更早王若海在《札子》中对铁浮屠是这样描述的："铁浮屠，又曰铁塔兵，被两重铁兜鍪，周匝皆缀长檐，其下乃有毡枕。三人为伍，以皮索相连。后用拒马子，人进一步，移马子一步，示不反顾。"其形象四川彭山宋墓的披甲武士像或可作为参考（图五），又徐州博物馆收藏的辽代铁盔和面具铁盔也是形象资料（图六、七）。再早的杨汝翼则说，铁浮屠"皆重铠全装"，又号"扢叉

图六　铁盔　辽（徐州博物馆藏）　　　　图七　面具铁盔　辽（徐州博物馆藏）

千户"。邓广铭先生考证，铁浮屠是金兀术的侍卫亲兵，并泛指装备重甲的其他精锐金兵，也是汉人对他们的称谓。综合相关资料分析，并没有见到铁浮屠特指重甲骑兵的有力佐证。反之，据"三人为伍，以皮索相连"，"人进一步，移马子一步"之语分析，铁浮屠更像具有超强战斗力的重甲步兵。三人为伍，以皮索相连在一起，可以保持队形整齐划一，人进一步，随之将移拒马木向前移动一步，以保证勇往直前，义无反顾。作战时，若将数千铁浮屠置于大阵正中，"如墙而进"，与西方古代的马其顿步兵方阵有些类似，可以大大彰显己方的军威，起到震慑敌胆的效果。

　　从另一个角度看，宋军对铁浮屠使用的战法也与拐子马不同，刘锜在顺昌之战中，"先以枪揭去其兜鍪，继用刀

图八
倒钩枪　宋
（徐州博物馆藏）

图九
钩镰枪　宋
（徐州博物馆藏）

斧斫臂，至有以手捽扯者。极力斗敌"（杨汝翼文）。如果是重甲骑兵，人骑在马上，其高度当在 2.5 米左右，而且行进速度快，步卒若直面相对，"以枪揭挑其兜鍪，用刀斧斫臂"，乃至"以手捽扯"，是难以想象的事。即使从侧面攻击，枪的长度也须在 5 米以上。枪柄过长，必然失去准度，只有对方是马下步卒才有可能，所以我大胆推断铁浮屠实乃重甲步兵，前些年在徐州博物馆见到宋代倒钩枪、钩镰枪，乃至《武经总要》所载的蒺藜、大斧等。或许正是为钩挑敌兵盔甲的趁手兵器（图八、九）。吴璘、吴玠在和尚原、仙人关保卫战中，金兀术的生力军"人披重甲，铁钩相连，鱼贯而上"（或也是铁浮屠）。吴玠兄弟居高临下，远者令驻矢队用强弩、神臂弓迭射，近前者以长枪拒之。由铁浮屠身披钩索相连的重甲、鱼贯攀登攻山夺垒的情形分析，也只有对方是重甲步兵才能做得到，骑兵绝无可能。

两件冤家对头的兵器

——越王勾践剑与吴王夫差矛

　　湖北省博物馆珍藏着两件精美的古代青铜兵器，一件是越王勾践剑，一件是吴王夫差矛。现在它们静静地躺在陈列柜中，默默相对，谁知在2500年前的春秋战国之交，它们曾搅起过怎样的风云激荡。又怎么会离乡背井从吴越水乡来到荆楚大地？

　　越王勾践剑，1965年冬出土于湖北江陵望山一号楚墓中。这座墓一椁二棺，墓主邵固为楚国大夫一类中下层统治者。出土时铜剑放在死者的左侧，下面还压着一柄铜削。

　　剑长55.7厘米，刃最宽处4.6厘米。它的两侧锋刃略略弧曲，距剑格三分之二处最宽，往前逐渐内收，至前锋处再度扩展，其后收聚成剑的锋尖。剑身中间凸起脊棱，两从微微下凹。锋刃薄而锋利。剑身满饰黑色菱格形花纹（图一）。正面近格处正面有两行八字铭文，鸟虫体篆书，自右至左读为"越王鸠浅，自乍（作）用鐱（剑）"（图一：中）。学者考证，"鸠浅"即"勾践"，也就是历史上那位卧薪尝胆、矢志灭吴的越王勾践。剑格铸兽面形花纹，一面用绿松石镶嵌。剑茎呈圆筒形，无箍，只有两组四条细弦纹。出土时，上面缠绕一道道丝绳（緱）。剑首向外翻卷作圆盘形，铸有十一道同心圆纹。

　　这柄铜剑铸制精良，集华美和实用于一身。据发掘者说，铜剑刚从素添剑鞘中取出时，光洁如新，不见一点锈

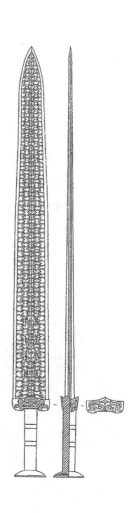

图一　越王勾践剑
春秋晚期（湖北江
陵望山楚墓出土）

痕，锋利异常，摞起来的30层纸，一下子划破了23层。郭沫若先生看了这柄剑后，欣然赋诗曰："越王勾践破吴剑，专赖民工字错金。"

吴王夫差矛出土比越王勾践剑晚了近20年，1983年11月出土于湖北马山5号楚墓中。这座墓也是一座中小型楚墓，墓主的身份与出土越王勾践剑的望山1号墓墓主相当，两墓相距不足2公里。

　　矛长29.5厘米，矛叶宽约5厘米，形状与短剑相似。中部纵向突起脊棱，并有血槽。它两刃锋利，斜直向上收聚成尖锋。矛骹的断面呈椭圆形，骹孔直达锋尖。在矛骹上部两面各铸有一个精美的兽面形纽。矛的通身铸饰与越王勾践剑相似的菱格形暗纹（图二）。矛叶的正面，在靠近骹部的地方，有铭文八字，"吴王夫差，自乍（作）用鈼"（图三）。字口错金，至今仍光亮如新。

　　出土与传世的有吴、越王铭文的青铜兵器可达数十件，它们虽然各具特色，但越王勾践剑和吴王夫差矛无论从制作工艺，还是艺术装饰都可以凭王者的身份傲视群雄。

　　东周时期吴越兵器利甲天下。《考工记·叙》说："吴越之金锡，此材之美者也。"又说："吴越之剑，迁乎其地弗能良也，地气然也。"其锋利"肉试则断牛、马，金试则截盘、匜"。吴、越国君酷爱藏剑，《越绝书·外传》载："昔

图二
吴王夫差矛　春秋晚期
（湖北江陵马山楚墓出土）

图三
夫差矛铭文

者越王勾践有宝剑五，闻于天下。"其剑有豪曹、巨阙，纯钩等。勾践曾请薛烛相剑，薛烛赞其纯钧（又名纯钩）剑曰："观其华，捽如芙蓉始出；观其钑，灿如列星之行；观其光，浑浑如水之溢于塘；观其断，岩岩如琐石；观其才，焕焕如冰释。此所谓纯钧也。"当然这也是对越王勾践剑的赞誉。而吴王阖庐有胜邪、鱼肠、湛卢三柄宝剑。当时，吴越有欧冶子、干将、莫邪等铸剑大师，他们所铸之剑名冠天下，各国诸侯间均以佩带吴越宝剑为时尚。史载吴国公子季札出使鲁、齐、郑、卫、晋等国，途经徐国时，拜谒徐国国君。徐国国君见到季札的佩剑，心里特别喜欢，但又不好意思明言求赠。季札自然也心知肚明，但因为还要出使别的国家，身上不能没有象征仪表身份的佩剑，因而没有相赠。待回来时再到徐国，徐君已经亡故：于是季札到徐君的坟墓上祭奠，并把自己的佩剑系在徐君坟冢的树上，以示信义。仁人君子信守诺言的故事遂被后世传颂，这从另一个侧面说明吴越兵器的精良。这里还诞生了越女、猿公等御剑大师。此外还有越王勾践以宝剑换取楚国援兵的故事。

经现代科技检测，越王勾践剑主要成分有铜、锡、铅、铁、硫等。其中铜含量为80%～83%，锡含量为16%～17%，这正是青铜兵器最合理的配比，既保持青铜兵器韧性，又达到了最大硬度。而且剑脊和两刃的铜、锡配比有所不同，剑脊部分铜的含量较高，剑不易折断；两刃的含铜量比剑脊低，而锡的含量高，使得剑刃更加锋利，这应是采用复合的方法铸造的。至于越王勾践剑表面的菱形暗纹，有人认为是采用添锡的方法做成的，也有人认为是用硫化铜氧化的方法制作的。吴王夫差矛与越王勾践剑两者装饰手法相同，其制作工艺也不会相去太远。

吴王夫差和越王勾践都是春秋末期叱咤风云的人物，也是一对生死冤家。吴王夫差继阖庐之志，富国强兵，为

两件冤家对头的兵器——越王勾践剑与吴王夫差矛

报父仇，先于夫椒（今江苏关县西南）大败越军，继而围攻越都会稽（今浙江绍兴之南），迫越王勾践投降。后来又在黄池（今河南封丘）西南会盟诸侯，与晋争霸。而越王勾践先是到吴国为人质，受尽屈辱折磨。回国后任用贤良，励精图治，秣马囤粮，又乘吴国遭受天灾人祸之时，灭掉了吴国，夫差遮面自尽。勾践又渡淮北上，与诸侯会盟于徐（今山东滕州附近），成了春秋时期的最后一位霸主。随后又演绎出了美女西施，以及"卧薪尝胆""飞鸟尽良弓藏、狡兔死走狗烹"的故事。谁知道越王勾践剑和吴王夫差矛是否见证了这段风云激荡的历史？

然而，越国最终让楚国给灭了，勾践六世孙无强被楚威王打败。"杀无强，尽取吴地至浙江，北被齐于徐州，而越作此散。"记载见于《史记·越王家》。事情发生在公元前333年。似乎给了越王勾践剑和吴王夫差矛出现于数千里之外的楚地江陵一个简单而直接的答案，就是楚灭越后，它们作为战利品被掠至楚，又被埋葬在邵固一类士大夫墓中的。但从字义分析，越"散"并不等于国亡。有的史书记载，到了秦王政（始皇）时，尚有荆（楚）、吴（吴早已灭，实为越）、燕、代（赵）四国合兵代秦之事，事载《战国策·秦》。秦王政二十五年，"降越君，置会稽郡"（《史记·秦始皇本纪》）。这已是公元前222年，秦统一六国前一年的事情。越既未灭，那么勾践剑和夫差矛就不见得是作为战利品入楚的，还有一种可能就是诸侯间的馈赠，史籍所载"季札挂剑"的故事为这种说法提供了佐证。或者作为婚嫁的陪嫁，因为一度越楚关系密切，楚昭王曾纳勾践之女为妃。

不管怎样的风云变幻，今天它们已成了那段历史的载体之一，是我们祖先智慧的结晶。不管是现在，还是将来，我们都会以严谨审慎的心态去研究它们，以现代科技手段去保护它们，让它们传之万代。

丈八蛇矛趣谈

在罗贯中的小说《三国演义》中，张飞无疑是位个性鲜明的人物。他生得豹头环眼，虎背熊腰，性情暴躁，爱憎分明。胯下乌骓马，掌中一柄丈八蛇矛，无人能敌（图一）。虎牢关前三英战吕布，他一马当先；长坂桥前救子龙，一声怒吼，吓死曹将夏侯杰；葭萌关夜战马超，瓦口隘巧计擒张郃。正史《三国志·蜀书·张飞传》言，他与关羽同被誉为"万人敌"，同书又说他用的兵器为矛（飞据水断桥，瞋目横矛曰："身是张翼德也，可来共决死！"）。

依史书之言，张飞用矛毋庸置疑，因为在汉魏两晋时期，矛和戟是军队中主要的制式兵器，但它不是真正意义上的丈八蛇矛，更不会是后来小说描写和连环画所画的那样：矛头几度弯曲，矛锋两歧，形如蛇信（舌）。因为当时的骑兵尚处于发展阶段，马具还不完备，特别是没有后来真正意义上的双马镫，骑者还不能得心应手地控御战马，不能腾出双手持握更长的兵器。正史记载的"丈八蛇矛"，始见于东晋以后。又，矛的功能主要是突刺，而当时的铠甲是袖筒铠和两当铠，防护性能已相当良好，矛头几度弯曲，锋端两歧的矛头阻力加大，很难刺穿铠甲，加之铸造难度大，不便制作。在中国古代，三国两晋是骑兵大发展时期，骑兵所用的兵器也在改进，就矛而言，一是矛柄加长，二是矛头加大，以便更适合马上作战的需要。张飞所用的当就是这种矛，也就是随之兴起的马矟。马矟与马戟是魏晋以后骑兵的主要兵器。

在三国时期，善于用矛的不止张飞一人，当时第一猛将吕布就用矛。《三国志·魏书·吕布传》引《英雄记》，董卓死后，吕布与郭汜相约独战，"身决胜负"，"布以矛刺中汜，汜后骑遂前救汜，汜、布遂各两罢"。后来他又用矛刺杀了董卓。《后汉书·董卓传》对刺董有生动的描述："卓将至，马惊不行，怪惧欲还，吕布劝令进，遂入门。肃以戟刺之，卓衷甲不入，伤臂堕车，顾大呼：'吕布何在？'布曰：'有诏讨贼臣。'卓大骂曰：'庸狗敢如是邪？'布应声持矛刺卓，趣兵斩之。"《三国志·魏书·董卓传》注引《九州春秋》也有类似记载。河北公孙瓒也善于用矛，而且用的是两端有刃的马矛。一次他率几十名骑兵与鲜卑数百骑相遇，"瓒乃自持矛，两头施刃，驰出击胡，杀伤数十人"，语见《三国志·魏书·公孙瓒传》。另外《三国志·吴书》中也有孙吴程普、丁奉等将领用矛的记载。

在已知的考古发掘资料中，东汉魏晋时期铁矛占绝大多数，与西汉的铁矛相比，它们的体量有所增大，更适于马上

图一
张飞手持丈八蛇矛的形象
（笔者根据《三国演义》连环画改绘）

作战。如福建崇安汉城出土的一件铁矛，长达58厘米（图二：1）。四川金堂焦山东汉墓出土的铁矛更长，从前锋至銎口长84厘米（图二：2）。又如湖北鄂州三国孙吴墓出土的铁矛（图三：1）和中国人民军事博物馆藏铁矛（图三：2）等，这些铁矛或为矟，或为矟的前身。而且，和铁戟一样，有骑兵用矛和步兵用矛之分，骑兵和步兵用的矛更大的区别在矜（柄）的长度上。骑兵马上作战，矛柄更长，韧度更好，素称马矟。东汉末刘熙《释名·释兵》云："矛长丈八曰矟，马上所持，言其矟矟便杀也。"按魏晋之时，一尺约等于现在的24厘米，一丈八尺约合4.3米，相当于常人的两个半身高还多。所以丈八当是尺寸的虚数，泛指矛柄之长，这或许就是丈八蛇矛名称的来历吧。河北满城中山靖王刘胜墓出土的鎏金铜镈铁矛，矛柄已朽，从矛尖至镈末长约2米（图

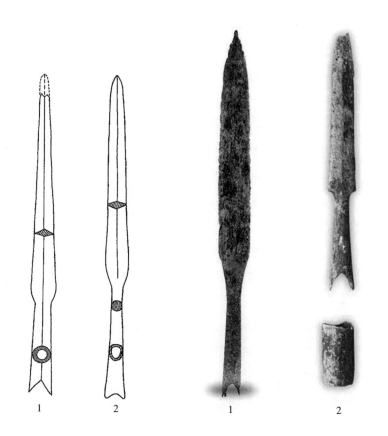

图二
铁矛　东汉
（1.福建崇安汉城出土
2.四川金堂焦山东汉墓出土）

图三
1.铁矛　三国
（湖北鄂城三国孙吴墓出土）
2.铜矛及镈
三国（《制胜之道》）

1　　2　　　　1　　　2

四：1）。此墓同出的另一件铁矛窄叶长矛身，长长的骹后呈筒状。朽坏的柄后套装鎏金铜樽，通长约2.1米（图四：2）。原发掘报告称其为铤，按其尺寸，应为稍。后来辽宁北票冯素弗墓出土的铁矛矛身较窄，后接铁柄，矛锋、柄端均已锈残，长约50厘米（图五），看形制也是稍。甘肃武威雷台东汉墓出土的铜骑兵武士俑有执矛者，所持的矛与铜骑俑的相比，尺寸或许更长，当为骑兵执马稍的形象。有学者研究，此墓的时代或可到魏晋时期，正与张飞、吕布活动的年代相当。甘肃嘉峪关魏晋墓葬的画像中，也有手持马稍的骑兵形象。

史书明确记载的"丈八蛇矛"出现在东晋。《太平御览》中有两则记载，其一引自《赵书》，说猛将陈安率兵突围，一手持大刀，一手持丈八蛇矛奋力杀敌，事在东晋明帝太宁元年（323年）。歌曰："陇上壮士有陈安……骧骢父马铁瑕鞍，七尺大刀奋如湍，丈八蛇矛左右盘。"同书引《灵鬼志》，丈八蛇矛径作"丈八长槊（稍）"。可见丈八蛇矛与长稍应是同一种兵器的异称。

南北朝时期，由于具装铠的完备，重甲骑兵成了战场的主宰，马稍随之成了军队的主要兵器，马戟逐渐被淘汰。这是由

古兵探赜

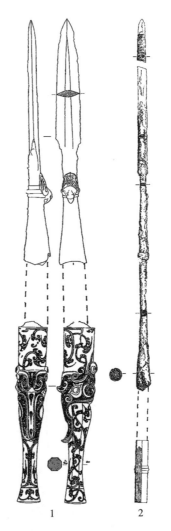

图四
1.铁矛　西汉
（河北满城汉墓出土）
2.长身铁矛　西汉
（河北满城汉墓出土）

图五
铁矛
北燕（辽宁北票
冯素弗墓出土）

94

于马戟和马矟的形制决定的。其一，骑兵作战，以前冲突刺为主，钩割侧击的动作减少。其二，马戟以戟刺为主体，旁出小枝。魏晋以后，戟的小枝逐渐上翘，而成为一支短刺，但对付当时流行的具装重铠，小枝往往分散了击刺的力度。而马矟就不同了，不但矛体大，矛锋锐利，压强大。加上战马的冲击力，人借马力，足以洞穿重铠杀伤敌人，这是马戟不能相比的。所以马矟淘汰马戟是南北朝时期战争形式转变及军事装备发展的必然结果。

这一趋势在东汉末三国时期就显现出来了。吕布刺杀董卓时，李肃等人用戟刺董卓，由于卓身穿的衷甲（外服内的铠甲）甚厚，戟刺不能入，而吕布用矛，一下子就把董卓刺死了。一方面可能是吕布的臂力更大，另一方面是在击刺性能上，矛比戟更优越。骑兵淘汰马戟的时代大概在4世纪中叶以后，高句丽冬寿墓壁画出行图中，护卫冬寿牛车的重甲具装骑兵清一色手持马矟，而步兵仍手持盾和戟（图六）。冬寿墓壁画的年代为东晋穆帝升平元年（357年，墓室题记为"永和十三年"）。以后北朝骑兵的兵器几乎为清一色的马矟。《南齐书·魏虏传》记载，北魏孝文帝元宏于495年兵至寿阳，"军中有黑毡行殿，容二十人坐。辇边皆三郎曷刺真，槊（矟）多白真毦，铁骑为群，先后相接。步军皆乌楯槊（矟），缀接以黑蛤蟆幡"。

马矟在军队中盛行，是从北方牧猎民族开始的。首先他们多是骑马作战，矛矟是最趁手的兵器。其次矟的制作工艺与戟比较相对简单，这对于手工业相对落后的牧猎民族更容易制作。《三国志·魏书·武帝纪》注引《魏书》曰："议者多言，关西兵强，习长矛，非精选先锋，则不可挡也。"善于用矛的吕布为五原郡九原人，九原在今内蒙古包头市九原区。公孙瓒辽西令支人，辽西令支为今河北迁安市。他自己不但善于用两头施刃的马矛，他在与鲜卑作战中，还组建了一支善于用矟的骑兵精锐部队——白马义从。

丈八蛇矛趣谈

图六
冬寿出行图
（高句丽壁画）

古
兵
探
赜

《后汉书·公孙瓒传》："瓒常与善射之士数十人，皆乘白马，以为左右翼，自号'白马义从'。"马超，扶风茂陵人，今陕西兴平市。他有羌族血统，麾下关西铁骑善用长矛。前引《三国志·魏书·武帝纪》议者所言，指的就是他。

后来由于北方牧猎民族南下，加之南方诸国吸纳北方部族加入军队，重甲骑兵的军事装备逐渐传入南方地区。《南齐书·陈显达传》载："显达马矟从步军数百人，于西州前与台军战，再合，大胜。手杀数人，矟折，官军继至，显达不能抗，退走至西州乌榜村，为骑官赵潭注矟刺落马。"《宋书·武帝纪》记载，宁朔将军索邈麾下有"鲜卑具装虎班突骑千余匹"，而且当时还有用矟的鲜卑步兵，同书《朱龄石传》记载，朱龄石麾下有一支鲜卑劲族，善用步稍，他们结阵对敌，每战必胜。这说明在南方各国不但有北方部族的骑兵，还有步兵。他们善于用步稍，而且战斗力很强。这种步稍在形制上当与马稍有一定区别。

马稍传到南方后，南方用更先进的理念对它的形制加以改进，更增进了稍的性能。《梁书·羊侃传》记载，在大同三年（537年），少府新制成了一种两刃稍，连柄长两丈四尺，请羊侃试稍。"侃执稍上马，左右击刺，特尽其妙。"一时观者如堵。为了观看羊侃舞稍，不少人还爬到了树上，以致把树都压折了，于是此稍又有了一个新名号——折树稍。

由于这一时期的兵器多是铁或钢打制的，容易锈蚀氧化，稍柄为木类有机物质制作，也易朽坏，因而在考古资料中很难找到。但同期的壁画、俑像资料很多，足以补齐不足。如河北磁县湾漳北朝墓出土的甲骑具装俑、陕西北周武帝陵出土的甲骑具装俑等，但可惜的是，手中的兵器未见。前述甘肃敦煌魏晋壁画墓的持稍骑兵画像砖、东晋永和冬寿墓壁画就是。江苏丹阳南朝墓甲骑具装拼镶画像也是。更形象的是甘肃敦煌莫高窟西魏285窟"五百强盗成佛图"的战斗图像（图七），其中的骑兵身披重甲，胯下的战马也披具状铠，双手持握马稍。图像中马稍的特点有三：一是稍柄很长，二是稍刃较宽，三是稍头下系挂五色幡。吉林集安高句丽三室墓有一幅甲骑具装骑兵战斗图，从图中看，两人所用兵器的柄都很长，但头端是戟是稍难以分清，是戟的可能性更大（图八）。

隋代的军队中重甲骑兵还是主要兵种，大业七年（611年）隋炀帝东征高句丽，组建了四个重甲骑兵团，铠甲分为青、赤、白、乌四色。其中两个团士兵所着铠甲、战马的具装为钢铁制品（青丝连明光甲、白丝连明光甲、铁具装），另外两个团士兵所着铠甲、战马的具装为皮革制品（绛丝连朱犀甲、乌丝连玄犀甲、兽文具装），金属铠甲、具装和皮革犀甲、具装各占二分之一。他们的格斗兵器主要是马稍。

到了唐代，李渊、李世民父子在实战中，看到了具装

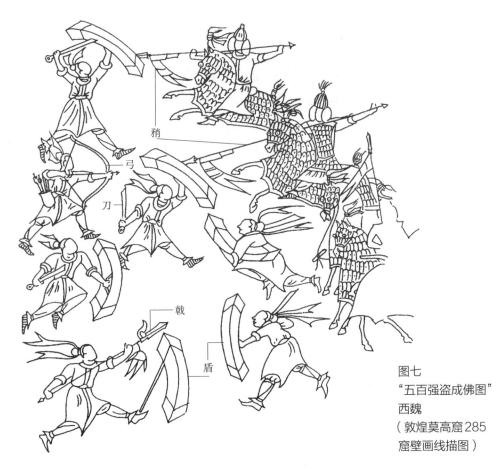

稍

弓

刀

戟

盾

图七
"五百强盗成佛图"
西魏
（敦煌莫高窟285
窟壁画线描图）

图八
甲骑具装战斗图
（高句丽壁画）

甲骑由于战马负重大、行动迟缓的积弊，于是学习突厥骑兵的长处，为战马卸去了沉重的具装，组建轻装骑兵，从而恢复了骑兵原本灵活迅疾的特点，这当是骑兵装备上的又一次重大变革。但骑兵的格斗兵器仍然是马矟。

唐太宗麾下不少战将都善于用矟，如秦琼、程知节（程咬金），而尉迟恭当推第一。《旧唐书·尉迟敬德传》记载，敬德不但善于用矟，还"善解避矟"，每每单骑闯入敌阵，贼矟攒刺，终不能伤其毫发，又能夺取贼矟，还以刺之，往往能突入重围，往返无碍。齐王元吉也善用马矟，闻而轻之，欲亲自试之，命去矟刃，以竿相刺。敬德说道："纵使加刃，终不能伤。请勿除之，敬德谨当却刃。"元吉竟不能中。太宗问曰："夺矟、避矟，何者难易？"对曰："夺矟难。"于是命敬德夺元吉矟。元吉执矟跨马，一心想刺伤敬德。不一刻敬德三夺其矟。在洛阳与王世充作战时，王世充的骁将单雄信率骑兵直扑太宗，"敬德跃马大呼，横刺雄信坠马"，保太宗突出重围。又率骑兵与王世充战，生擒大将陈智略，俘获排矟兵6000人。

在唐代，矟又称矛、枪。《唐六典》记载，当时的枪有四种形制，是为漆枪、木枪、白干枪和朴头枪。漆枪也就是马矟，为骑兵最常用的长柄格斗兵器。木枪常常由步兵使用，它既是兵器，又可以用来支搭帐篷，还可以捆扎成木筏用作济渡工具。白干枪和朴头枪为羽林和金吾所用。唐代轻装战马的图像资料以"昭陵六骏"最为生动，各地唐墓出土的三彩陶马足以佐证。唐代骑兵形象见于甘肃敦煌莫高窟156窟"张议潮出行图"，鼓吹后面，两列骑兵在旌旗的引导之下，高举马矟列队行进。马矟的柄甚长，上系缨拂（图九）。20世纪90年代，黑龙江省宁安市虹鳟鱼场墓地出土的渤海国（699～925年）的兵器中，有两件铁矛，一件长29.8厘米，一件长28厘米。均锻制。矛头略呈柳叶形。尖锋、骹筒与矛叶分界不明显。骹筒上细下粗，

丈八蛇矛趣谈

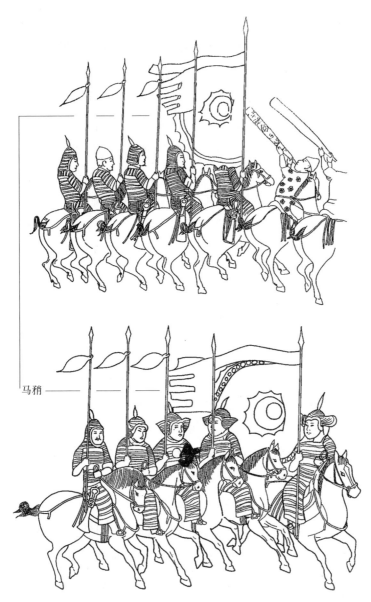

古
兵
探
赜

马稍

图九
张议潮出行图 唐
（敦煌莫高窟156窟
壁画）

筒口呈燕尾形。这两件矛都是实战兵器，因为没见矛柄，很难说是不是马稍（图一〇）。唐代诗人李白、杜牧、陆龟蒙都有诗赞咏丈八蛇矛。李白曾诗云："丈八蛇矛出陇西，弯弧拂箭白猨（猿）啼。"但不见于史书，难以为证。

宋代的矛、稍统称为枪，曾公亮《武经总要》中记录的枪有九种名目，为"双钩枪""单钩枪""环子枪""素木

图—— 铁矛 金
（黑龙江哈尔滨出土）

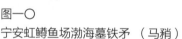

图一〇
宁安虹鳟鱼场渤海墓铁矛 （马矟）

枪""鸦项枪""锥枪""梭枪""槌枪"和"大宁笔枪"。其中双钩枪、单钩枪、环子枪是骑兵用的枪，这类枪往往在枪首侧面加有双倒钩、单倒钩，在突刺的主要功能之外，增加了钩刺的辅助功能。有的还在枪杆上装了套环，以便于骑兵马上携带。素木枪、鸦项枪等为步兵所用。从图像上看，这九种枪除大宁笔枪外，头端都比前代的有所加大，从而增强了杀伤力。这一时期出土的矛类兵器如黑龙江省哈尔滨市平房区四屯出土的铁矛，矛叶窄长，前锋尖锐，长51.2厘米，叶宽5.5厘米（图一一）。

至于矛体几度弯曲的蛇矛只在明代茅元仪《武备志》见过图像（图一二），与罗贯中的时代相近。考察为什么他创作《三国演义》时要把丈八蛇矛作为张飞的兵器，大概是他见到过明代蛇矛，又或许因为丈八蛇矛的矛锋形如火焰，更能突出翼德勇冠三军、性烈如火的性格吧！

图一二
1.长枪 2.蛇矛
（《武备志》）

101

中国古代军队使用过标枪吗

在古代欧洲，标枪曾是古希腊和古罗马军队一种非常重要而又极为普遍的投掷兵器（图一）。特别是古罗马的军队，把标枪的优势发挥到了极致。他们用的标枪分为轻型和重型两种，轻型标枪长度在 1.4～2 米，直径约 3 厘米，投掷出去射程可达 30 米。如果在标枪尾端再装配皮带环等辅助投掷装置，利用抛甩的动作，可以把标枪投掷得更远，能在较远距离射杀敌人。但是它的分量较轻，穿甲能力不足，杀伤力较弱。与轻型标枪相比，重型标枪则枪杆更粗，两头都装有极其锋利的铁制枪头，分量更重。为了调整标枪的中心和飞行轨迹，在枪头的下端还装配有可调整配重的装置。由于它的重量，加之枪头硬度高，前

图一
古希腊《阿喀琉斯与埃亚斯玩掷骰子》陶瓶画中的标枪
（梵蒂冈格里高利伊特鲁里亚博物馆藏）

锋锐利，一旦投掷出去，具有很强的穿透力，可以击杀身披厚重铁甲、手持盾牌的敌人（图二）。而且，投掷标枪的士兵除了使用标枪之外，还要携带短剑和盾牌，投掷出标枪后，立即冲向敌人，进行近距离厮杀格斗。同样是具有悠久历史的中国，在古代有没有标枪这种投掷兵器呢？回答是肯定的，有！早在新石器时代，把木棍削尖，或在木棍的一端绑缚石刃，把它投掷出去，击杀远处的猎物，就是最早的标枪，欧、亚、非洲的先民都曾使用过（图三）。在中国，距今约7000年的浙江余姚河姆渡遗址中，曾有一些木质、骨质、石质的蝶形器与木制的矛头同出。有学者考证，这些木质、骨质、石质的蝶形器是标枪的专用配件，绑缚在标枪的尾部，起平衡作用（图四）。夏商以后，远射兵器弓箭发展迅速，弓为干、角、筋、胶、丝、漆制作的复合弓，射程远，箭头用的是石镞、骨镞、青铜镞，特别是青铜镞的大量使用，杀伤力强，能批量铸制，又便于携带。随之又出现了威力更大、射程更远的弩，因而在某种程度上抑制了标枪的使用。所以在很长一段时间内，标枪多在民间流行，我国云南、贵州、福建、两广等地古代少数民族所用的标枪，大都体小质轻，矛头用钢铁打制，或斩木削竹为之，极为尖锐。枪杆多用竹制，用

图二
古罗马人的标枪

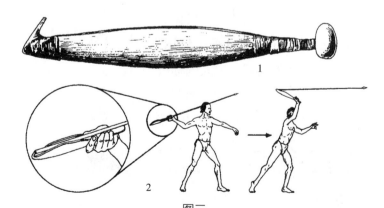

图三
澳大利亚土著的投矛器和标枪投掷图

木者甚少，极少用铁。苗族、彝族和瑶族有时还在枪尖上敷抹毒药，一旦被标枪刺中，即使是轻伤，也很难逃过一劫。在军队中，隋唐以前很少用标枪作建制兵器，直到宋代，它才有机会崭露头角。

宋人高承《事物纪原·戎容兵械·旁牌》引《宋朝会要》曰："太宗闻南方以标枪、旁牌为兵，令萧延皓取广德军习之。军士之用标、牌，此其始也。"宋王应麟《玉海·兵制四·咸平广捷兵》也有类似记载："先是帝闻南方以标枪、旁牌为兵器，命有司制之。"这当是宋代军队中装备标枪之始。曾公亮所撰《武经总要·器图》中有标枪的图像，书中称为"梭枪"，又叫"飞梭枪""飞枪"。文字解释说，梭枪"本出南方蛮獠，用之一手持旁牌，一手摽以掷人，数十步内中者皆踣。以其如梭之掷，故云梭枪，亦云飞梭枪"。从所绘图形来看，梭枪头端较大，几乎呈菱形，柄较短，只有几尺长，这样投掷时可以保持平衡（图五）。可见它是北宋时期从西南地区的少数民族那里引进的新型兵器，可投掷数十步。和旁牌（盾牌）配合使用，也是值得关注的兵器。宋人的标枪虽与古代欧洲人使用的标枪形制不同，但有异曲同工之妙。《宋史·张忠传》记载，仁宗皇祐四年（1052年），侬智高率广西壮族黎民起事，军围广州，七月，广南东路都监、领英州（今广东省英德市）团练使

图五　梭枪 （宋《武经总要》）

图四
河姆渡遗址出土的
标枪（复原示意图）

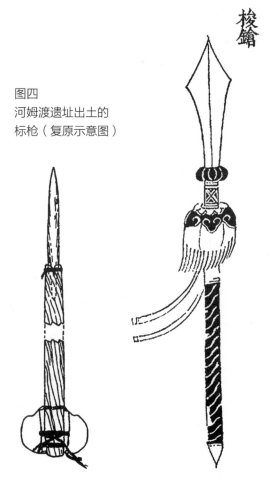

梭鎗

的宋将张忠领兵8000人据守边渡村。张忠出战，手拉贼帅二
人不放，但是由于战马陷在泥泞中，不能行动，遂被敌人抛
掷的标枪刺中而死。

　　元代蒙古骑兵尤善使用标枪，他们所用的标枪有三种。
第一种称"欺胡大（Tschehonta）"，枪杆甚长，枪刃作三角
形，枪杆尾端也有花瓣形的锋刃。两头均可刺敌，亦可投
掷杀敌。第二种名为"巴尔恰（Barchah）"，枪杆也很长，
锋刃近于斜方形，枪杆尾端的锋刃作圆头钉形。这两种标
枪两头都可以双手持握与敌搏杀，亦可用于投掷，较远距
离掷杀敌人，乃两用之格斗兵器。第三种叫"三尾掷枪"，
锋刃作圆头钉形，枪杆尾部斜出三尖刃，其位置及作用与
箭羽的相近。这种标枪之体短，抛掷的功用更为突出。日
本镰仓幕府武士竹崎季长于13世纪末绘制的《蒙古袭来绘

图六
《蒙古袭来绘词》
中的蒙古士兵

词》中，有蒙古士兵手持标枪作战的景象。从图像来看，标枪的枪头较长，枪杆也很长，蒙古士兵左手托枪杆，右手反手持枪杆的后段，似正准备投掷（图六）。16世纪葡萄牙探险家巴尔波沙曾经这样记载："蒙古王之兵士乘马者较多……蒙古骑士咸执一体轻而甚长的标枪以为冲锋陷阵之长兵，其标枪之铁刃头常系四角形，极为尖锐牢固。"根据上述资料，我们是否可以这样认为，在蒙古骑兵驰骋欧亚大地之时，标枪和弓、箭等兵器一样，是作为主要武器来使用的，其杀伤力甚为可观。

到了明代，标枪在军队中使用虽不如刀、枪广泛，但仍是制式兵器之一。《明史·兵志三》载："闽、漳、泉习镖、牌，水战为最。"当时的标枪分为陆战、水战用两种，凡陆战用标枪，矛锋分量相对较重，枪杆用软而有弹性的稠木或细竹制成，长约七尺，前粗后细，在三十步之内极具杀伤力（图七）。而标枪与藤牌配合使用能达到最佳效果，抗倭英雄戚继光《纪效新书·比较武艺赏罚篇》中记载："凡藤牌要坚、大、轻，遮一身。每人长刀一把，标枪三支。藤牌无标枪，如无牌同。"可见使用标枪的士兵除了配备三支标枪外，同时还要配备藤盾、长刀。遇敌作战，在较远处，投掷标枪杀伤敌人，随后冲上去手持长刀、藤牌近战肉搏，正如《纪效新书·比较武艺赏罚篇》所说："试藤牌……令持标一枝，近敌打去，乘敌顾摇，便抽刀杀进，使人不及反手为精。"何良臣《阵纪·技用》也说，学藤牌必须先学标枪，每人带标数支，起手时，左手挽牌，右手持标枪，步伐移动便举起标枪，接近敌人立即投掷。在敌人躲避标枪时，趁势持刀牌跟进，杀敌于措手不及，其战法与宋代相同。也与

图七
标枪　明
（《武备志》）

图八
犁头标　明
（《武备志》）

图九
小标　明
（《武备志》）

古罗马军队的作战方式相近。士兵在平时操练中，标枪也是必修的科目，戚继光在《纪效新书·比较武艺赏罚》记载有测试规则，即在三十步以外立银钱三枚，士兵在三十步外投掷标枪，能连续命中者才算纯熟。而且训练测试中有赏罚办法。《阵纪·技用》记载："标中银钱者，以银钱赏之。三限不中者，罚而复责。惟三标百试不差者为奇异。"

战船上使用的水战标枪有犁头标和小标两种。《武备志·军资乘·战船二》记载，犁头标因枪头大分量重，形如犁头而得名，装木柄，全长约七尺。木柄前端径一寸，尾端径三分，头重尾轻，重三斤（图八）。使用时自桅杆顶部的斗室或大船高起的尾部向下投掷。"中舟必洞，中人必碎。"杀伤力极大。但由于分量重，携带只有三五支，使用不过三五次。而小标才是水战最常用的兵器，其头长五寸，精钢打制。枪杆前端径六分，尾端径二三分，材质以竹竿为上，木杆也要选用有弹性的，加之头重尾轻，投掷出去不翻跟头，而且命中率大（图九）。在两船相近时，由于我方战船高大，小标最能发挥优势，士兵集群投掷小标，发之如雨，鬼泣神惊。现存于日本的《倭寇图卷》绘有明军与倭寇在船上对投小标的图像。

明代还有一种短标枪，枪杆较短，矛头长约六寸，木杆长二尺左右，既能用以卫体防身，又能较远距离投掷杀敌。

清代军队中虽然较多使用火炮、鸟枪等火器，但冷兵器仍在大量使用，而且形式多样，标枪也是其中之一，多为

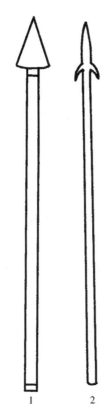

图一〇
1.犁头标
2.铁斗标　清
（《清会典图武备》）

1　　　2

中国古代军队使用过标枪吗

107

绿营兵使用，而多用于水战。清人《兵仗记》记载："执牌人所用者为标枪，若梭枪。捣马突枪、犁头标、紫金标则其类也。"《清会典·武备》收录有犁头标、铁斗标、手标等投掷兵器。清代的标枪与明代大致相似，皆以木、竹为枪杆，枪头钢铁打制，只是尺寸略有差异。犁头标枪头宽大，呈三角形，炼铁为刃，通长三尺五寸（图一〇：1）。铁斗标前锋较锐，其后两侧各出一个倒钩，长三尺有余，两军水战最为实用（图一〇：2）。

标枪也常出现在古代的文学作品中，明施耐庵《水浒传》中就有几个使用标枪的梁山好汉，其中一个是"八臂哪吒"项充，另一个是"飞天大圣"李衮，他们原在"混世魔王"樊瑞帐下，占住芒砀山。《水浒传》第五十九回"吴用赚金铃吊挂，宋江闹西岳华山"描写，项充"使一面团牌，背插飞刀二十四把，百步取人，无有不中。右手仗一条标枪，后面打着一面认军旗"；李衮"会使一面团牌，背插二十四把标枪，亦能百步取人，左手挽牌，右手仗剑，背后打着一面认军旗"，梁山好汉与之对战，由于"项充、李衮飞刀、标枪难进，折了人马"。第七十回"没羽箭飞石打英雄，宋公明弃粮擒壮士"写道，东昌府没羽箭张清有两个副将，一个叫"花项虎"龚旺，马上会使飞枪，一个叫"中箭虎"丁得孙，马上会使飞叉。龚旺与林冲、花荣对战，慌忙中掷出飞枪，失了兵器，反被林冲、花荣擒获。这些小说家言，算不上真正史料，但对我们了解古代兵器标枪的使用情况还是有一定帮助的。

"辕门射戟" 说戟

戟

在中国历史上，关于戟最著名的典故莫过于"辕门射戟"，范晔《后汉书》和陈寿《三国志》两部正史都有记载。

图一　辕门射戟图　《三国演义》影印本插图

《三国志·魏志·吕布传》云："布便弓马，膂力过人，号为飞将。"为了调解刘备与袁术部将纪灵之间的争斗，令士兵于辕门处竖起一支大戟，对众人说："请大家看我射戟的小支，若一箭射中，你们和解，射不中，你们再打不迟。"随后张弓搭箭，正中戟的小支（图一）。到了明代，罗贯中《三国演义》第十六回是这样写的："只见吕布挽起袍袖，搭上箭，扯满弓，叫一声'着'，正是弓开如秋月行天，箭去如流星落地。一箭正中画戟小枝。"从正史看，这支戟乃军卒随手从兵器架取用的，而不是吕布的专用兵器，据正史载，吕布为五原郡九原县（今内蒙古包头市九原区）人，纯正的古代牧猎民族血统，"便弓马，膂力过人，号为飞将"。吕布常用兵器为矛（或曰马矟），《后汉书·吕布传》曰吕布用矛刺死了董卓，《三国志·吕布传》引《英雄记》说，吕布在争战中，曾用矛刺伤猛将郭汜。

　　结合考古资料考察，东汉末、曹魏时使用的戟与《三国演义》小说中的"画戟"，在形制上有很大区别，根本不是一类兵器。当时的戟与其他兵器一样，大多用铁或钢制造，戟的锋刺较长，其侧横出小枝，小枝与戟刺垂直，这种戟称"卜"字形戟，沿袭了秦汉时期铁戟的形状。稍后戟枝的上段弧曲而向上扬起，形成另一支较小的戟刺。《后汉书·吕布传》李贤注引"郑注云：'援，直刃。胡，其子也。'……即今戟旁曲支"。即此。这种戟可刺、可挑、可击、可斫，是当时杀伤力较强的实战兵器，为军队装备中

图二
铁戟 三国
（湖北鄂城孙吴墓
出土）

图三
东汉晚期 铜戟
（河南新密东汉墓
出土）

仅次于矛的长柄制式格斗兵器，既有用于步战的戟，又有用于马上作战的马戟。据陈寿《三国志》记载，许多名将都曾使用戟，如曹操帐下勇将典韦，"好持大双戟与长刀等，军中为之语曰：帐下壮士有典君，提一双戟八十斤"。随曹操征荆州，遇张绣叛反，袭太祖营，"韦以长戟左右击之，一叉入辄十余矛摧"。身披数十创仍拼死力战。使用双戟的还有东吴孙权帐下甘宁。使用单戟的如曹操部将张辽，在合肥曾以七千兵对孙权十万之众，毫不畏惧，"辽被甲持戟，先登陷阵。杀十数人，斩二将，大呼自名，冲垒入，至孙权麾下"。危难时刻，孙权也手持长戟自卫。

　　三国时期戟的考古资料见于湖北鄂城孙吴墓中，以铁制成，保存完好。形状呈"卜"字形，戟刺长而直，尖锋呈三角形，横出的小枝短而宽，长度只有戟刺的一半多点，与戟刺呈90°相交（图二）。河南安阳市安丰乡西高穴村高陵（一说为魏武王曹操墓）出土数块石牌，其中一块隶书"魏武王常所用格虎大戟"10字，惜未见实物。时代略早一些戟，如河南新密后土郭村一号东汉晚期墓出土的"卜"字形铜戟（图三）。形状相似的铁戟山东诸城西晋墓中也曾出土。纵长48厘米，横宽23厘米。至于小枝横出又向上弧曲的戟，20世纪70年代河北定县北庄东汉晚期墓就出土过，长33厘米，其小枝平直，只尖锋略略上翘（图四）。更加弧弯者其形象资料见于魏晋壁画墓中，甘肃嘉峪关魏晋墓壁画就有这样的形象，壁画中列队前行的队伍有一手控缰、一手持马戟的骑兵。也有扛戟持盾的步兵。另一幅夜间宿营图，有把戟插在帐篷外的形象。壁画中的戟都是戟枝向上弧钩的形状（图五：1、2）。

　　至于《三国演义》中说的"画戟"，乃宋代以后才出现的兵器。北宋仁宗庆历四年

图四
东汉晚期　铁戟
（河北定州北庄出土）

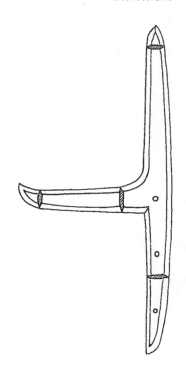

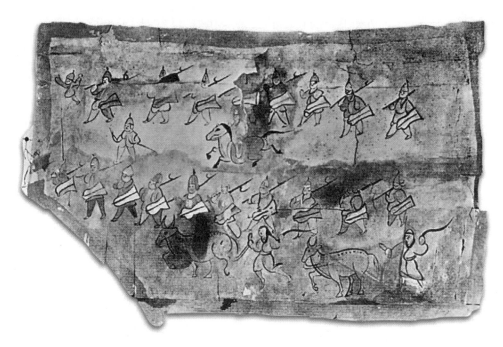

图五：1　嘉峪关魏晋壁画

图五：2　嘉峪关魏晋壁画

（1044年），由曾公亮、丁度等撰修的宋代军事百科全书《武经总要》卷十三"器图"中，收有戟的图形，书中把它归入了"刀八色"之一，称之为"戟刀"（图六）。它是在戟的锋刺一侧横出两个小枝，小枝上接装月牙形戟刃，这就是画戟最初的形象。后来又出现戟刺两边各有一个月牙形戟刃的戟，称为"方天画戟"。这种画戟很少用作军队中的兵器装备，到了清代，只有绿营兵用它。绿营兵用的戟戟刺弯曲，戟刃呈月牙形，连柄长2.4米，记载见于光绪二十五年

图六 戟刀 宋
（《武经总要》）

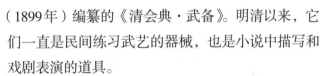

（1899年）编纂的《清会典·武备》。明清以来，它们一直是民间练习武艺的器械，也是小说中描写和戏剧表演的道具。

　　汉魏时期的"卜"字形戟和戟枝弧曲的戟，只是戟发展的一个阶段，在此之前，戟已经经历了千余年漫长的演进过程。

　　中国最早的戟出现在西周时期，多用青铜铸成，是一种既可突刺又能钩砍的新型兵器。当时的戟上的刺和援连铸作一体，略呈"十"字形，极富时代特色。若再细分，又有以矛为主体和以戈为主体两种形制。以矛为主体的戟，戟刺长大而戟援相对较小，如1976年山东胶州湾出土者，戟刺的长度几乎是戟援的2.5倍。以戈为主体的戟，戟刺与戟援等长或更长些，有的戟刺尖锋还向后弯曲，极个别的如1972年甘肃灵台白草坡西周墓出土的青铜戟，高25.5厘米，宽5.5厘米。戟刺上端铸成后视的人头形，完全失去了突刺的功能，应该是仪卫用兵器（图七）。西周时期的戟是古人对新兵器的探索，但由于这种戟的铸制工艺比戈、矛复杂了许多，在实战中又没有显著的优越性能，到了春秋时期就被淘汰了。

　　春秋战国时期流行一种把矛和戈两种兵器合装

在柲（柄）上的戟，这种戟早在商代就出现过，但数量极少，到了春秋以后才普遍使用。

它不但是步兵普遍使用的格斗兵器，也用来装备战车，乃"车之五兵"之一（《五经正义》载，"车之五兵"为弓、矛、戟、剑、盾）。相比较而言，步兵用的戟尺寸（连柄）较短，车战用戟较长。从考古资料看，步兵用戟（戈）长1.4米左右，而车兵用戟（戈）的长度达到了3米或更长些，这正是实战的需要。当时格斗兵器的柄多采用"积竹法"制作。这是春秋时期制作兵器柄（柲）的新方法，以木为芯，其外贴附多根竹片，再用丝麻层层缠紧，最后刷数道漆制成。它既能满足车战兵器柄长度的要求，又比竹木柄的韧性强了很多。以后，为了加强戟的杀伤力，又在戟头的内部做成钩刺状或在戟头之下加装带有钩刺的戟距，到了春秋末战国初，还出现了把一个戟刺和几个戟体联装在一起的"多果戟"。湖北随州曾侯乙墓就出土过三

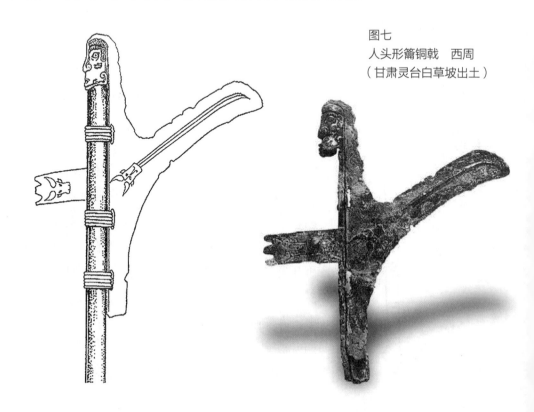

图七
人头形籥铜戟　西周
（甘肃灵台白草坡出土）

个戟体联装在一起的三果戟，从戟刺到柄末端的长度为 3～3.5 米，显然为车战用戟（图八）。有的戟柄的上端还加羽毛做装饰。

由于冶铁技术的产生，到了战国中后期，出现了用铁制乃至钢制的戟。这种戟的形制非常简洁，由一个长直锋利的戟刺和呈 90° 横出的戟枝构成，二者一体，它就是我们前面提到的"卜"字形戟。为了使戟头与柄秘结合得更牢固，还在戟刺与戟枝相交处加装铜质的簿（秘帽），从而与原来的青铜戟有了本质的区别。以河北易县燕下都 44 号墓出土的铁戟为例，最长的一件从戟刺顶端到戟胡的末端长近 50 厘米，戟枝长达 20 厘米。其他的三件从戟刺到胡末的长度也在 45 厘米左右，比青铜戟长了许多。在戟胡部有三个长方形穿和一个圆形穿，戟胡的根部还有一个圆形穿，通过这些穿和秘帽可以把戟头与柄（秘）牢牢地捆缚在一起。

铁质的"卜"字形戟不但戟刺明显加长，增强了杀伤力，而且其韧性大大优于青铜铸制的戟，其制作又相对容易，很快就成了当时最

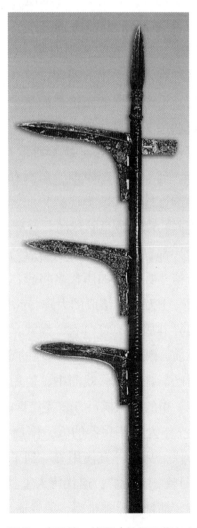

图八　多果戟　战国（曾侯乙墓出土）

辕门射戟　说戟

为先进的格斗兵器。到了西汉时期，完全取代了青铜戟，成了军队装备的常规武器，一直到了几百年后的魏晋时期形制才有了新变化，演变成为吕布辕门射戟时用的戟枝上段弧曲的戟。

十六国南北朝时期，北方牧猎民族渐而入主中原，甲骑具装的铁蹄像旋风一样叩击着黄河两岸。骑兵的重甲、战马的具装对格斗兵器提出了更高的要求，原来"卜"字形戟，乃至戟枝向上弧弯的戟很难刺穿铠甲而伤及敌身。为了加强杀伤力，兵器制造者于是又将戟枝由弧弯变直，与戟刺成90°相交，形成一长一短两个戟刺的叉式戟。这种戟加大了戟的突刺力量，而完全舍弃了它的钩斫功能。这种戟未见出土的实物，只在北魏时期石棺的线刻图中见过。后来甲胄的防护性能越来越好，特别是军队中大量装备两当（裲裆）铠、明光铠，致使叉式戟也走到了尽头，在格斗兵器中完全被矛所取代。矛历来是传统的格斗兵器，到了南北朝时期，形制有所改变，长身阔体直刃，其突刺性能远比戟类优越，加之其制作比戟简单，易于大量生产，淘汰戟是必然的。这种新式矛在当时称作矟，骑兵、步兵都普遍使用。至于隋唐乃至后代，一些勇将仍把戟作为格斗兵器，如唐代名将薛仁贵，唐太宗东征高丽时，面对二十万敌兵结成的大阵，薛仁贵"自恃骁勇，欲立奇功，乃异其服色，着白衣，握戟，腰鞬张弓，大呼先入，所向无前，贼尽披靡却走。"他的意图是标显自己，也只是个例而已。在小说、戏曲中，使用戟的勇将太多了，如《水浒传》中的小温侯吕方、赛仁贵郭盛。

作为格斗兵器的戟，隋唐以后虽然退出了战场，但作为仪卫兵器一直使用着，到了隋唐、宋代依然如此，称为"门戟""棨戟"。唐代诗人王勃脍炙人口的《滕王阁序》中有"都督阎公之雅望，棨戟遥临"，说的就是它。

手　戟

　　有关手戟的记载，也多见于陈寿编纂的《三国志》中，《吕布传》中说，董卓"忿不思难，尝小失意，拔手戟掷布。布拳捷避之"。这就是《三国演义》凤仪亭吕布、貂蝉故事以及后来戏剧的缘起。不过在该书中，董卓掷吕布的戟已由"手戟"变成"画戟"了。《三国演义》第八回"王司徒巧设连环计，董太师大闹凤仪亭"中说，吕布正在凤仪亭中与貂蝉私会时，被董卓发现，"卓怒，大喝一声。布见卓至，大惊，回身便走。卓抢了画戟，挺着赶来。吕布走得快，卓肥胖赶不上，掷戟刺布。布打戟落地。卓拾戟再赶"。

　　另一则使用手戟的记载见于《三国志·太史慈传》。孙策和太史慈都是当时有名的勇将，他们之间曾发生过一场恶斗，"策刺慈马，而揽（揽）得慈项上手戟，慈亦得策兜鍪。会两家兵骑并各来赴，于是解散"。《三国演义》中也有生动的描述，见于第十五回"太史慈酣斗小霸王，孙伯符大战严白虎"，他们酣战多时，从马上打到马下，互相"揪住厮打，战袍扯得粉碎。策手快，掣了太史慈背上的短戟，慈也掣了策头上的兜鍪。策把戟来刺慈，慈把兜鍪遮架"。还有未言明手戟者，前面说到曹操麾下的典韦也善用手戟。曹操与吕布战于濮阳，典韦率领招募来的勇士，"皆重衣两铠，弃楯，但持长矛撩戟"冲陷敌阵，"贼弓弩乱发，矢至如雨，韦不视，谓等人曰：'虏来十步，乃白之。'等人曰：'十步矣。'又曰：'五步乃白。'等人惧，疾言：'虏至矣！'韦手持十余戟，大呼起，所抵无不应手倒者"（《三国志·魏书·典韦传》）。这里说的撩戟，当为手戟，古文文义，撩可作抛、掷解，撩戟乃用作抛掷之戟，或是手戟的别名。从兵器配置上分析，长矛为长柄格斗兵器，撩戟当为短柄兵器，长短配合，更有利于作战。另外也只有手戟，才能手持十余支，掷出手戟，毙敌于五步。

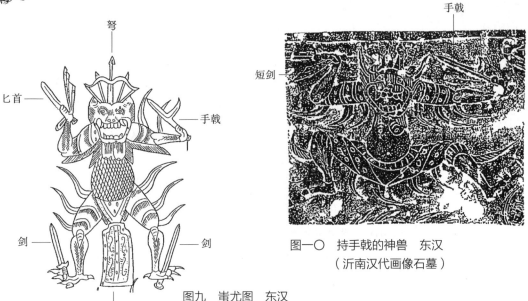

图一〇　持手戟的神兽　东汉
（沂南汉代画像石墓）

弩

匕首

手戟

剑

剑

盾

图九　蚩尤图　东汉
（沂南汉代画像石墓）

　　由不同时代的两部书对相同的两件事的记述分析，剔除书中的艺术加工成分，可知到了明代，手戟早已从传统冷兵器中绝迹，罗贯中撰写《三国演义》时，根本就不知道手戟是什么兵器，更不知它的模样，所以才把手戟说成是"画戟"，说成是"短戟"，模糊了手戟的概念。

　　《释名·释兵》云："手戟，手所持摘之戟也。"古语中摘有投掷之意，就是说，手戟是一种既可以单手持握又能投掷的兵器。考证手戟，除了文献记载之外，至今尚未有实物考古资料发现。但也不是没有踪迹可寻，汉代画像石中有这类兵器的形象资料。山东沂南汉代画像石墓前室北壁中段有一幅蚩尤图，蚩尤作神兽形象，似熊，巨口獠牙，身半蹲，头上顶一弩，右手持短剑，左手持手戟，下肢利爪抓持两柄短剑，胯下立一盾（图九）。古籍记载，蚩尤乃上古九黎的首领，铜头铁额，以铁石为食，孔武有力，还善于制造兵器，《世本·作篇》说他发明了"五兵"（五兵为戈、矛、戟、殳等）。他曾与黄帝在涿鹿（今河北省涿鹿县）发生过数次激烈争战，布迷雾，斗应龙，破旱魃，可是最终还是战败，

图一一　持手戟的百戏艺人（沂南画像石）

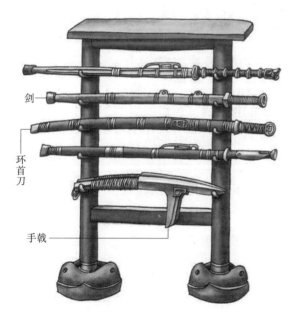

图一二　兵器架复原图
（据东汉画像石）

被黄帝诛杀了。后世因为他善于制造兵器而尊崇他为兵主，所以画像石才把他刻画成头上、手上、脚上都执掌兵器的形象。在此墓前室北壁上横梁上，一幅神兽挥舞手戟的图像也很生动（图一〇）。山东沂南画像石墓的一幅百戏图中，还有百戏艺人在飞奔的快马上舞动手戟的图像（图一一），可见作为兵器用的手戟，在民间也很常见，并且成了一种娱乐表演道具。汉代画像石墓中还有手戟加在兵器架上的图像（图一二）。

　　从形制上看，以上三幅图像所画的手戟，都是东汉末期"卜"字形戟戟头的形状，只是横出的小枝前段向上弧曲，尖锋锐利。胡与戟刺几乎等长，上面缠绕丝麻织物以供手持握，即为柄，末端作环首形，有的环上还拴有丝织饰物。山东嘉祥汉画像石墓也有类似的图

辕门射戟　说戟

119

像，一条船上有三名武士，最后一名手持手戟。手戟也作"卜"字形，但戟枝横直而不向上弧曲，形制与传统的"卜"字形戟完全相同。

通过前面的讨论，我们知道，手戟和短剑、短刀、匕首一样，就是一种短柄的卫体兵器，可以突刺，也可以较远距离掷击。能够说明这一问题的，《三国志》还有两则记载，一则见于《魏书·吕布传》，吕布曾遣陈登向献帝求领徐州牧，未果，盛怒之下，"拔戟斫几"，此戟即当是卫体所用的手戟，因为长戟不可能随身携带，在屋内也施展不开，一个"拔"字更道破了其中奥秘。二则刘备也曾使用过手戟。当年曹操大兵压境，刘备弃新野，败走长坂坡，有人说，赵子龙已去降曹。刘备大怒，抄起手戟就向那人打去。语见《三国志·蜀书·关张马黄赵传》引《云别传》："初，先主之败，有人言云已北去者，先主以手戟擿之曰：'子龙不弃我走也。'顷之，云至。"根据古籍记载，以及画像石的图形看，手戟大概出现于汉代，特别是东汉乃至三国时期流行，以后就消失了。至于有人把短柄戟当作手戟，那只是一种片面的认识或误断而已。说到消亡的原因，大概有三点。其一是工艺复杂，制作起来费时费力。其二是作为护体兵器使用，手戟既有戟刺，又有小枝，体积偏大，不及短刀、匕首便于藏匿携带。其三在取用速度上，短刀、匕首比手戟更迅疾，让对手猝不及防。

云长何曾用过青龙刀

我们都知道，无论在文学作品、戏曲，还是在民间传说中，关公都是丹凤眼、卧蚕眉、面如重枣、五绺长髯的威武形象，一匹赤兔马，一柄青龙偃月刀更是不离其身。《三国演义》第一回"宴桃园豪杰三结义，斩黄巾英雄首立功"，讲述刘、关、张桃园结义之后，英雄们用上好的镔铁打造各自喜爱的兵器，"云长造青龙偃月刀，又名冷艳锯，重八十二斤"。随后迎战黄巾军大将程远志，"云长舞动大刀，纵马飞迎，程远志见了，早吃一惊，措手不及，被云长刀起处，挥为两段"。这一战，刘备三兄弟以五百壮士破敌五万，以一当百，首战成名，关羽、张飞二人功推第一。

此后，关云长用青龙偃月刀劈开了他的英雄之路，汜水关前温酒斩华雄，虎牢关三英战吕布，斩颜良，诛文丑，过五关，斩六将，古城会刀劈蔡阳，长沙城义收黄忠，守襄阳单刀赴会，水淹七军斩庞德。可以说哪一战都离不开青龙偃月刀（图一）。

然而，这都是经过历代艺术加工的艺术形象，历史上关云长的战功并没有这样辉煌，也没有使用过青龙偃月刀。说到这里，有些关公的崇拜者或许会不高兴，但这是事实。因为青龙偃月刀是北宋时期才出现的兵器，距东汉末年相差了八九百年，古人也给我们玩了一次时空穿越。

成书于北宋庆历四年（1044年），曾公亮撰写的《武经总要》，卷十三"器图"中收录有掩月刀和其他各类刀的图

像，称"刀八色"，掩月刀刀体沉重，刀头锋刃圆弧，形若偃月，刀尖上翘而锐利，稍后又有一个锋尖，再后有一孔，用以拴系缨饰，刀根部饰有龙头形吞口，长柄有镈（图二：2）。其他七色为眉尖刀、凤嘴刀、笔刀、屈刀、戟刀、掉刀、手刀。戟刀就是文学作品中的方天画戟，掉刀刀头呈三角形，两边有刃，手刀乃单手使用的短柄刀，其他四色均与掩月刀的形状大同小异（图二：1、3～8）。

历史上，关羽生于东汉桓帝延熹三年（160年）前后，卒于献帝建安二十四年（219年）冬，这时正处于东汉末期，从考古学资料方面看，当时的长柄格斗兵器主要是戟和矛，骑兵使用的又称作马戟、马矛（矟）。与前朝的相比，戟头虽然仍作"卜"字形，但戟刺加长而成为主体，戟援变小成为小枝，而且横出后有逐渐上翘的趋向，明显加大了突刺功能（图三）。马矟仍是矛的形状，但加大了形

图一
手持青龙刀的关羽（《三国演义》连环画）

122

图二
《武经总要》中收录的八种刀
（1.屈刀　2.掩月刀　3.眉尖刀　4.凤
嘴刀　5.笔刀　6.戟刀　7.掉刀
8.手刀）

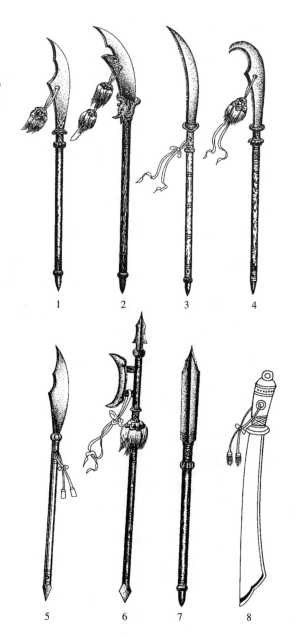

云长何曾用过青龙刀

体，柄也适度加长，更有利于骑兵马上作战。陈寿《三国志·蜀书·关张马黄赵传》记载："羽望见（颜）良麾盖，策马刺良于万众之中，斩其首还。绍众将莫能当者，遂解白马围。"书中虽然没有说关羽所用的是什么兵器，但既然写明是"刺"，又是"策马"突驰，颜良尚未醒悟即被杀死，用的必然是矛、戟类的长柄击刺类兵器。罗贯中《三国演义》第二十五回"屯土山关公约三事，救白马曹操解重围"沿用了"刺颜良"之说，不过关羽用的是刀。"关公奋然上马，倒提青龙刀跑下山来。……关公赤兔马快，早已跑到面前。颜良措手不及，被云长手起一刀，刺于马下。忽地下马，割了颜良首级拴于马项之下。飞身上马，提刀出阵，如入无人之境。"试想，用单面弧刃的刀类兵器，又是骑乘快马，"倒提青龙刀"，最便捷的动作就是抡刀由上而下抡刀劈或砍，而罗贯中偏偏用了"刺"，显然是在关于使用的兵器方面产生了差错。

在此之后，二书都有"斩其首级还"，或"割了首级拴于马项之下"一节，说的都是用刀，而这里提到的刀当是随身佩带的短柄刀。当时的情形应该是，颜良自恃勇猛无敌，毫无戒备地立马阵前。关羽纵马持枪，飞奔过来，不待答话，一枪就把颜良刺落马下，随身跳下战马，用腰间佩刀砍下了颜良的头颅。关羽立此战功，要具备四个条件。第一，关羽有过人的胆识，身高力大，枪术精湛。第二，胯下必须是良马，速度快。关羽的骑术高明，胯下又有赤兔马，具备这个条件。因为在东汉末年，马具中虽然有了较为高翘的马鞍，但还没有马镫（或有了单只马镫，也只是供便利上马时用），人和战马还不能很好地结合在一起。第三，必须有精良的兵器。当时的兵器制造业已经熟练地运用了百炼钢技术，制造出了适合马上作战的环首刀。击刺兵器中，除

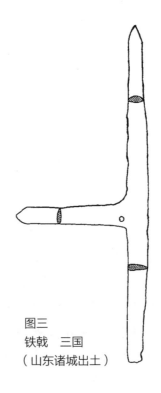

图三
铁戟　三国
（山东诸城出土）

了戟外，出现了一种不但矛柄更长、更柔韧，而且矛身也更长、更锋利适合骑兵用的矛，称马矛（矟）（图四）。第四，关羽采用了非正常的搏杀方式，快若疾风，不发一言，照面挺枪就刺，打了颜良一个措手不及。不过，话又说回来，在当时马具没有完备的情况下，骑在飞奔的战马上，要双手持握格斗兵器准确地刺击敌方名将，其高超的骑术和技击本领着实让人折服。

环首刀出现战国至西汉，是为适应骑兵作战而创制的新型兵器（图五）。东汉魏晋，短柄兵器中的刀逐渐替代了剑，成了军队的主要兵器之一。三国时蜀相诸葛亮曾令蒲元钢刀三千口，"称绝当世，因曰神刀"。吴王孙权于黄初五年（224年）诏令："作千口剑，万口刀。……皆是南钢越炭作之，上有'大吴'篆字。"曹操也曾用时三年，命人锻造了五柄百炼钢刀，其子曹植作《宝刀赋》以颂之。

从东汉晚期、三国时期的考古资料看，当时作为兵器使用的刀一般长一米左右，直身环首，厚背薄刃，称环首刀，为短柄格斗兵器（图六：1、2）。东汉画像石上有其图像，环首刀多单手执握，与盾或钩镶配合，骑、步兵都能使用，而且刀鞘上装有附件，以便佩在腰间。关羽下马用来斩取颜良首级的当就是它。这种刀多为铁制，或用炒钢经过反复锻打而成钢刀。锻打钢刀费时费力，一旦制成往往装饰华美，遂成利刃宝刀。譬如曹操所造的五口钢刀，装饰龙、虎、豹、雀、鸟纹，可以"陆断犀革，水断龙角"。陶弘景《古今刀剑录》记载，三国时，魏、蜀、吴名将都有自己喜爱的佩刀，关羽有，张飞、黄忠也有。关羽"自采都山铁为二刀，铭曰'万人'。及羽败，羽惜刀，投之水中"。

当时用锻打脱碳法炼钢，每锻打一次称为一涑（炼），锻打的次数越多，钢的质量越精，故有"三十涑""五十

图四
铜矛及镈　三国
（《制胜之道》资料）

云长何曾用过青龙刀

125

涑"乃至"百涑"之说。1974年夏，山东苍山县卞庄曾发现一柄"永初六年"锻造的钢刀，直背环首，全长111.5厘米，刀身宽3厘米，刀背厚1厘米。刀身装饰火焰纹，并刻有铭文"永初六年"。永初六年为公元112年，比关羽生年早五十年。日本奈良还发现过东汉灵帝中平年间的"百涑""清钢刀"，时代为184～189年，与关羽的生年更近。

至于与青龙偃月刀相像的长柄砍斫兵器，早在商周时期就已出现，河南安阳殷墟孝民屯1713号墓就出土过，用青铜铸制，刀身长直，刀头翘卷，刀背接铸三个筒形銎，用以装长柄。刀身饰四条卷尾龙纹，通长31厘米（图七）。类似的青铜刀河南鹿邑太清宫长子口墓也出土过，时代为商末周初。唐代有装长柄的陌刀。北宋时期虽然出现了掩月刀，但由于分量较重，不是军队使用的主要兵器，此后渐渐演变成了民间演练武艺的兵器，明清两代武场科考也用它作为测试膂力的器械之一。

话说至此，还有一个问题需要探讨，那就是人们口碑相传的关公什么时候与青龙刀结缘的？无疑是明代通俗小说《三国演义》的影响最大。罗贯中是元末明初（约1330～1400年）人，著《三国演义》时大概在

图五
铁环首刀　西汉
（江苏徐州狮子山楚王陵出土）

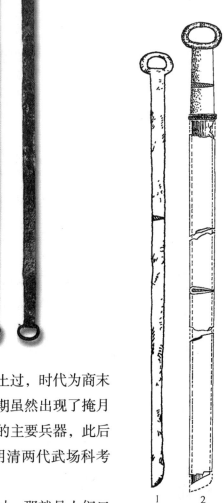

1　2

图六
铁环首刀　三国
（1.重庆忠县出土
2.江西南昌出土）

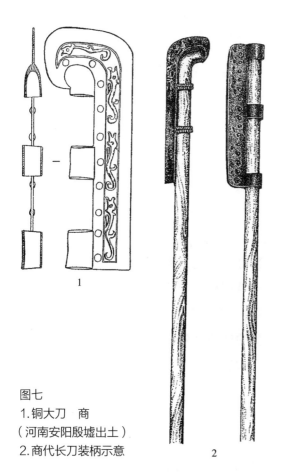

图七

1.铜大刀　商

（河南安阳殷墟出土）

2.商代长刀装柄示意

明洪武、建文之时。检索古代文学作品，他并不是关公用青龙刀的始作俑者，元至治年间（1321～1323年）建安虞氏刊本《新全相三国志平话》，描写虎牢关三英战吕布时，"关公忿怒，纵马抡刀，二将战吕布"；斩颜良时，"一刀砍颜良头落，用刀尖挑颜良头，复出寨"；诛文丑，"觑文丑便砍，连肩卸臂，分为两段"。此书既言新刊，当然区别于旧刊，那么旧刊的时代还会更早。在元杂剧中，《关张双赴西蜀梦》[金盏儿]："关将军但相持，无一个敢相欺。素衣匹马单刀会，觑敌军如儿戏，不若土和泥。杀曹仁十万军，刺颜良万丈威。"又有《关大王独赴单刀会》第三折，黄文念白：关爷"髯长一尺八，面如重枣红。青龙偃月刀，九九八十斤。脖子里看一下，哪里寻黄文？"郑光祖元杂剧中，有《虎牢关三英战吕布》，[楔子]（关末口躧马儿上，）云"家奴少走，吃吾一刀！"（战科）（正末）唱"二哥哥，三停刀可便在手？……"关汉卿约生于1220年，约卒于1300年，其他二人生卒年月不详，1300年为元成宗大德年间，这说明至迟在元代前期，关公使用青龙偃月刀就成了定论。山西侯马金墓砖雕中手持长柄大刀武士的图像，支持了这种推论。

概言之，我们要破解关云长使用的兵器之谜，首先要分清是历史上的关羽关云长，还是为后世传颂、经反复艺术加工、神化了的关公关老爷，其他问题就迎刃而解了。

宝刀屠龙（上）

——唐代以前的刀

如果说金庸《倚天屠龙记》所提到的倚天剑尚有史籍可查的话，屠龙刀则未见于任何古代文献记载（至少我没有见到）。但这并不影响我们对刀的探讨。在中国古代兵器史上，刀和剑一样，是古代军队中传统的格斗兵器，而且出现时代更早，传承时间更长，品种样式也更丰富，在古代战争史上同样起到了不可替代的作用。

刀是一种杀伤力很强的格斗兵器，不论作为军队的兵器装备，还是在民间，应用都很普遍。单面有刃，刀背厚重，刃口锋利，适于砍斫。《说文·刀部》："刀，兵也，象形。"《释名·释兵》："刀，到也，以斩伐到其所乃击之也。"其形制前部有窄而长的刀身，后部装有或长或短的刀柄。短柄刀单手执握，长柄刀双手使用。

刀最早出现于新石器时代，当时的刀有石制的，骨制的，也有蚌制的。这些刀有大有小，形制多样，用途不一，但多为生产、狩猎工具，不是兵器。只是到了原始社会晚期，有了氏族和部落间的战争，刀和矛、斧等才成了兵器，出现在战场上。江苏南京北阴阳营出土过一件七孔石刀，刀体呈横长方形，刃微弧，近刀背处有七个穿孔，长22.6厘米（图一）。这类刀只能装长柄使用，可用来狩猎，也可用作兵器。同样形制的刀河南偃师二里头遗址也发现过，整体呈横梯形，长65、宽9.5厘米。青玉质，湖绿色。刀身两端琢刻菱形纹和平行线纹，并有对称的突齿状扉牙，近刀背处有七个穿孔（图二），当是仪卫用兵器。从断代考古学分析，二里头遗址的历史年代已进入夏代。这里又是夏王朝的宫殿区遗址。玉刀体形大，又较薄，只能做仪仗兵器使用。到了商代，已能用青铜铸造各种生活用器和兵器。兵器中有两种青铜刀，一种是青铜短刀，尺寸仅有30厘米长短，刀背微微弧曲，柄首铸作兽头或铃形，具有鲜明北方草原游牧民族风格。这种刀是车、步兵配合戈、矛、钺使用的防身兵器。还有一种青铜大刀，刀身明显较长较宽，根据形制又可以细分为两个亚型，其一刀身长30厘米左右，刀头宽且上翘，刃部多内凹，刀背铸饰扉棱，近背部装饰一条花纹带。刀柄短而窄细，长度在10厘米以内，须加装木或其他质地的刀柄方能使用。这种刀河南殷墟出土过，河南鹿邑太清宫出土过（图三），江西新干大洋洲商墓也出土过，而且同类刀一次就出土了13件（图五：2）。河南殷墟妇好墓还出土过一柄形制相似的玉刀，通长33.5厘米，近柄部有一圆穿，刀背处琢饰长身龙纹。其二为青铜大刀，刀头上翘，刀尖向后钩回，并铸出銎孔，厚背薄刃，刀背接铸三个銎孔（图四）。还有的直身直刃，刀背也接铸銎孔。通过銎孔可以装

图一
石七孔刀　新石器时代
（江苏南京出土）

图二
玉七孔刀　夏
（河南偃师二里头
遗址采集）

图三
铜棱脊大刀　商
（鹿邑太清宫长
子口出土）

图四
铜三銮大刀　商
（河南安阳大司空
村出土）

配较短的木柄，它们都是临阵格斗兵器。商代金文中有大刀的形象（图五：1），为我们探讨其使用情况提供了线索，一般单手使用，抑或双手使用。从现有的考古资料看，出土的青铜大刀比同时期的戈、矛要少得多，可见青铜大刀虽然是杀伤力很强的格斗兵器，但在当时军队中使用并不普遍。

西周时期，装长柄的青铜两銮、三銮大刀尚有发现。如北京昌平出土的乳丁纹两銮刀，以及现藏于美国佛利尔美术馆的"康侯"三銮刀等。还有一种青铜波状刃有銮砍斫兵器，与三銮大刀的形制极为相似，功用和使用方法也相同，只是刃部弧曲，因此也应当列入有銮大刀的范畴。至于短柄青铜刀则再难见到了。

图五　金文中的"刀"

春秋战国时期，大概由于青铜剑的长足发展，抑制了刀的演进。这一时期的考古资料没有见到青铜刀的踪迹。直到秦代，才出现了青铜弯刀，但数量极少，今只见到过两件，均出土于陕西省临潼秦始皇陵一号兵马俑坑中。其通长66厘米，刃宽3.2厘米。刀身弯弧，两边都有刃，断面呈扁棱形，前锋截齐。后接短柄。柄由前至后渐粗，断面呈椭圆形（图六）。这件兵器造型怪异，光素无纹，质朴无华。《秦始皇陵兵马俑坑一号坑发掘报告》中称它们为金钩（或叫吴钩），从形制上看，可钩可砍，是极具杀伤力的实战格斗兵器。

战国以后特别是西汉时期骑兵迅速崛起，以及钢铁冶炼技术的发展，一种用铁或钢打制环首刀出世了。这种刀一般长1米左右，形制简约，直身，一侧开有锋利的刃口，另一侧为厚重的刀背，刀尖斜直，刀身与刀柄无明显界限，

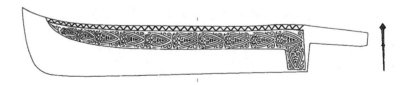

图六
1.青铜刀　商
（江西新干大洋洲出土）
2.铜弯刀　秦
（陕西临潼秦始皇兵马坑出土）

1

2

宝刀屠龙（上）——唐代以前的刀

柄端连铸一铁环，故有环首刀之称。与剑相比，可以说环首刀几乎已失去突刺的功能。但由于刀背厚，不易折断，劈砍的功能却增强了许多，特别适合骑兵马上作战。从文献和考古资料来看，当时的骑、步兵都在使用。我们目前见到时代最早的环首铁刀出土于河北满城中山靖王刘胜墓中，时代为西汉景帝或稍晚。这件环首铁刀长62.7厘米，环首用金片包缠。外有刀鞘，刀鞘用两块木片挖槽扣合而成，外缠麻线，髹朱漆。鞘上附有供佩带用的金带铁铐（图七：1）。此后刀身逐渐加长，达到了1米，甚至更长些（图七：2）。不少环首刀用炒钢反复折叠锻打而成，每加热折叠锻打一次称"一涑"。折叠锻打的"涑数"越多，韧性越强，再经淬火处理，刃口锋利，性能愈加良好。山东苍山出土一柄东汉时期的环首刀，通长112厘

图七 铁环首刀 西汉（1.河北满城刘胜墓出土 2.江苏徐州狮子山楚王陵出土）

米，刀身有铭文"永初六年五月丙午造卅炼大刀吉羊（祥）"（图八）。永初为安帝刘祜年号，永初六年为112年。几十年后，到了灵帝刘宏时，甚至出现了百炼清钢刀，此刀出土于日本奈良，刀身错金铭文，标明此刀铸于东汉灵帝中平年间（184～189年）五月丙午日。为百炼精钢刀。其后还有"上应星宿、下辟不祥"等吉祥语。环首刀也有用青铜铸造的。这些刀不用时插在木制髹漆的刀鞘内，刀鞘外嵌饰金、玉、铜质饰件。汉刘熙《释名·释兵》曰："（刀）其末曰锋，言若蜂刺之毒利也。其本曰环，形似环也。其室曰削，削，陗也。其形陗

古兵探赜

永初六年五月丙午造卅湅大刀吉羊

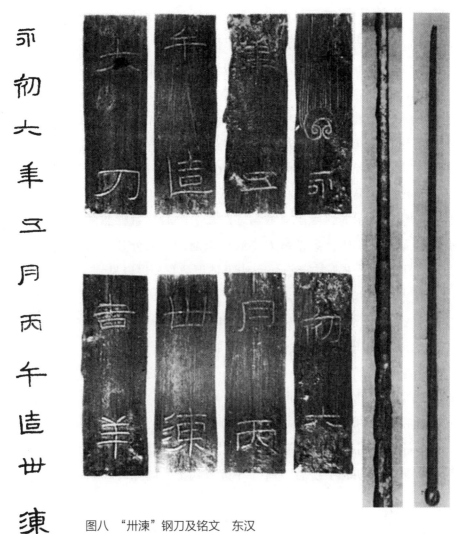

图八 "卅湅"钢刀及铭文 东汉
（江苏徐州出土）

杀，裹刀体也。室口之饰曰璏，璏，捧也，捧束口也。下末之饰曰琫，琫，卑也，在下之言也。短刀曰拍髀，带时拍髀旁也，又曰露拍，言露见也。"说的就是环首刀。

到了东汉，环首刀的形制日渐成熟，性能优良。在军队中渐有取代钢铁剑的趋势。我们举一个有趣的例子，楚汉战争时期在鸿门宴上，项羽的谋士范增命项庄舞剑助兴，欲借机杀掉刘邦。项伯遂拔剑对舞，保护刘邦。危急中张良唤来猛将樊哙护驾。樊哙仗剑拥铁盾闯进大帐，目眦尽裂，怒视项羽。汉王刘邦借机逃脱。范增见计谋落空，十分气愤，把刘邦赠给他的一对玉斗挥剑砍碎（语见《史记·项羽本纪》）。而到了东汉末年的赤壁之战前夕，曹操陈兵长江北岸，吴主孙权召集群臣商议对策，主战、主和者争论不休，最后孙权采纳了主战派周瑜的意见，为了坚定群臣决心，拔出佩刀砍去了奏案的一角，厉言曰："诸将吏敢复言迎操者，与此案同。"也是在东吴的一次宴会上，酒兴方酣，东吴大将凌统拔刀起舞，意欲斫杀甘宁为父报仇。甘宁也不示弱，掣出双戟与之对舞。一时气氛骤然紧张。吕蒙见之不妙，急忙举刀持盾，上前把二人分开（语见《三国志·吴书·甘宁传》）。由上述记载我们可以见到，时隔了大约四百年，环首刀已取代了钢铁剑，成了军队的主要装备。而且人们像战国两汉时期重视佩剑一样，把佩刀作为时尚。其形象资料见于汉代画像石和壁画中。如"胡汉战争画像"内常有一手持刀、一手拥盾的骑兵或步卒，以及挥刀舞盾争斗的武士的形象（图九、一○）。也常见有插在鞘内的环首刀架在兰锜（兵器架）上。

　　环首刀使用的年代延续到唐代，三国、两晋有持环首刀的陶俑，南朝有手挽盾、肩扛环首刀武士的画像砖，敦

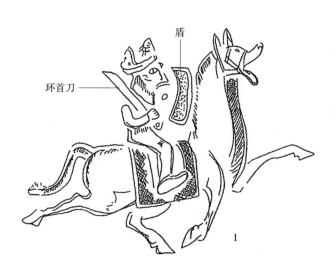

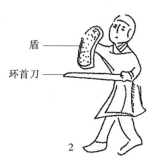

图九
画像石手持环首刀和盾武士
东汉（山东沂南画像石）

图一〇
画像石手持环首刀和盾、勾镶武士图像（山东嘉祥画像石）

煌285窟西魏壁画"五百强盗成佛图"中，有步战者左手举盾，右手持环首刀的图像。唐代有一种环首刀刀体特别长，与人的眉心等高，估计在1.5米左右，当为仪卫所用，其形象资料见于陕西三原唐代李寿墓石椁线刻武士图像（图一一）。

三国时期，魏、蜀、吴对刀都特别重视。《古今刀剑录》记载，蜀国刘备于章武元年，"造刀五万口，皆连环及

宝刀屠龙（上）——唐代以前的刀

图一一
持环首长刀仪卫武士形象　唐（陕西三原李寿墓石椁）

刃口，列七十二湅柄中"。东吴孙权"以黄武五年，采武昌铜铁，造千口剑，万口刀。各长三尺九寸。刀方头，皆是南铜越炭作之，文曰大吴，小篆书"。从数量上看，刀是剑的十倍。从技术层面看，当时打造刀剑的技术已经非常先进。蒲元在斜谷为蜀相诸葛亮造刀，"融金造器，特异其法"。刀造好后，淬火时，强调汉江水"钝弱"不可用，必须取用"爽烈"的蜀江水。所以他造出的刀"称绝当世，因曰神刀"。

东晋的刀形制有所变化，有的刀身长直，刀头尖锐，柄窄细，插装木柄后才能使用（图一二）。有的刀身变短，刀柄铸作銎状，可装长柄。这种改进后的铁刀在江苏镇江东晋墓中发现过（图一三）。南北朝时期多见的长刀应该就是这个样子，乃至与矟、戟一起，成为装备骑兵的另一种长柄格斗兵器。魏晋南北朝时期还出现过擅使长刀的猛将，陈安就是其中一个。他每临阵，或用双大刀，或一手用矟一手挥舞大刀。《晋书·载记》引《陇上歌》唱陈安曰："七尺大刀奋如湍，丈八蛇矛左右盘，十荡十决无当前。"《太平御览》引《灵鬼志》又说陈安"双持二刀，皆长七尺，驰马运刀，所向披靡"。

到了隋唐，刀在军队中被普遍使用。据《太白阴经》记载，以士兵一军一万二千五百人为计，一万人装备佩刀，为八分。二千五百人配备陌刀，为二分。达到了每人一口的程度。《唐六典》记载，当时的刀分四种，为仪刀、鄣刀、横刀和陌刀。仪刀和鄣刀，是仪仗和鄣身用器。横刀即佩刀，是一种短柄刀，是每个战士必备的兵器，刀鞘上有附珥，可以通过附珥将刀悬挂在腰带上。陌刀两边有刃，后面接装

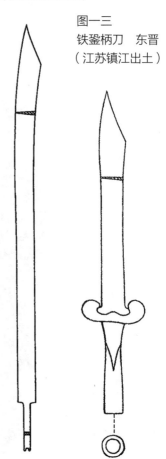

图一二
铁长刀　东晋
（江苏镇江出土）

图一三
铁銎柄刀　东晋
（江苏镇江出土）

古兵探赜

长柄，双手持握，是战场上新出现的刀类格斗兵器，主要为步兵使用。《旧唐书·阚稜传》记载："（稜）善用大刀，长一丈，施两刃，名为拍刃。每一举，辄毙数人，前无当者。"这里所说的拍刃，当就是陌刀。天宝年间，唐军中还专门设立了陌刀队，由左、右陌刀将李嗣业、田珍统领。安史之乱后期，勤王唐军大军到达长安，在香积寺北面列阵。十万叛军陈兵沣水北岸。叛军乘机突进，唐军惊乱，阵形混乱。李嗣业先是手持陌刀，赤膊出战，连续斩杀叛军数十人。又率领麾下两千步兵手持陌刀、长柯斧，列横阵，"如墙而进"，所向披靡。随后又到叛军背后夹击。这一战从午时至酉时，唐军大破叛军，斩敌六万，叛军填沟壑而死者达到十分之二三（另一说接近一半）。李嗣业和他的陌刀队在这场战争中扭转了败局，为后来收复长安奠定了基础。文献记载，陌刀刀身长大厚重，质量精良，所以才能将敌军连人带马砍为两段。也因为这样，制作相当困难，至今未见实物出土。不但如此，其他类型的唐刀在考古发掘中也所见较少，我们见到黑龙江省宁安县虹鳟鱼场渤海墓地出土的一口铁长刀，长62.8厘米，刃宽2.6厘米。直背直刃，向前斜削成锋。厚背，断面呈三角形。刀柄短窄，直长条形，末端有一圆孔，加装木柄后才能使用（图一四）。

汉朝特别是东汉以后，自天子至百官对佩刀与佩剑同样重视，用来表示达官贵族的身份等级。以至《舆服志》对天子百官的佩刀形制及装饰做了极严格的明文规定，不准许逾越。这种佩带用刀，从外形上要求精致美观，刀身通体雕错花纹，刀环铸成各种形态的鸟兽图案。例如河北定州北庄43号墓出土东汉中山穆王刘畅生前的佩刀，全长105厘米，刀身饰有线条流畅的错金涡纹和流云图案，符合《后汉书·舆服志》"诸侯王黄金错"的规制。三国时期，诸国君臣无不看重佩刀，吴主孙权曾亲自督造宝刀三口，

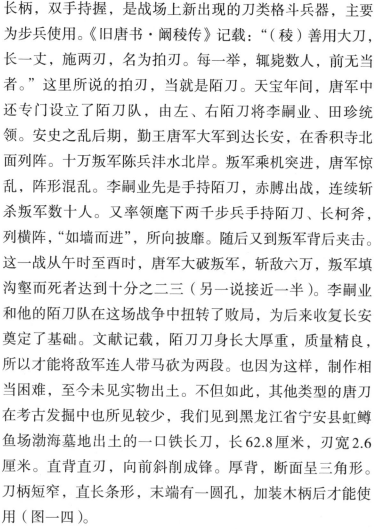

图一四
铁长刀　渤海
（黑龙江宁安渤海墓出土）

宝刀屠龙（上）——唐代以前的刀

137

名"百涑、青犊、涌泉"。曹操更是早在建安年间，用了三年督造五口百炼钢刀，刀上分别刻饰龙、虎、熊、鸟、雀等纹样，其中两口留之自用，其他三口分赐予曹丕、曹植诸子。曹植曾作《宝刀赋》以记之，曰"陆斩犀革，水断龙角。轻击浮截，刃不纤流"。夸赞它在陆地上能砍断犀象的皮革，水中能削去蛟龙的角，能轻击，能浮截，随心所欲。堪比太阿、巨阙宝剑。

宝刀屠龙（下）

——宋代以后的刀

自宋代起，我国进入了冷兵器与火器并用的时代。火器的出现改变了传统的作战形式，新的作战形式又反过来促进传统兵器的改进和新型兵器的产生，刀也是如此。

北宋仁宗朝（1022～1063年）曾公亮等人官修的兵书《武经总要·器图》中记述了八种刀制，书中称"刀八色"，并有图像资料参阅。这八种刀可分长柄、短柄两大类，短柄刀称"手刀"。与前代的环首刀比较，刀身明显加宽，刀尖前锐后方，身、柄之间加制了护手，柄后环首渐趋消失（图一）。"手刀"（短柄刀）单手持握，与盾配合使用；长柄刀样式很多，有掩月刀、眉尖刀、屈刀、凤嘴刀、笔刀等不同名目（图二），其形制大同小异，都是厚背薄刃，刀尖上翘，刀身后接装长柄。不同的是刀头的大小、分量的轻重以及刀柄的长短。比如掩月刀就大就重，传统小说、戏曲中，关云长用的青龙偃月刀就是这种刀型。眉尖刀、凤嘴刀、笔刀相对分量较轻。使用者根据自己的膂力以及不同的作战形式选而用之。掉刀两侧有刃，厚脊，前部正中出刀尖，当由唐代陌刀发展而来。《武经总要》记载，当时士兵50人为一队，配有陌刀5柄，拍刀4口，用刀者约占1/5。当时的阵法中，有一种"四门斗底阵"，就是以步卒持刀枪为前锋，每500名士卒中有陌刀手40名。该书还把我们常说的方天画戟也列入了刀的范畴，称之为"戟刀"。它

图一
手刀 宋
（《武经总要》）

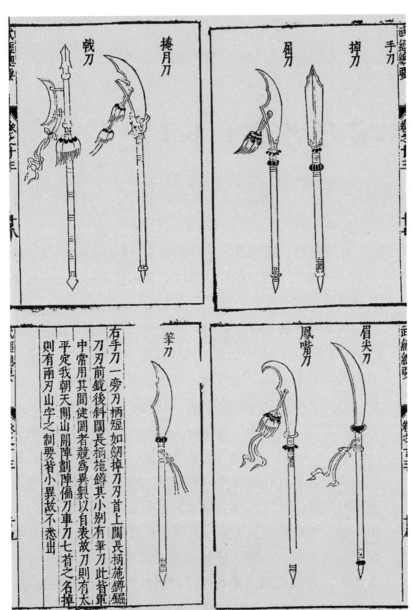

图二　刀八色（含手刀，见图一）（《武经总要》）

们虽然都是军队中配置的刀类兵器，但不全用于常规格斗。此外，该书还列举了其他多种刀的名目，有朝天、定戎、太平、开山、开阵、划阵、车刀、偏刀等等，因形制"皆小异，故不悉出"，书中也未附图像，推想当与掩月刀、凤

图三
骣耳刀 宋
(《武经总要》)

嘴刀等形制相近。《武经总要·攻城法》中还记述了一种"骣耳刀"，是一种攻城用兵器，似矛而刃甚宽，后装短柄，"刃连袴（裤）长一尺，上锐下狭，柄长三尺"（图三）。攻城挖地道时，用来钻土，与凤头斧、裂钻等配合使用。

宋代军队中也常用一种叫麻札刀的兵器，它在岳飞抗击金兵的战争中发挥过重要作用。绍兴十年（1140年），岳飞驻守郾城（今河南郾城）。七月初八日，金兀术率重兵直扑郾城，列阵时，自己为中军，一万五千骑"拐子马"为两翼，气焰嚣张。这种"拐子马"，又称"铁浮屠"（文献中有这样的记载，但两者不是同一兵种，本书另有专文论述），骑兵和战马皆披重铠，是由南北朝时期重甲骑兵改进的兵种，冲锋陷阵所向披靡。岳飞则令步兵手持麻札刀对阵，目不仰视，专砍敌兵马腿。马一仆倒，重甲骑兵就失去了优势，岳家军遂大败金兵，取得了郾城大捷（语见《宋史·岳飞传》等书）。

能以弱对强，这是一种什么刀呢？目前没有宋代图像资料可以参考，也未见详细的文献介绍。我们推测，"麻"的字音与"马"近，"札"与"扎"互通，当为马扎刀，即斩马刀，一种刃口锋利的短柄钢刀，单手持握，与盾（宋代称之为旁牌）配合使用，以盾遮挡敌人的兵器，用刀砍斫战马的马腿。这一点已被后来的文献证实。明代戚继光《练兵纪实杂集·军器解》中说："兵人一手持牌，一手持腰刀，此即岳飞旁牌、麻札刀之制"。《明会典·工部十二·军器军装一》文中或直接称之为麻札斩马刀。斩马刀宋代就有详细记载，《宋史·兵制十一》：神宗熙宁五年（1072年），"帝匣斩马刀以示蔡挺，挺谓制作精而操击便，乃命中人领工造数万口赐边臣。镡长尺余，刃三尺余，首为大环"。其形制大概与汉代的环首刀相似。宋代还有一种朴（音坡）刀，柄后有鋬，可以接装木柄，携带便利，常为民间百姓所用，以致后来的通俗小说《水浒传》等书中每每提到。

明代以后，军队中已广泛使用火铳等火器作战，冷兵器的光环逐渐褪去，但刀仍是特别重要的实战格斗兵器，基本沿袭《武经总要》中的长柄刀和短柄刀刀制。长柄刀有钩镰刀、夹棍刀等（图四），茅元仪《武备志》中有图像可见。钩镰刀刀尖后翘，刀背伸出一鹰喙状钩，刀身之下有护盘。夹棍刀只是在棍棒的头端加装一直刃短刀，兼有砸击和直刺两种功能。短柄刀细分为短刀、腰刀、长刀三种（图五）。短刀

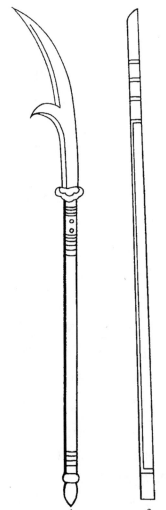

图四
钩镰刀与夹棍刀
（《武备志》）

图五
短柄刀　明
1.短刀　2.腰刀　3.长刀
（《武备志》）

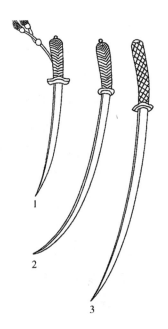

刀身窄长，刀锋尖而上翘，分量较轻，为骑兵使用。《武备志·军资乘·器械二》载，短刀"与手刀略同，可施用于马上"。腰刀是传统兵器，骑兵、步兵都在继续使用。明代的腰刀刀身细窄翘弯，戚继光《练兵纪实杂集·军器解》载"长三尺二寸，重一斤十两"。《武备志·军资乘·器械三》说其用法，"刀要与手相乘，柄要短，形要弯，庶宛转牌下，不为所碍。盖就牌势也"，可见仍是与盾配合使用的兵器。

长刀，《武备志》《练兵纪实》等书均有较详细记载，其形制为明代新创。《武备志·军资乘·器械二》："（长刀）则倭奴之制，甚利于步，古所未有。""世宗时进犯东南，故所得之。""长刀之制，刃长五尺，后用铜护刃一尺，柄长一尺五寸，其长六尺五寸，重二斤八两。"当是一种步战用的短柄长刀，两手持握，杀伤力极大。戚继光的步兵、骑兵队伍中，都装备有长刀。

图六
戚氏刀法
（《武备志》）

民族英雄戚继光在长年的征战中，总结实战经验，注重各种兵器质量，特别是士兵常用的腰刀，他强调："腰刀造法，铁要多炼，刃用纯钢，自背起用平铲平削，至刃平磨，无肩乃利。妙尤在尖。近时匠役将刃打厚，不肯用工平磨，只用侧锉，将刃横出其芒，两下有肩，砍不入深，刀芒一秃，即为顽铁矣，此当辨之。"长刀则是戚继光在多年与倭寇作战过程中，根据日本倭刀增损改易而成。他还仔细研究日本的《阴流剑术之目录》，创编了一套专门克制倭刀的刀法，因这一年是嘉靖辛酉年（1561年），所以称"辛酉刀法"，收入《纪效新书》中（图六）。

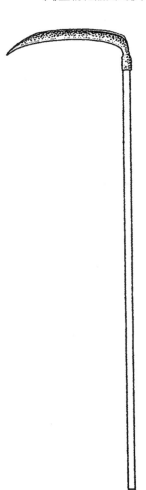

《武备志·阵练志·练教艺》是这样记载的："戚少保于辛酉阵中得其习法，又从而演之，并载于后，此法未传时，所用刀制略同，但短而重，可废也。"而今，我们在中国国家博物馆还能见到"戚氏"刻铭钢刀，刀身窄长，刃口锋利，有盘形护手，短柄。通长89厘米，柄长16厘米。刀上刻"万历十年登州戚氏"铭文（图七）。此刀既可单手持握，又能双手共持，使用灵活，专能克制倭刀之利。因倭刀刀体较长，劈砍时必须双手，一击不中，回转较慢，灵活的戚氏刀则能立即出刀，斩杀敌人，实战功用十分明显。训练有素的戚家军使用各种刀、狼筅和其他兵器，配合特殊的阵法，在与进犯的倭寇作战中屡战屡胜。

到了清代，刀的种类更为繁多，但仍分为长柄刀、短柄刀两大类。长柄刀有挑刀、片刀、宽刃大刀、虎牙刀、偃月刀、武科刀、割刀数种，刀身或宽或窄，刀柄或长或短，都与传统刀相差不多。只有割刀形制特异，刀身横出，刀尖下钩，当是根据草原牧民割草用的镟镰改制而成（图八）。《皇朝礼器图式·武备三》记载："通长五尺二寸，刃横长一尺四寸，阔一寸，前曲而俯，銎长二寸，柄长五尺。"装备于绿营，水战时用来钩割敌船的船缆。在清朝军队中，短柄刀的使用比长柄刀广泛，所以种类也多，有适于劈砍功用宽身厚重的扑刀、宽刃刷刀；有长于刺割的顺刀、窝刀、双手带刀、背

古兵探赜

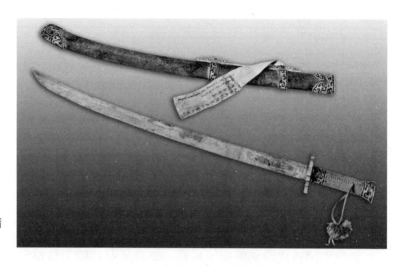

图九
鲨鱼皮鞘鲤腹腰刀　清
（故宫博物院藏）

刀、鸳鸯刀、船尾刀、滚背双刀、剐刀等等。

　　清代重武备，王公贵胄、将佐都有佩刀，这些佩刀不但制作精良，装饰华美，形制也与一般士兵用刀不同，且不同的品级有不同的刀制，因此把刀剑的制作推到了巅峰状态。尤以乾隆皇帝御用宝刀最为著名，乾隆十三年（1748年），钦定制作御用刀、剑各30柄，又于四十四年、五十八年、六十年分三批钦定制作御用"天、地、人"腰刀，每柄各有名号。制作好后，每五柄为一箱装在楠木箱内。以"鲤腹"腰刀为例，精钢制作，刀身窄长，刀锋微微上翘，刀身饰金银花纹，绿鲨鱼皮饰刀鞘，所缀皮签上书"人字五号鲤腹刀一，重二十四两，乾隆年制"（图九）。

　　在古代，刀也是世界各国军队的主要兵器装备，如日本的太刀、倭刀、窝刀，阿拉伯弯刀，土耳其弯刀，以及流行于欧洲中世纪的瑞士马刀等等，尽管形制不同，功用各异，都在战争中发挥过重要作用，各有千秋。

利剑倚天（上）

——剑是军中传统的格斗兵器

　　剑是中国古代常见的传统兵器，如果从商代晚期最早出现的青铜短剑算起，大概有三千多年了。在历史上，古人对剑情有独钟，称之为宝剑，还赋予它灵性，可以感应天地，扬善惩恶。古代典籍、诗词歌赋常以宝剑目之。正如魏文帝曹丕诗中所云："越民铸宝剑，出匣吐寒芒。服之御左右，除凶致福祥。"历史上各代多有宝剑，"倚天"只是其一。以东周为例，"楚有龙渊，秦有太阿、工市，吴有干将、镆邪，属镂，越有纯钩、湛卢、豪曹、鱼肠、巨阙诸剑"。

　　从剑的诞生、演进，到装备军队，再到成为王公、士人的佩剑、佩刀，乃至侠士、刺客的兵器，跨越了漫漫长河。经历了从用青铜铸造青铜剑，到用块炼铁渗碳钢锻制钢铁剑的过程，还有其他用途的石剑、玉剑、木剑等，本文将依据历史文献及出土遗物予以讨论。

　　剑是古代一种传统的击刺型兵器，适用于近战。《释名·释兵》云："剑，检也，所以防检非常也。"古人常常将其佩带于身上，故《说文·刃部》又说："剑，人所带兵也。"长身、短柄。剑身中部较厚，往往纵起中脊，两侧斜煞成刃，向前收聚成剑锋。其质地有青铜的、铁的、钢的、玉的、石的，甚至还有木制的。剑不用时插于鞘内，佩在人的腰间，较长时间不用，往往装在剑椟内，或架在兵器架上。

　　中国早期的剑出现在商代晚期，是用青铜铸造的，剑身较短，与匕首难以区分。如河北青龙抄道沟出土的，长约30厘米，整体略弯，剑首铸作羊头形或铃形，具有明显草原牧猎的文化特征（图一）。西周早期中原地区也出现了青铜剑，如陕西长安张家坡西周早期西周墓出土者，整体酷似细长的柳叶，剑身纵起中脊，无格（护手），剑茎扁窄，上面有两个钉孔，长仅27厘米，装木柄钉钉后使用。此时或稍后，还出现一种窄三角形剑身、细窄剑茎的短剑，这种剑甘肃灵台白草坡出土过，同时出土的还有装饰有蛇、牛纹饰的铜剑鞘（图二）。类似的剑鞘北京房山琉璃河西周墓也出土过。

此时的剑不但形体短，数量也少。只能直刺，不具备后来的劈砍功能，故古人称之为"直兵"，是主要的卫体兵器。在中原，商代后期乃至西周一代，是车战逐渐发展的时期，车战主要需要戈、矛类长兵器和弓箭等与远射兵器。战至车毁马伤，车士近身肉搏时，剑才能派上用场。而这一情况的几率较少。用得少，数量必然少。所以这一时期的墓葬出土戈、矛、箭镞等兵器多，而剑甚少。这一时期可称为剑的草创时期或滥觞时期。

春秋早期乃至中期前段，仍是短剑的时代，但出现了演进的端倪，一是剑身有所加长，二是柱脊明显并加粗，这样剑使用起来就不会轻易折断。另外有的剑在茎末端加铸了剑首，更便于持握。考古资料中，河南上村岭虢国墓地春秋早期墓地出土的四柄青铜剑，长度在29.7～39.1厘米之间，剑身都有柱状脊和圆饼状剑首。洛阳中州路2415号墓出土了一柄青铜剑，剑身较宽，后端铸成锯齿状。柱状脊通贯剑身，

图一
铜羊首短剑
商代晚期
（河北青龙抄道沟出土）

并伸出一段作剑茎，剑茎上装配有象牙剑柄，全长33厘米。出土时还套有整块象牙雕成蟠螭纹的剑鞘（图三）。说明到了春秋时期，作为兵器的剑，也得到了上层人物的宠爱。这一时期，剑的尺寸仍然较短，其使用功能仍以直刺为主。河南洛阳金村曾出土一面铜镜，镜背纹饰为刺虎图像，一武士骑在马上，手持短剑面对返身扑来的猛虎（图四）。武士右手持的剑，形制与洛阳中州路出土的象牙鞘青铜剑极为相似。

剑，特别是青铜剑的发展，在春秋晚期至战国中期达到了顶峰。这一变化是从南方各国开始的。南方多雨，河湖纵横，树木葱茏，陆路交通不便，多舟船而少车马，在战争中步兵乃至水军往往能发挥更大的作用。加之春秋晚期至战国，青铜冶铸技术已经达到了炉火纯青的地步，为青铜剑的铸造和形制的改进提供了物质上和技术上的保障。这一时期青铜剑的特点一是尺寸逐渐加长，剑脊加粗，二是对铜、锡、铅的配比加以改进，因而铸造出的剑不但便于突刺，还能砍斫。当时，衡量一柄良剑的标准，是"为刺则入，击则断，旁击而不折"（《墨子·节用篇》）。尸子曰："水试断鸿雁，陆试断牛马，所以观良剑也。"其使用情况河南卫辉山彪镇出土铜鉴的纹饰提供了形象资料，图像中的武士，无论持矛者、持戟者、持弓者，腰间都佩剑，还有的一手持盾，一手挥剑（图五）。"操吴戈兮披犀甲""带长剑兮挟秦弓"，正是对当时军士的写照（《离骚·国殇》）。

天下利剑，多出于吴越，而吴越之剑，尤以越王勾践剑为翘楚。此剑1965年出土于湖北省江陵县望山一号楚墓，现藏于湖北省博物馆。通长55.6厘米，宽4.6厘米。两侧剑刃略呈两度弧曲。最宽处在距剑格1/3处。往前逐渐内收，至前锋处再度扩展，然后收聚成前锋，利于刺击。剑身中间起脊棱，又不易折

图二　铜短剑（附剑鞘）西周
（甘肃灵台西周墓出土）

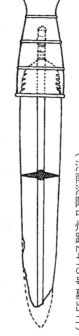

图三
象牙鞘柄铜剑　春秋
（河南洛阳中州路2415号墓出土）

古兵探赜

图四
铜镜上武士斗虎
图案　春秋
（河南洛阳中州
路出土）

断。剑格上铸兽面纹。筒形剑茎，后接圆饼形剑首。剑身满饰菱形暗格纹。近格处有鸟虫书"越王勾践，自作用剑"铭文。剑格的一面花纹内嵌绿松石，另一面嵌蓝色玻璃。出土时插在黑漆木剑鞘内，剑茎上有缠緱的丝绳痕迹（图六）。这柄铜剑集华美与实用于一身，至今仍光彩耀眼，锋利异常，称得上是青铜剑精品中的精品。郭沫若先生看了这柄剑之后欣喜异常，遂赋诗以贺，其中两句为"越王勾践破吴剑，专赖民工字错金"。除了这柄越王勾践剑外，在湖北、河南、安徽、山西等地还出土过越王州勾剑、越王丌北古剑、吴王夫差剑、吴王光剑等等，都铸制精良。

进入战国以后，为了实战需要，加长剑的长度，匠师们费尽心思，甚至铸出了剑脊、剑锋用不同配比的铜、锡，分两次铸成的复合剑。

如中国人民革命军事博物馆藏的一柄铜双色剑，长80厘米，宽4.2厘米。剑刃前部略有弧曲。剑身中部有凸起的菱形脊，剑茎扁长，无箍，实心。又称扁茎剑。由于剑刃和剑脊用比例不同的铜锡配比铸成，脊部含铜较多，韧性好，不易折断。锷部含锡较多，坚硬而锋利（图七）。类似的复合铜剑陕西省临潼秦始皇兵马俑坑也出土过，据化学成分检测，剑

149

脊的含锡量约为10%，颜色略呈暗红色，而剑锋的含锡量约为20%，色泽青冷。通长91厘米、刃宽3.3厘米，比春秋晚期的剑长了30多厘米（图八）。出土时光亮如新，据说尚可一次划破十几张纸。《发掘报告》中说，其表面附有10～15微米的铬化物氧化层，称它们"炼质才三尺，吹毛过百重"，不为夸张。

战国是个社会大变革的时期，表现在军事上，就是战车和车战逐渐走向下坡路，灵活迅疾的骑兵崭露锋芒。而骑兵作战对兵器装备，特别是剑提出了新的要求，一是尺寸加长，二是韧性要更好。由于青铜剑材质和复杂的铸造工艺等原因，限制了它的发展，于是，钢铁制的剑日见显露出耀眼的光芒。

我国的冶铁技术是春秋中期出现的，出现不久就开始用于矛、剑、戟、镞等兵器制造。时代最早的钢铁剑是湖南长沙铁路车站春秋晚期楚墓出土的，长38.5厘米（图九）。经金相分析，是用含碳5%的中碳钢反复叠打锻造的，金相组织分布均匀，似经过热处理。类似的铁剑甘肃灵台春秋秦墓也出土过。

目前，出土战国时期的钢铁剑很多，湖南长沙楚墓出土了35柄铁剑，一般长80厘米左右，最长的一柄长95.1厘米。1965年河北易县燕下都丛葬墓出土有15柄铁剑，选了3柄进行检测，其中两柄是用块炼铁渗碳锻制的钢剑，最长的一柄长达1米以上。这样的剑适应了当时日渐发展的骑兵和步兵的需要。但是由于钢铁剑容易氧化锈蚀，很难有一柄完完整整地保存下来。

战国以后特别是西汉时期骑兵迅速发展，到汉武帝时期逐渐取代车兵，成为军队的主力兵种。也正是由于骑兵的崛起，对兵器装备提

图五
水陆攻战纹铜鉴上的
武士图像　战国

图六
铜越王勾践剑
春秋晚期
（湖北江陵望山1
号墓出土）

图七
铜双色剑
（中国人民革命
军事博物馆藏）

图八
铜扁茎剑　秦
（陕西临潼秦始皇兵
马俑坑出土）

图九
钢剑　春秋晚期
（湖南长沙春秋楚
墓出土）

利剑倚天（上）——剑是军中传统的格斗兵器

出了更高的诉求，最主要的一是矛、戟，二是剑、盾。剑在骑兵手中，砍砍功能更大于突刺功能，而剑的厚脊双刃的形制限制了砍砍功能的发挥。到了西汉早期一种长身、短柄、环首、厚背薄刃的刀出现了，它的劈砍功能强，更适合骑兵使用。又因其形制简单，制作容易，易于用钢铁锻造，所以很快发展起来，到了西汉中期，逐渐取代了剑，成了军队的重要武器装备。

西汉中期以后，剑虽然从军队的武器装备中退伍了，但它没有消亡，王公贵族佩带它以别品秩，文人侠客视它为珍宝，术士用它作法器，以传统的剑文化的形式流传下来，几千年不衰。

利剑倚天（中）

——古代佩剑传统及其他

　　剑作为佩带器具在汉代得到了长足发展，无论帝王、士大夫还是侠士，都喜欢将其佩带于身上，故《说文·刃部》说："剑，人所带兵也。"甚至成了地位、身份的象征。据陶弘景《古今刀剑录》记载，历代帝王都有宝剑随身。汉高祖刘邦有斩蛇剑，助其在芒砀山斩蛇起兵，光武帝刘秀"在南阳鄂山得一剑，文曰'秀霸'，小篆书，帝常服之"。魏武帝曹操在幽谷得一柄宝剑，长三尺六寸，上有金字铭文"孟德王"，曹操常把它佩带在身上。《三国演义》中也说，曹操有两柄宝剑，一柄名"倚天"，曹操佩在身上，另一柄名"青釭"，由佩剑将军夏侯恩保管。佩剑的风俗始于先秦，"峨冠长剑"是当时的时尚。考古资料中，湖北随州曾侯乙墓出土编钟钟架的铜人腰间佩剑，时代为战国早期；湖南长沙子弹库楚墓帛画御龙图中男子腰间佩剑，时代为战国中晚期。陕西临潼秦始皇陵园出土的一、二号铜车，车上御官俑腰间都佩剑，时代为秦。在汉画像石中，常常见到帝王、士大夫、武士，乃至地方小吏佩剑、仗剑的图像（图一）。这一现象一直影响了中国两千余年，以致成了中国传统文化的一部分。

　　这些佩剑汉代以前大多用青铜铸制，汉代以后用铜、铁、钢、玉，制作精良，装饰华美。铸刻铭文，镂饰花纹，填金银嵌宝石。1968年在河北满城发现的西汉中山靖王刘胜墓，出土了钢、铁剑多柄，其中一柄黑漆鞘钢剑长1.048米，用块炼铁渗碳钢方法、反复折叠锻打而成。每层的厚度只有0.05～0.1毫米，是战国时期钢剑每层厚度的1/2甚至1/4。而且杂质明显减少，剑锋还经过淬火处理，很锋利，剑脊未经淬火，又较柔韧，其性能远优于战国钢剑，是"五十涑"钢剑、"百涑"钢剑的前身。另一柄铁剑长不足40厘米，剑身一面用金片钿嵌火焰纹，另一面钿嵌云纹，剑格、剑首用银合金制作，饰兽面纹和云纹。这柄短剑出土于墓主的腰间，应是墓主随身携带的心爱之物（图二）。湖南长沙马王堆三号墓出土过一柄用角、玳瑁和木制作的剑，剑身、格、茎、首，以及剑鞘的摽、璏俱全，形象逼真，长140.4厘米。它完全不具备实战功能，只能用来佩带（图三）。西汉时期还有一种玉具剑，用质地精良的玉琢制成剑首、剑格和璏、摽，按汉代礼制只有诸侯王以上的贵胄才能佩挂。这类玉具剑河北满城刘胜墓、广东广州象岗南越王墓、江苏徐州狮子山楚王陵都出土过。河北满城刘胜墓出土的为铁质玉具剑，剑首、剑格、剑璏和摽全用

图一
画像石中齐王佩剑
图像　东汉

佩剑

和田白玉琢制而成，高浮雕蟠螭纹，质地温润，纹饰精细，展示了西汉琢玉的高超技艺（图四）。

由于失去了实用功能，两晋时期的佩剑甚至出现了以木剑代替铁剑、钢剑的现象，但装饰华美的程度不亚于两汉，其高下贵贱之别在于剑首，贵者用玉，次者用蟒、用金、用银、用玟瑁。这类剑古文献中称为"班剑"（《开元礼义纂》曰："汉制，朝服带剑，晋代之以木，谓之班剑，宋齐谓之象剑。"）隋统一南北方后，杨坚重新制定舆服制度，对用玉及佩剑制度做了严格的规定，按官品秩位，或佩真剑，或佩象剑，或双佩，或单佩。唐代依然如此，岑参《和贾舍人早朝》诗中，有"花迎剑佩星初落，柳拂旌旗露未干"句，描述的就是在晨星将落、花沾朝露之时，文武百官腰悬佩剑，齐聚在大明宫前，等待早朝的情景。到了明、清时期，对佩剑依然非常重视，清乾隆帝曾亲自审定刀剑形制、质地、装饰，下诏令内务府督造天、地、人佩剑30柄（同时造天、地、人佩刀30柄），分装在六只楠木箱内，有含英、秋霜、切玉、剔犀、鸣龙、卫国、息兵、辅德等名目（图五）。

对于剑的佩带方式，孙机先生曾有文章专门研究，在汉代以前采用璏式佩剑法，隋唐以后流行悬挂式佩剑法。璏式佩剑法中的璏是剑鞘上的附件，《说文·玉部》："璏，剑鼻玉也。"《汉书·匈奴传》颜师古注曰："卫，剑鼻也。卫字本作璏，其音同耳。"即用一条带子（剑带）穿过剑鞘

图二
火焰纹铁短剑
西汉
（满城汉墓出土）

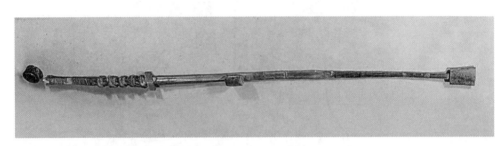

图三　角质剑　西汉　（马王堆三号墓出土）

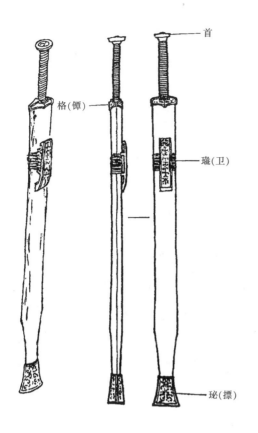

首

格(镡)

璏(卫)

珌(摽)

图四　玉具剑示意图（河北满城汉墓出土）

上的璏孔把剑固定在左侧腰间。此种佩剑法已被考古资料证实，陕西临潼秦始皇陵园一、二号铜车上铜御官俑腰间的佩剑都是璏式佩剑方式（图六）。更早的曾侯乙墓出土编钟钟架的铜人腰间佩剑也是璏式佩剑方式，湖南长沙战国晚期楚墓出土铜剑中，有的剑鞘上装有璏。这种佩剑方式为中国首创，曾随着匈奴人的马蹄广泛地传播于欧亚大陆。大概在6世纪，也就是南北朝晚期，波斯萨珊王朝的双附耳式佩剑法传入中国。双附耳式佩剑法是在剑鞘上加装两个有穿孔的附件，再用绳绦悬吊

图五　清乾隆的佩剑（故宫博物院藏）

于腰间（附耳式佩剑法也适用于腰刀）（图七），附耳式佩剑法一直被后世沿用，明清依然如此。还有短剑，多是剑鞘有一个带穿孔的小纽，通过穿孔把它挂在腰间。

侠士、刺客用剑在历史上记载颇多，古今小说、戏剧中更是不可胜数。司马迁《史记》专列出一篇——《刺客列传》，在春秋战国那个风云激荡的年代，专诸刺王僚用的是"鱼肠剑"，荆轲刺秦王用的是淬了毒的"徐氏匕首"，曾留下了"风萧萧兮易水寒，壮士一去兮不复还"的千古悲歌。要离刺庆忌，聂政刺韩傀，用的也是剑。东汉时期的画像石为这些刺客留下了图像，山东沂南汉画像石墓中的聂政刺韩傀（侠累）图像，聂政奋力跃起，刺出长剑和韩傀双手上举，惊慌失措的形象刻画得非常生动（图八），山东嘉祥武氏祠的荆轲刺秦王图像中，荆轲掷出的匕首已穿透木柱，尤见匕首的锋利（图九）。魏晋以后，世人依然酷爱舞

图六

璏式佩剑法
（秦始皇陵1号铜车御官俑）

图七
双附耳式佩剑法
（《中兴四将图》悬挂式佩剑情况）

剑、击剑，唐代诗仙李白、诗圣杜甫，乃至诗坛鬼才李贺在年轻时都曾学过御剑之术，以致影响到唐代文学作品。唐传奇中，记载许多侠士都以剑为兵器，如虬髯客、昆仑奴，女侠红线女、聂隐娘，皆怀有侠肝义胆，依仗高超的剑术除暴安良、扶危救困。杜甫《观公孙大娘弟子舞剑器行》诗更是脍炙人口："昔有佳人公孙氏，一舞剑器动四

图八
聂政刺韩傀图像
东汉
（山东沂南汉画像
石墓）

图九　荆轲刺秦王图像　东汉　（山东嘉祥武氏祠）

方。""燿如羿射九日落，矫如群帝骖龙翔。来如雷霆收震怒，罢如江海凝清光。"对于"剑器"，古来说法不一，有人说是徒手舞，更多的人则认为舞者应持有像剑一样的器具，不管如何，舞姿都是由舞剑的招式演化而来。所以张旭才能从中感悟出雄浑洒脱的草书笔意来。

至于道家，把宝剑作为"暗八仙"图像之一，以象征吕洞宾。他们用剑，主要是用来防身，也用于作法。做法颇多神秘色彩，用的也不见得全是金属剑，往往一柄七星剑，一柄古松纹剑，一柄桃木剑即可呼风唤雨，布符作法。《三国演义》中，诸葛孔明曾在五丈原披发仗剑，踏罡步斗，禳星除灾。《水浒传》攻打高唐州时，公孙胜用一柄古松纹剑大破高廉幻化出的鬼怪妖术。不过，这些多有虚妄怪诞之嫌。

明清以后，冷兵器逐渐退出战争的历史舞台，剑也随之演化成为人们强身健体的器械，创造出了太极剑、峨眉剑、崆峒剑、越女剑、醉剑等套路招式。国际体育比赛项目有佩剑、花剑等击剑科目。无不折射出古代剑与剑术的余晖。

利剑倚天（下）

——铸剑和御剑之术

在中国古代，没有哪一种兵器能像剑一样，两千多年来一直得到了上至帝王、下至庶民的喜爱，以致赋予它以生命和品格，并发展出了精湛的铸剑、锻剑工艺，还有高超的相剑、用剑技击之术来。

中国古代的铸剑巨匠颇多，文献记载"黄帝作剑"（《孙膑兵法·势备》，是铸剑的始祖。《管子》又说："葛天卢之山发而出水，金从之。蚩尤受而制之，以为剑、铠、矛、戟。或云此乃剑之始也。"春秋战国时期，良剑多出于吴越，因此铸剑巨匠也多出于此，欧冶子、干将、莫邪、风胡子等皆是，其记载见于《越绝书》《吴越春秋》以及后来的史籍。其中干将、莫邪铸剑，其子持剑报仇的故事非常感人。

在春秋末期，江南连年吴越争战，吴王阖闾苦无适用兵器，遂命干将铸剑。干将曾与欧冶子同师学铸剑，莫邪是干将的妻子。他们从五山采来铁精，又从六合收集金英，等待日月同辉，阴阳和畅之时开炉铸剑。但因气温骤降，金铁不融，他们又效法其师，剪下头发，截断指甲，投于炉中。又命三百童男童女鼓橐装炭，加大火力，终于金铁融濡，铸成宝剑二柄。一柄剑身遍布龟甲纹，他们把它称为雄剑，取名干将。另一柄剑身隐起漫纹，称之为雌剑，取名莫邪。干将把雄剑干将藏匿起来，只把雌剑莫邪献给了吴王阖闾，深得喜爱。

故事到此本是一个圆满的结局，可是到了晋代，干宝《搜神记》又演绎出了其子赤比持剑报仇的故事，不过把吴王阖闾换成了楚王。说是宝剑铸成之时，莫邪已临盆，干将对妻子说，这次我只献上雌剑，大王必定迁怒于我，性命难保。我死后一定让儿子为我报仇，并告诉了雄剑藏匿的地点。干将走后，妻子莫邪果然生了个男孩，取名赤比，又叫眉间尺。赤比长大后日夜思念为父报仇，又苦无良策。一天，他一边走一边悲愤地唱歌，正好碰到一个外乡人，问年纪轻轻，有什么心烦之事？他把自己的经历及强烈的报仇愿望原原本本地告诉了这个外乡人。外乡人说，要报仇不难，只要把剑和你的头颅交给我，我替你报仇。赤比毫不迟疑，拔剑自刎，但其尸身不倒，双手捧着头颅和干将剑交给了外乡人。

原来楚王自杀了干将后，日夜不安，梦见他的儿子前来报仇，曾多次派人严加搜捕。外乡人带着赤比的人头拜见楚王，正和王意。楚王把赤比的头颅放到汤鼎里煮，可是过了三天三夜仍未煮烂。楚王走到鼎边低头观看，外乡人抓住时机，挥剑斫砍，楚王的头颅落入鼎中，两颗人头在沸腾的鼎中捉对撕咬，胜负难分。外乡人情急之下，又将自己的头颅砍入鼎中。七天之后，三颗人头全部煮烂，不能分辨为谁，楚人只好把三颗头颅分别下葬，后人称作"三王坟"。

故事中的神话色彩浓重，折射出古人对剑的崇尚。在不同的古籍中对铸剑的记载不同，《越绝书外记·宝剑》记载，楚王曾命风胡子携重金赴吴越请欧冶子、干将铸造良剑。二人凿茨山，泄其溪，掘得铁英，铸成宝剑三柄。楚王见到宝剑十分高兴，问及剑名、物象。风胡子说三柄剑一名龙渊，一名泰阿，一名工布。又说："欲知龙渊，观其状，如登高山，临深渊；欲知泰阿，观其铁钣，巍巍翼翼，如流水之波；欲知工布，钣从文起，至脊而止，如珠不可衽，文若流水不绝。"这也是相剑者对名剑的评价。同书还记载了另一名相剑名家薛烛对剑的评价。越王勾践珍藏的五柄宝剑天下稀见，遂请薛烛鉴赏。取过豪曹、巨阙、鱼肠三剑，薛烛看后，一一摇头，说这些算不上名剑，豪曹黯然无华，光阴亡神；巨阙精光散佚；鱼肠金精倒本从末，佩之者弑君杀父。当取出纯钧剑时，薛烛急忙从座位上下来，"简衣而坐望之，手振拂扬"，说："观其锷，烂烂如列星之行；观其光，浑浑如水之溢于塘；观其断，岩岩如琐石；观其才，焕焕如冰释。"这才是真正的宝剑！两千多年后的今天，勾践收藏的这五柄宝剑已经见不到了，但陆续出土的越王勾践剑和其他吴王、越王的铜剑展示了灼灼光华。不过铜剑均以用剑者自铭，铸造者不知为谁。有的学者认为，欧冶子、干将、莫邪并不是单个铸剑巨匠，而是吴越铸剑师的统称，此说有一定道理。

在春秋战国时期，吴越良剑已载入典籍，《考工记》云："郑之刀、宋之斤、鲁之削、吴越之剑。迁乎其地而弗能为良，此地气使然也。"此书还对不同种类青铜器的铜、锡熔铸配比作出了规定："金有六齐。六分其金而锡居一，谓之钟鼎之齐。五分其金而锡居一，谓之斧斤之齐。四分其金而锡居一，谓之戈戟之齐。三分其金而锡居一，谓之大刃之齐。五分其金而锡居二，谓之削杀矢之齐。金锡半，谓之鉴燧之齐。""六齐"中有四齐与兵器有关，其中的"大刃之齐"指的就是刀剑。该书还对剑各部分尺寸比例以及佩剑者的身高与佩剑的长度加以规范，《考工记·桃氏》记载："桃氏为剑。腊广二寸有半寸，两从半之。以其腊广为之茎围，长倍之。中其茎，设其后。叁分其腊广，去一以为首广而围之。身长五其茎长，重九锊，谓之上制，上士服之。身长四其茎长，重七锊，谓之中制，中士服之。身长三其茎长，重五锊，谓之下制，下士服之。"

在考古资料中，前述吴越剑既是春秋战国时期良剑的代表，中国人民革命军事博物馆珍藏的剑脊、剑锋用不同配比铜、锡，分两次铸成的双色复合剑也是代表。在湖南长沙战国诸多楚墓中，出土了各式剑508柄，其中就有D型双色复合剑27柄。到了秦代，兵器全由中央专属机构统一督造，不但提高了速度，也提升了质量。1974～1984年发掘的陕西省临潼秦始皇兵马俑一号坑出土的17柄铜剑，剑身近格处刻有"一""五""七十七""□十八""壬"等铭文，当是官府督造时的统一编号。铜剑剑身明显加长，表面光洁少锈蚀，《秦始皇兵马俑一号坑发掘报告》中分析当经过铬化处理。这一点在以后的发掘中得到了证实。2014年8月，在一号坑12号俑旁边出土的铜剑也极少锈蚀，据检测，其表面附有10～15微米的铬化物氧化层。这一工艺比欧洲提早了近两千年。春秋末战国时期出现的铁剑，特别是钢剑，是采用块炼铁经反复叠打渗碳的低碳钢制作的，有的刃部还经过淬火处理。这一技术在两汉得到了大幅度提高，1978年江苏徐州出土了一柄钢剑，全长1.09米，剑格、剑茎铭文曰："建初二年蜀郡西工官王愔造五十涑□□□孙剑□""直千五百"（图一）。建初为东汉章帝年号，建初二年为公元77年。以后不久，又出现了"百涑"钢剑，从而把剑的锻造推向了另一座高峰。

至于用剑、御剑的技击之术，春秋中期以前，因为当时的剑身较短，只能用于直刺，作卫体兵器使用。《晏子春秋》云"直兵推之""剑承其心"，说的就是剑的使用方法。前文提到河南洛阳金村出土的战国铜镜中武士手持短剑刺虎的姿势，正是对《晏子春秋》所言所作的形象图解。后来剑身逐渐加长，铜剑随之增加了劈砍功能。1975年湖北云梦睡虎地秦墓出土的狩猎纹铜镜，镜背花纹为两名武士与花豹搏斗的图像，武士一手执长剑、一手拥盾的姿势，正是用剑砍斫的动作（图二）。河南卫辉山彪镇、四川成都百花潭出土的水陆攻战纹铜鉴、铜壶上的武士挥剑图像提供了同样佐证。

春秋晚期以后用剑、击剑之术日臻成熟，而高超的御

古兵探赜

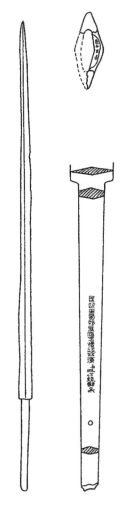

图一
"五十涑"钢剑　东汉
（徐州出土）

剑之术也以吴越为上。《吴越春秋·勾践阴谋外传》有这样的记载，勾践为了向吴国复仇，请南林越女来教授军士剑术。越女在北行途中，碰到了一位自称袁公的白发老翁，要与越女比试剑术，他随手折了一段竹枝作剑刺向越女，不料竹梢折断，越女敏捷地接住竹梢。老翁遂跳上了树，

图二
武士斗虎图案　秦
（睡虎地秦墓铜镜）

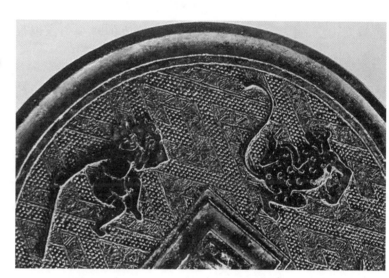

图三
舞剑图　东汉
（山东沂南画像石）

化作白猿而去。越女见越王后，说起用剑的道理："其道甚微而易，其意甚幽而深。凡手战之道，内实精神，外示安仪。见之似好妇，夺之似惧虎。布形候气，与神俱往。杳之若日，偏如腾兔，追形逐影，光若仿佛，呼吸往来，不及法禁，纵横逆顺，直复不闻。"掌握了这样的剑术，就能"一人当百，百人当万"。河南南阳、江苏徐州画像石都发现有越女击剑的图像。山东沂南汉画画像上的舞剑图像也很生动（图三）。

关于御剑之术的记载也见于其他史籍，《庄子》有"说剑"一篇（后人认为是他的弟子伪托之作），把剑分为三等，有天子剑、诸侯剑、庶人剑，以劝说赵文王修国政，用好天子之剑，书中云："夫为剑者，示之以虚，开之以利，后之先发，先之以至。"而且上乘剑术，"十步杀一人，千里不留行"，当是对当时侠士剑术最形象的描述。《史记·刺客列传》说"荆轲好读书击剑"，行刺秦王失败，鲁句践知道此事后，颇有感慨，说："嗟乎，惜哉其不讲于刺剑之术也！"认为是荆轲的剑术没有学到家导致了刺秦的失败。司马迁在追溯自己先祖时，说到在赵国的一支，曾因传授剑术理论名显当世，语见《史记·太史公自序》。后来班固著《汉书·艺文志》中，仍载有"剑道"三十八篇，可惜在历史的长河中湮灭了，没有流传下来。

数千年来，中国古代的铸剑、御剑击剑之术就是在生产力不断发展、社会思想意识不断更新的扬弃过程中传承的。

（商周、春秋战国乃至西汉，中国北方草原牧猎民族、西南巴蜀、云南古滇国、南方的百越诸国都有造型精美、独具本民族特色的青铜剑，本文暂不予讨论。）

繁文华彩话龙泉

——宝剑的装饰艺术

一

剑是我国古代的一种特殊的兵器，说它特殊，是因为几千年来，无论帝王贵胄、官吏平民，还是文人侠客，甚至江湖术士，都对它喜爱有加。它既是实战兵器，又是区分官秩品级的标志，还是降妖捉怪的法器。它承载着丰厚的历史文化信息，人们习惯称之为宝剑。称它为宝，一是它铸造精良，二是装饰文采。晋人傅元有歌辞曰："宝剑神奇，镂象龙螭。文犀饰首，错以明珠。光如电影，气烛紫微。"

剑自诞生以来，有青铜的、铁的、钢的，还有玉制的、石制的，但无论是什么质地，都有装饰极为华美者。而我们今天在博物馆里见到的古剑，大都只留下了青铜、钢铁、玉石或其他质地的剑体。由于年代久远，剑体已有锈蚀，嵌饰的珠玉，乃至装饰剑的有机质地的附属物品多已朽毁散落，已非原貌。本文拟以先秦和西汉的古剑资料作为切入点，力图展示古剑昔日的风采，探求古剑所传播的文化内涵，乃至古代匠师的精湛装饰技艺。

说到剑的装饰，一是剑本体，含剑身、剑茎、剑首、剑格；二是剑的附属品，如剑鞘、剑梆、剑架（兰锜）。装饰材料有金银、宝石、珠玉、象牙、丝麻、皮革，装饰工艺如铸造、锤炼、镂雕、镌刻、镶嵌、刳挖、鬃饰等。而且时代、地域不同，特点风格各异。可以说每一件都是古代文化的复合载体。

剑本体的装饰，首先是剑身。东周时期的铜剑两侧剑锋靠剑格部较窄，最宽处在距剑格三分之二处，往前束收，至前锋处再扩展，然后收聚成前锋。从而形成两个漂亮的弧曲，既实用又美观。北方草原牧猎民族的青铜短剑剑锋弧曲更甚，中间还有突起的子尖。不少铜剑的剑身上铸饰各种花纹，刻、铸铭文。如吴越青铜剑上往往遍体铸饰菱格纹暗纹或其他纹饰，剑身铸饰铭文。湖北江陵望山一号墓出土的越王勾践剑和山西原平出土的吴王光剑就是例证。又如越王州勾剑，铭文昭示了属主的姓名和身份（图一、二），山西浑源李峪出土的春秋晚期的铜剑在平脊上两面均有铭文，自上而下连读为："吉日丙午，乍（作）为元用，玄镠铸吕（铝），朕余名之，胃（谓）之少虞。"字口错金。三柄剑的铭文，不论是篆书还是鸟虫书，都极具艺术感染力。河北满城西汉初年中山靖王刘胜墓出土的铁短剑剑身填嵌的金片花纹宛若一簇升腾的火焰（图三）。位于我国西南的四川郫县独柏树战国墓出土的铜剑，剑身基部饰张口（卷尾的）长身虎纹，尾后刻巴蜀符号。云南江川李家山战国时期古滇人墓葬出土了一柄青铜短剑，剑身根部及剑柄各浮雕一个头戴高冠、身穿异服的人像，一个半蹲，双手上举；一个直立，右手执剑，左手提一人头。两人均圆睁双眼，张口露齿，似在举行某种宗教仪式。它们反映了我国古代多元的文化习俗（图四）。

剑格也是装饰的主要部位之一。剑格就是剑的护手，东周、秦汉时期的剑格多为一字形窄格或双弧倒凹字形格。往往在双弧倒

图一
越王州勾剑及铭文
战国早期
（湖北江陵藤店出土）

凹字形格两面铸饰兽面纹或其他纹饰，并镶嵌珠玉、宝石，少数的还铸铭文。还是那柄越王勾践剑，剑格呈双弧倒凹字形，剑格铸兽面等纹饰，而且一面嵌饰蓝色玻璃，一面嵌饰绿松石。有类似装饰的，还有前面提到的"吉日丙午"剑、"越王者旨於睗"剑等。者旨於睗剑是一柄战国早期的铜剑，现藏于浙江省博物馆。此剑剑格两面有铭文，双钩鸟虫书体，连续为"戉王戉王，者旨於睗"。铭文的凹陷处填嵌绿松石（图五：1）。出土于安徽安庆市的战

图二
吴王光剑　春秋晚期
（山西原平出土）

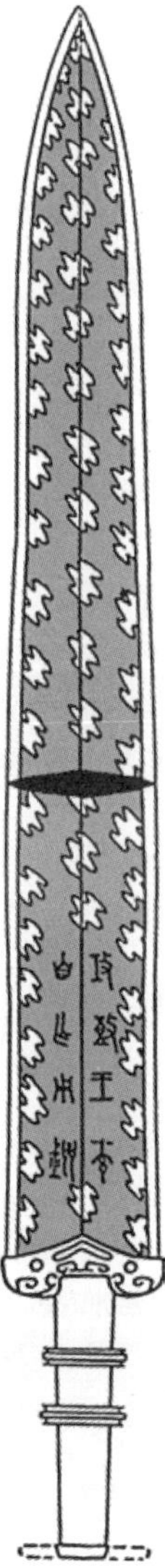

图三
铁火焰纹短剑　西汉
（河北满城汉墓出土）

图四
铜猎人头柄短剑　战国
（云南江川李家山土）

繁文华彩话龙泉——宝剑的装饰艺术

国早期的越王古丌剑铭文也在剑格上，为鸟虫体，主要
为"越王丌北古自作用剑"。此剑剑首也有铭文："唯越王
丌北古自作元之用之剑。"东周以后出现了玉具剑，剑格
用玉制作，可以雕琢更精细美观的纹饰。西南及北方地区
的青铜短剑，剑格往往铸成窄"一"字形、双弧形或三叉
形，装饰纹样也较简单。

　　剑茎乃剑柄供手执握的部分，其后接剑首。东周秦汉时
期剑茎多呈圆筒形，上面有两道凸起的圆箍。这两道箍是
为缠缑固定而设置的。我们现在看到的铜剑绝大多数光秃秃

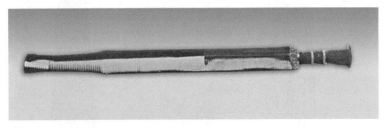

图五：1
者旨於睗剑　战国早期
（浙江省博物馆藏）

图五：2
者旨於睗剑
剑柄缠缑情况

的，这是因为年代久远或长埋地下，剑上的有机物已腐朽而致。当时一柄剑制成后，必须用丝麻织物反复缠绕才好执握，古人称之为"缑"。者旨於赐剑由于保存较好，剑茎上缠绕的丝质缑绳历经了两千多年，仍较完好（图五：2）。湖南长沙中小型战国楚墓出土的铜、铁剑，都有剑茎缠绳的例证（图六、七）。这一时期的铜剑，还有一类剑身后面仅有一个窄而扁的剑茎，两者大小极为不相称，剑茎的两侧有的还有两个小齿突，或末端有钉孔。这类剑必须加装木质或其他质地的剑柄才能使用。河南洛阳中州路2415号春秋早期墓出土的铜剑，剑茎外加装了象牙剑柄，还装配了象牙剑鞘（图八）。时代更早的陕西宝鸡益门村二号秦早期墓出土的铁剑装配了金剑柄。剑柄的格首膨大，剑茎较

图六
剑缠缑情况　春秋
（长沙楚墓出土）

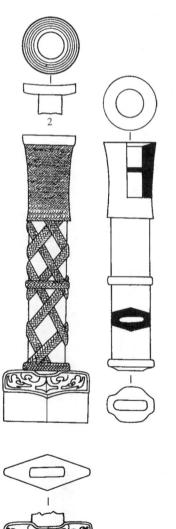

图七
带鞘缠缑铁剑　春秋
（长沙楚墓出土）

繁文华彩话龙泉——宝剑的装饰艺术

图八
铜象牙柄、鞘剑
春秋
（河南洛阳中州路
出土）

细，通体浮雕蟠螭纹，凹处嵌绿松石。金黄与翠绿相映成趣。河南三门峡虢国墓地出土的一柄铁剑，剑茎、剑首分别用两块玉琢制并饰花纹。

图九
阴阳立人柄青铜
短剑　东周
（内蒙古宁城南山
根出土）

剑首是接在剑茎后面的膨大部分，其作用是防止挥剑时脱手。东周时期铜剑剑首多呈圆饼形或喇叭形。剑首上多饰数周同心圆纹或涡纹。前面提到的越王丌古剑剑首有铭文，只是极特殊的个例。剑首也有用玉琢制的。玉制的剑首、玉剑格，连同剑鞘上的玉剑璏、玉剑珌构成了两汉时期玉具剑的主要构件，用料讲究，雕饰华美（拟在以后介绍剑鞘时再叙）。

出现在我国较边远地区，或早期的青铜短剑的剑柄装饰最为丰富，而且各具特色。如前面提到的秦早期的金柄铁剑和西周晚期虢国墓地出土的玉柄铁剑。更早还有出土于河北青龙抄道沟商代晚期的羊首青铜短剑，剑柄下弯，末端是一个较大的羊头，弯弯的长角，鼓鼓的双眼，形象惟妙惟肖。其他还有鹿首剑、铃首剑等。出土于内蒙古宁城南山根春秋时期的立人柄曲刃青铜剑，剑柄圆雕作直立人形，人光头裸身，一面为男性，一面作女性（图九）。北京延庆军都山东周墓出土的青铜短剑。剑首或雕羊首、马首，或透雕蛇、鸟等图案。我国西南四川茂县牟托村战国墓出土的铜短剑剑柄作弯曲的龙首形，云南晋宁

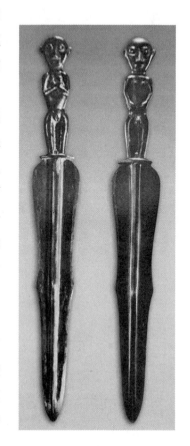

古兵探赜

170

图一〇
铜蛇柄短剑　西汉
（云南晋宁石寨山
出土）

石寨山西汉时期滇人墓出土的铜剑，剑柄弯曲，做成张口利齿的蛇形（图一〇），其例不胜枚举。北京延庆军都山墓地为山戎墓葬。四川茂县牟托墓葬为羌人的墓葬，云南晋宁石寨门墓地为古代滇人墓地，这些墓葬出土的青铜短剑连同其他遗物，反映它各自民族的文化特征。

二

　　剑平常不用时，必须插在剑鞘之内，这样一来可以保护剑的锋、锷不受磕碰，二是防止意外伤人。剑鞘又称剑室，东周时期的剑鞘多用木片刳挖而成，两片合二为一，其外用丝麻缠裹，反复用漆修饰，并装配用以佩带的剑璏，加固剑鞘顶部的剑摽等等。

　　剑鞘的装饰往往华美异常，或用铜、用角、用玉、用金，体现了使用者的身份地位。可惜年代久远，岁月的风霜将它们的有机质材料剥蚀殆尽，很难窥其全豹，我们只能用现有的考古资料，抽丝剥茧，复原它们原有的风貌。

　　前面提到的越王勾践剑，出土时就插在黑色的剑鞘之内。越王者旨於睗剑的剑鞘保存也很好，剑鞘用丝线缠绕，黑漆修饰。类似的情况湖南长沙楚墓也屡有发现，如标本M1195：11："鞘用薄木片拼合，两端缠布条，外修黑褐色漆。"东周时期的剑鞘还有用珍贵材料制作的。如前述河南洛阳中州路2415号墓出土的装象牙柄、象牙剑鞘者，柄和鞘是用整块象牙雕琢成的，相接处极其吻合，上面还琢刻了蟠螭纹。柄长约12厘米，鞘长约30厘米。如今由于年深日久，已变成了黄色。同样出土于河南洛阳的战国中晚期的"繁阳之金"钢剑，剑鞘也是用象牙琢制，整体呈长方矩形，其上一面鞘口部还雕饰兽面纹（图一一）。

时代更早的剑还有用铜等金属材料装饰剑鞘的。北京琉璃河西周早期燕国墓出土过青铜短剑鞘。剑鞘只一片，透雕蛇纹和人头纹，原来应内衬木片或皮革，与之相合的另一片也应是用木和皮革等材料制作的，腐朽后只剩下了青铜剑鞘罩。类似的情况还见于甘肃灵台白草地西周墓出土者，透雕盘蛇和牛头纹，出土时剑鞘内还插有一柄扁柄柳叶形短剑（图一二）。

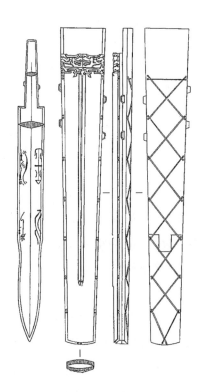

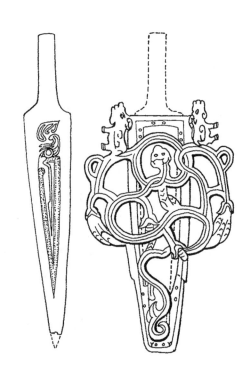

图一一　"繁阳之金"铜剑及剑鞘　战国
（河南洛阳中州路出土）

图一二　铜剑及铜剑鞘　西周
（甘肃灵台白革坡出土）

自西汉时期，剑逐渐退出了军队的实战领域。但佩带和展示身份的功能更加突显，最有代表性的是诸侯王佩带的玉具剑。这类玉具剑在河北满城中山靖王刘胜墓、广东广州象山南越王墓，江苏徐州狮子山楚王陵及其他诸王墓都曾出土过。

所谓的玉具剑是剑体的格、首，剑鞘的璏、摽都用玉构件装配（图一三）。由于剑鞘、剑身多已锈蚀朽坏，只留了玉质饰件。其质地之精、纹饰之美让人过目不忘。如河北满城刘胜墓出土者，剑格、首、璏、摽全用和田白玉雕琢而成，玉质细腻温润，高浮雕的螭龙纹异常精美（图一四）。广东广州市越王墓出土的玉具剑玉构件上还沾沁了许多朱砂。广州南越王墓还出土了一具角质剑，虽然与实用剑极似，但完全失去了实用功能，纯粹为佩带而制。

我国古代边远地区的铜剑不少是以铜片包木制成的，虽然木鞘已朽，铜饰则保存至今。有单鞘的，也有双鞘连在一起的。这种带鞘短

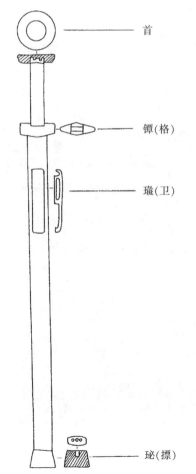

图一三
玉具剑示意图

首

镡（格）

璏（卫）

珌（摽）

图一四　玉剑格（镡），玉剑首（满城汉墓出土）

剑北方草原牧猎民族地区有，西南巴蜀、古滇国墓葬也出
土过。如内蒙古宁城小黑石沟西周晚期墓出土双联鞘曲柄
剑，四川成都中医学院出土的战国时期的双联鞘铜短剑，四
川茂县牟托村出土的战国时期的单鞘铜短剑，云南江州李家
山出土的战国时期宽刃带鞘短剑等等。云南晋宁石寨山滇墓
中还曾出土过两件西汉时期的纯金剑鞘。剑鞘一长一短，长
者52.5厘米，短者49厘米。均由三段构成，上饰牛头纹、折
线纹、麦穗纹和圆圈纹（图一五）。民族特色极为鲜明。

公元6世纪以后附耳式佩剑（刀）法传入中国，剑鞘的
装饰有了一定改变，但佩剑的地位没有改变，佩剑仍是区
分官秩的标志之一，唐代诗人岑参曾用"花迎剑佩星初落，
柳拂旌旗露未开"来描述晨星寥落、旭日将出时文武百官
锦袍玉带、腰悬佩剑朝拜君王的景象。后
来剑鞘有用珍贵的兽皮乃至鲨鱼皮包饰者，
有用金银珠玉宝石镶嵌者，华美精致异常。

剑若较长时间不用，除了插在剑鞘内
之外，还要置于剑椟之中加之保护，这是
东周时期佩剑存放常见做法。当时的剑椟
又称"柙"。剑椟都是用木料刳制的，在考
古资料中极少发现，因为每柄剑必须有剑
鞘，但不一定都配置剑椟。湖南长沙战国
楚墓M396中出土有一件，作长方盒形，盖
微微鼓起，与椟身子母口扣合，盒的两端
及中段饰云点纹。中间有方形座及半月形
穿纽（图一六）。出土时椟内放置了带鞘铜
剑一柄。保利博物馆收藏有一柄错金音律
铭文剑，不但铭文重要，而且剑茎缠缑，
剑鞘保存完好（图一七）。还附有修漆绘彩
木剑椟。这件木剑椟整体呈抹角长方盒状，
由身、盖和加装的铜足组成。长68.1厘米，

图一五　金剑鞘古滇国
（云南江川李家山）

宽8.8厘米，高9.9厘米。剑椟内修红漆，外修黑漆。其外
除盒底，其他五面在黑漆之上用红漆加绘繁缛的花纹。尤
以椟盖上的花纹最为精美。椟盖两端浮雕兽面各一，兽面

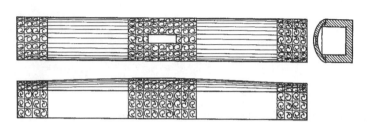

图一六
剑椟　战国
（湖南长沙楚墓出土）

图一七
铜"音律"铭文剑　东周
（保利博物馆藏）

图一八
音律铭文剑剑椟盖面（局部）

繁文华彩话龙泉——宝剑的装饰艺术

上敷朱彩。两兽面之间用红细线画细密的十字格为地，画两个人像。人像的头部朝向剑椟两端，圆脸云髻，一个口边有须，一个有直直的鼻梁，二人皆以小蛇为珥饰；上肢作弯曲的龙形，龙头向上，似人上举的双臂；下肢叉开作骑跨式，也作龙形，龙头向下如双足。两人胯下又有两条纹缠在一起的双首龙，龙头张口相对。剑椟所绘图像充满了神秘的色彩（图一八）。杨泓、郭德维曾对这柄铜剑及剑椟做过研究。郭德维认为剑椟所绘的是伏羲、女娲的形象。

图一九
漆木兵器架　西汉
（湖南长沙马卫堆西汉墓出土）

东周时期的剑椟目前发现的虽不算多，但据初步统计，也有百件左右。而制作如此之精，又保存如此之好的目前仅见这一件。

佩剑不用时除了放置于剑椟之内，还可能架在兵器架之上。这类兵器架又称兰锜，其形象在东汉画像石上常可见到，由立柱和连续的横板或挡板构成。佩剑或单独或与其他兵器水平放置其上。放置佩剑的兵器架只湖南长沙马王堆西汉墓出土过一件。通高84厘米，长55.4厘米。由底座、支柱和架板构成。架板自上而下有三排五个木弯钩。兵器架全部髹漆彩绘。支柱髹灰色漆。底座及架板以黑漆为地，用朱、黄、绿诸色彩绘云气纹（图一九）。出土时中排木钩上架带鞘剑一柄。

千百年来，人们的思想意识在变，社会科学技术在进步，剑的制作工艺，装饰形式也在变，但中国人对剑的崇尚亘古未变。而今作为健身器械的剑与古代的剑相差甚远，但或多或少仍遗留着古代装饰艺术的华彩。

程咬金三板斧

——中国古代的斧钺

斧

在唐太宗李世民的功臣中，程咬金是最具传奇色彩的人物，小说、评书、戏剧、影视都有生动传神的刻画，说他生性豪爽、为人鲁莽又有几分狡黠。他在梦中学得斧法，但只会三式半。后来他凭借这三式半斧法，使用一柄宣花大斧，劫得杨林献给隋炀帝的二十八万两皇纲银，又三斧定瓦岗，做了混世魔王。然而这是坊间传说中的程咬金，历史上的程咬金却不是这样，他既不鲁莽，又不使用大斧。《旧唐书》说，程咬金又名程知节，山东东阿人，"少骁勇，善用马矟"，是隋末农民起义军中少有的勇将，投唐王李世民后，"破宋金刚，擒窦建德，降王世充"，屡建奇功，因而绘图凌烟阁，死后陪葬昭陵，与唐太宗李世民同葬一处。

历史上程咬金使用的马矟是一种双刃长柄矛，乃隋唐时期骑马争战惯用的制式兵器。而传说中程咬金使用的宣花大斧，北宋曾公亮撰修的《武经总要·器图》绘有其图形，斧顶较平，中间还有一个鹰嘴状钩，斧身较厚，斧刃弧如弯月，两刃角外撇。斧身有錾，安长柄，柄后装短矛状斧镈（图一）。其文曰："大斧，一面刃，长柯。近有开山、静燕、日华、无敌、长柯等名。大抵其形一耳。"大斧一般双手使用，既能劈砍，又可以钩锁对方的兵器，还能调转大斧，用矛状斧镎刺击敌人。只是分量较重，只有身强力猛的人才能用得。传说让程咬金使用宣花大斧，虽然与正史相去甚远，但符合程咬金的秉性，也给民间传说程咬金"劈脑袋""掏耳朵""小鬼剔牙"的板斧三式留下了创作空间。

《武经总要》中收录的大斧有开山、静燕、日华、无敌、长柯等名目，书中还收有其他几种斧的图形，如凤头斧，虽与大斧形制相似，但尺寸较小，斧顶形如凤头，凤冠、凤目、凤嘴俱全。斧头长八寸，柄长二尺五寸。蛾眉鑺，斧顶曲弯如蛾眉，斧头长九寸，柄长三尺。这两种斧尺寸短，分量轻，主要用于挖地道、砍树根开路。形制最特殊的是一种刜手斧，斧头横阔弧刃，像锄头，其高四寸，宽七寸。直柄，柄长三尺五寸，柄与斧头相接处还装有四刃。刜手斧是守城器械，当敌兵攻城时，用来钩刺敌人和砍斫攀城人的手臂（图二）。目前发现时代较

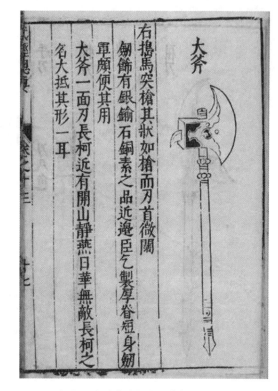

图一　大斧　宋（《武经总要》）

图二　1.凤头斧　2.蛾眉鑺　3.刜手斧
（《武经总要》）

早且与《武经总要》中大斧形象相似的实物，是天津市博物馆珍藏的铁鎏银鱼龙纹斧。其斧刃圆弧，近乎半月形，斧身铸成鱼龙纹，龙头巨大，张口吐舌，鱼身窄长有鳞，鱼尾分叉为斧顶。斧身下接铸铁鎏柄，鎏柄上细下粗，中部及下端各有一道箍棱。在龙口外斧刃处有铭文十二字："嘉祐丙申岁次十二月五日造。"嘉祐丙申为北宋仁宗年号，即1056年。持斧武士的形象尤以四川泸县宋墓石刻最为生动，其中奇峰镇二号墓门的持斧武士简直就是程咬金再世（图三）。

在历史上，斧的出现可追溯到原始社会。旧石器时代

图三
持斧武士图像　宋
（1.奇峰镇一号墓墓
门右侧武士
2.奇峰镇二号墓墓
门右侧武士）

1　　　　　　　　　　2

有打制石斧，新石器时代有磨制石斧，当时做生产工具使用，间或用来狩猎。到了原始社会后期，成了部落间争斗的器械，从而也就成了兵器。

夏代以后青铜铸造技术出现，便开始用青铜铸造斧。夏商周三代，斧与钺连在了一起，统称斧钺，既是兵器，又是权力的象征；也是礼器，拥有者都是统治者。商周乃至春秋战国时期的斧钺铸造精良，花纹凌厉，让人望而生畏。这一时期，斧钺也有用玉琢制的，如河南安阳殷墟商代后期妇好墓，在出土两件大铜钺的同时，出土了一件玉斧。玉斧用碧玉制成，长身方刃，高仅10厘米，厚2.6厘米。斧身中段琢大兽面纹。妇好为商王武丁的嫔妃，她睿智勇敢，是一位能征善战的将军，又为商王主持祭祀仪式，因此死后才有这么高的礼遇。两汉时期，斧除了做兵器使用外，也做仪仗使用。当时的斧多用铁制作，斧身有銎，将直柄插入銎内，其形制至少有长柄斧、短柄斧、斧戟三种。20世纪60年代河南浚县出土过一件特殊的西汉铁质兵器，以斧为援，以矛为刺，称铁钺戟。汉代画像石图像中，有手持斧的武士图像（图四），出行图的导车中也有斧车的图像，稍后的甘肃武威雷台墓中出土过手持大斧的武士，以及斧车的铜模型（图五）。在我国北方及西南边远地区，自商周至两汉都在使用斧类兵器，如内蒙古鄂尔多斯青铜管銎斧、鹤嘴斧，云南古滇国的管銎斧、直銎斧等，它们的形制都带有地方民族色彩，与中原明显不同（图六，1～3）。隋唐以后，除了做格斗兵器外，还多做仪仗兵器使用。直到清代，作为制式兵器，军队中仍装备有长柄斧、短柄斧、双斧等。《清会典图·武备》："斧，俱炼铁，横置柄首。一前锋左翼用，刃

图四
持斧武士　东汉
（南阳画像石）

古兵探赜

图五
铜斧车模型　东汉
（甘肃武威雷台汉墓
出土）

如半月，背削而修。"一为双斧，两手各使一柄左右双持。
（图七：1、2）。

　　在历史上，斧在战争中发挥过重要作用。东汉末年，
曹操进兵宛城，置酒宴请张绣，让猛将典韦立于身后侍
宴。典韦手持大斧，威风凛凛，令张绣将帅不敢仰视。
后来，蜀相诸葛亮为了战争的特殊需要，建立了一支使
用长柄斧的攻坚部队，称虎贲义从，并作《作斧教》教
习士卒。唐代天宝年间，安禄山、史思明兵变范阳，叛
军直逼长安。郭子仪率兵在长安附近香积祠与之对阵，
争斗中，叛军主力依仗北方精锐骑兵直冲唐军大营，一
时阵脚大乱。郭子仪部将李嗣业率二千死士扑向敌军。
杀敌无数，鼓舞了士气，稳住了阵脚。郭子仪趁叛军胆
慑之时挥兵掩杀，从日中战到日落，斩敌六万。杀敌时，
李嗣业和他的两千死士使用的兵器除了陌刀之外，还有
长柯斧（一种长柄大斧）。叛军溃败，唐军旋即收复了长
安。宋代也以大斧为制式兵器，元丰五年八月，"诏令沈
括以劈阵大斧五千选给西边诸将"（《宋史·兵志》）。绍
兴十年（1140年），金兀术率兵围攻顺昌，时值盛夏，天

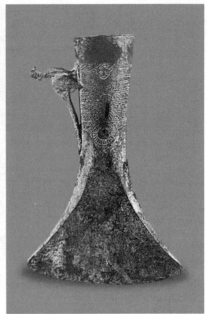

图六

1. 铜管銎斧　西周末至春秋初 　2.铜矛头形管銎斧　西周末至　3.铜雉纽斧　西汉
（内蒙古宁城小黑石沟出土）　　 春秋初　　　　　　　　　　（云南晋宁石寨山出土）
　　　　　　　　　　　　　　　（内蒙古小黑石沟出土）

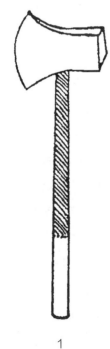

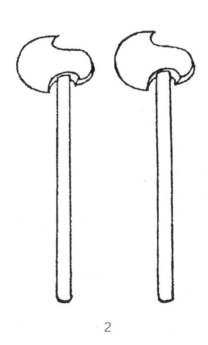

图七

1 前锋左翼斧　清

2 绿营双斧　清

（《清会典·武备》）

气炎热。宋将刘锜坚守城池，在羊马垣下以逸待劳。到了午后申未时分，金兵早已人困马乏，刘锜看到时机已到，先令数百人出西门与敌兵佯战，又遣千余勇士出南门，突入敌阵，挥舞利斧砍斫金兵。入夜大雨，次日金兵移营，刘锜抓住战机，遣兵追杀，双方展开激战。金兀术披白袍，乘甲马，带领三千号称每战必胜的"铁浮屠"杀入战场。宋军早有防备，用长矛挑去金兵铁兜鍪，大斧砍斫敌人胳膊，击碎金兵的头颅。兀术令"拐子马"从两翼杀出，又被刘锜杀败。这一战刘锜率领不足两万的宋军，破金兵步骑十余万，斩敌万余。这不但在南宋史，就是在中国古代史上，也是少有的以少胜多的战例之一。

在古代欧亚草原地带军队中也用斧做兵器，如管銎斧、无尾管銎斧、銎内斧等，有些斧的形制对中国北方牧猎地区斧的形制有一定影响。

钺

在中国兵器中，钺和斧是分不开的，人们习惯地把它们统称为斧钺。钺同样是一种砍斫兵器，又称"戉"，汉《释名·释兵》曰："戉，豁也，所向莫敢当前，豁然破散也。"如果说到两者的区别，一是在形制上，钺比斧的刃部更宽，多以内受柄，少数的有銎，以銎纳柄；二是功用上，钺则更少用于实战，而更多的是用作仪仗器具或刑具，在秦代以前，还是王权或统治者尊严的象征物，其地位往往高于其他兵器。

《史记·周本纪》记载，牧野之战后，武王攻占朝歌，到了纣王宫内，此时纣王和他的嫔妃已死，武王命人用黄钺斩纣王头，用玄钺斩其嬖妾头。次日除道、修社，周公旦执大钺，毕公执小钺，分左右侍卫武王。在这里，钺既是刑具，也是护卫兵器、仪仗。又《尚书·顾命》云："一人冕，执刘（即斧）立于东堂，一人冕，执钺立于西堂。"是为钺用作仪仗的记载。《国语·鲁语》"大刑用甲兵，其次用斧钺"是斧钺用作刑具的证据。商代金文中，有的金文就是用钺砍杀人头的形象。《尚书·牧誓》："王左杖黄钺，右秉白旄以麾。"黄钺在这里是王权象征。此外，天子还可以将钺赐予诸侯，以表示授予杀伐权力的凭证。西周宣王时期的虢季子白盘铭文有"赐用钺，用征夷方"句，即此意。

在历史上，钺的出现在原始社会新石器时代。山东莒县陵阳河大汶口文化遗址出土的一件灰陶缸上，刻有钺和鹳鸟的图像，钺方体，宽直刃，装短柄，柄的头端有籥，末端有类似镈的突起。新石器时代最精美的钺是出土于浙江余杭反山良渚文化遗址的玉钺。这件钺整体呈"风"字形，两刃角外展。玉色浅青，有绿色绺与褐色斑。体形很大，通长17.9厘米，刃宽16.8厘米。近本部透雕一个小圆孔，上刃角处浮雕神人兽面纹，神人头戴羽冠，腰部为兽面，下肢蹲伏，兽

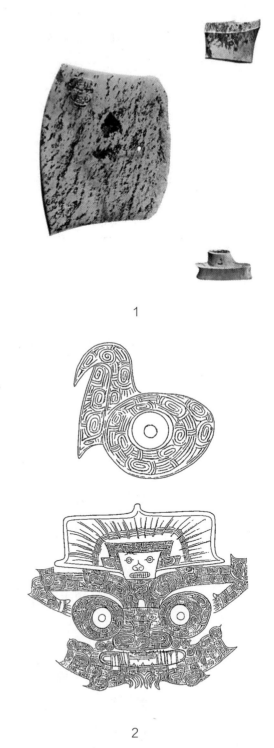

1

2

图八　1.玉钺　2.玉钺上纹饰　良渚文化（浙江余梳汉山出土）

图九 玉钺
（河南二里头遗址
出土）

爪。下刃角浮雕团身鸟纹。全器琢磨光洁，纹饰细若发丝。还同出了土黄色玉的钺柄首和柄末，从柄首到柄末距离为70厘米，可见钺柄较短（图八：1、2）。出土时钺柄部位还有镶嵌小玉粒的痕迹。综合反山墓地资料综合考察，出土大玉钺的12号墓位于墓地的中央，墓中出土的珍贵遗物中有一件玉琮，玉琮四面雕琢有与玉钺上刃角纹饰相同兽面纹，代表了墓主的身份。这件玉钺出土于墓主的左侧，也是权力和地位的象征。在良渚文化遗址、墓葬乃至新石器文化中晚期其他文化遗址中，一些规模较大的墓葬常有玉钺或石钺出土，可见以玉钺作为权力地位的象征已是较为普遍的现象。

三代用青铜铸造钺始于夏，在河南偃师二里头遗址中就曾出土过，不过因为援体较长，刃较窄，把它称为"戚（斧钺同类兵器）"罢了。二里头遗址的墓葬中还出土了一件玉钺，玉色清白，钺身作长方形，中间有一个大大的圆孔，两侧各有六个齿状扉棱。这种形状的钺开创了商代铜钺的先河（图九）。

到了商代前期，湖北黄陂盘龙城李家嘴2号墓，出土了一件长40.5厘米、刃宽25.5厘米的青铜钺，铜钺长内，"风"字形援（钺身），援中间有一大圆孔，孔的顶部及左、右饰长身夔纹，钺刃呈圆弧形。这座墓重椁单棺，除随葬了青铜、玉器外，还有三名奴隶殉葬。墓葬附近就是同时期的城墙及宫殿遗址。因此，墓主也就是城池和宫殿的主人，铜钺也是作为这一商王朝方国统治者的权力象征物随葬的。此后，随着青铜铸造技术的进步，铜钺铸造得越来越精良，如河南安阳殷墟商代后期妇好墓出土的两件大铜钺。这两件钺的形制基本相同，扁长方形内，钺身略呈"风"字形，平肩，靠近肩部有两个长方形穿，援两侧透雕"丁"字、"一"字形扉棱。钺刃圆弧，宛若一枚新月。钺身上部两面均铸饰双虎噬人纹，两虎张巨口相对而立，中间是一颗人头。纹饰的下方铸"妇好"两字铭文。这件铜钺形体巨大，长39.5厘米、刃宽37.5厘米，重达9千克（图一〇）。另一件形体较小，钺身饰双龙纹。这两件铜钺都不是实战兵器，完全是妇好作为商王朝统治者身份、地位的象征。像这样大的铜钺，山东青州苏埠屯大墓也出土过两件。一件与妇好钺相似，钺身透雕大人面纹，人面的两颊铸"亚"铭文。另一件钺身略呈横长方形，高31.8厘米、长35.8厘米。短内平肩，近肩部有两个长方形穿，钺身也透雕人面纹，由于耳郭、双眼、齿间镂空，致使其眉、耳、双睛、牙齿凸显，像是在狞笑，有一种稚拙的凌厉之美。

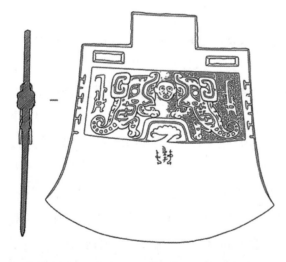

图一〇

"妇好"铜钺　商

（河南殷墟妇好墓出土）

商代是钺发展的顶峰，不但铸制精良华美，而且数量相对较多，在我国许多省份都有出土，除了上述的河南、湖北、山东之外，陕西、山西、湖南、北京、江西乃至青海都有发现。其形制虽多为"风"字形，但钺身、内大小、长短不同，花纹装饰各异。有的内上装饰龙虎纹、鸟纹，有的钺身大圆孔内透雕龙纹、凤纹、蛙纹，各尽其美（图一一）。在北京平谷刘家河、河北藁城台西还发现了同时期的铁刃铜钺，钺刃使用的是天上掉下来的陨铁，更显地位高贵。

　　西周时期的钺一方面承袭了商代"风"字形钺的遗风，

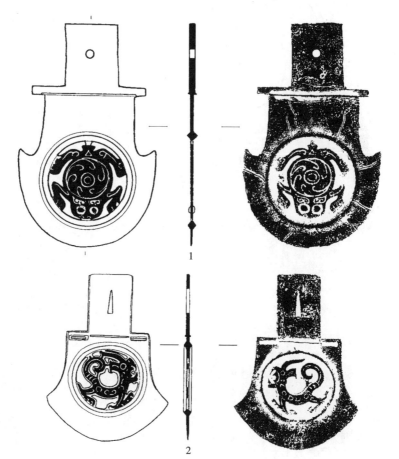

图一一
铜钺
1 蛙纹钺　商
（陕西南洋县出土）
2 龙纹钺　商
（陕西城固出土）

另一方面受北方草原文化影响，出现了钺刃向后圆弧的"C"形钺。周代的钺一般体形较小，如1964年河南洛阳出土的青铜钺，长只有15厘米，长内，"风"字形钺身，大圆孔，钺身两侧透雕虎纹。陕西宝鸡竹园沟西周墓出土者长身短内，两刃角外展甚宽，在钺身和内之间有銎，铜钺满饰兽面纹、虎纹和蟠蛇纹。銎的上方还有一个人头形簺。以銎纳柄，柄首再套装人头形簺。其时代为西周中期。甘肃灵台百草坡2号西周早期墓出土的铜钺整体呈"C"形，又像人的耳朵，长23厘米。钺身装饰如回身的虎形，弯弧的虎身作钺刃，折回的虎头作銎。钺身下接短胡，胡的一

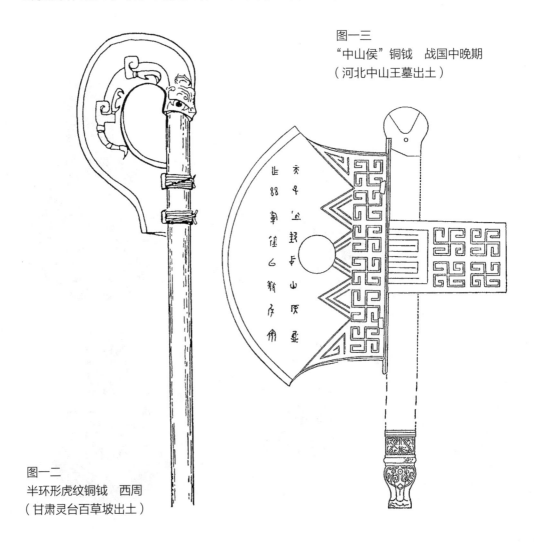

图一三
"中山侯"铜钺　战国中晚期
（河北中山王墓出土）

图一二
半环形虎纹铜钺　西周
（甘肃灵台百草坡出土）

侧有两个长条形穿。装配时以钺的虎头銎纳柄，再通过胡上的穿将钺柄捆紧固定（图一二）。类似的铜钺，上海博物馆收藏一件，銎部作龙头形。东周时期的钺很少见，河北平山中山王出土了一件，时代已到了战国中晚期。铜钺长内，"风"字形钺身，大弧刃，饰勾连纹、三角纹。钺身有铭文十六字："天子建邦，中山侯焦，作兹军钎（钺），以敬（警）厥众。"这件铜钺体形较大，长达30厘米，出土时虽然钺柄已朽，但钺籥和钺镈尚存。此钺当是中山王王权的象征（图一三）。汉代以后，钺渐与斧的形制趋于一致，从功用上也渐渐失去了作为权力象征的意义。

我国北方草原和西南、南方地区古代民族也使用铜钺，如巴蜀的荷包形铜钺，古滇国铸饰动物、人物的铜钺，古越国的靴形钺，其形状与上述钺差别较大，功用也不尽相同，这里不多论述。

二郎神杨戬用的是什么兵器
——中国古代的异形砍斫兵器

人上了年纪，对儿时的记忆反倒日渐清晰起来，想起当年读《西游记》，对齐天大圣孙悟空的崇拜历历在目。他会七十二变，凭借一条金箍棒，探龙宫，闯地府，闹天宫，打遍天上地下。可后来反被小圣二郎神杨戬降服。杨戬有七十三般变化，三件法宝，一是三尖两刃刀，二是宝雕弹弓，三是哮天犬（图一）。打斗时两人赌变化，斗兵器。《西游记》第六回"观音赴会问何因，小圣施威降大圣"中说："真君与大圣斗经三百余合，不分胜负。那神君抖擞神威，摇身一变，变得身高万丈，两只手举着三尖两刃神锋，好便似华山顶上之峰，……恶狠狠，往大圣着头就砍。"早些的元杂剧《二郎神醉射锁魔镜》："将妖魔，便诛尽。三尖刀劈那厮脑门，斩妖剑将那厮粉骨碎分身。"而今马增芬西河大鼓《大闹天宫》唱得更是有趣，二郎神杨戬"上三刀，下三刀，左三刀，右三刀，刀刀不离大圣后脑勺，就是一刀也没有扨着"。

除了《西游记》，明代通俗小说《水浒传》的一百零八条好汉中，有两个使三尖两刃刀的英雄，一个是九纹龙史进，另一个是天目将彭玘。史进是《水浒传》书中出现的第一条好汉，第二回"王教头私走延安府，九纹龙大闹史家村"说道，史进"一张弓，一壶箭，手里拿一把三尖两刃四窍八环刀"，跨了火炭赤马，来战陈达。只见"九纹龙忿怒，三尖刀只望顶门飞。跳涧虎生嗔，丈八矛不离心坎刺"。天目将彭玘出现在第五十五回"高太尉大兴三路兵，呼延灼摆布连环马"，他是朝廷征讨梁山的先锋之一，乃"累代将门之子，使一口三尖两刃刀，武艺出众"。《三国演义》也有使用三尖两刃刀的战将，那就是袁术帐下的大将纪灵，第十四回"曹孟德移驾幸许都，吕奉先乘夜袭徐郡"，袁术命纪灵率十万大兵赴徐州征讨刘备，"纪灵乃山东人，使一口三尖刀，重五十斤"。与关羽对阵，"一连三十合，不分胜负"。

图一
绘画中的二郎神

从上述文字描述中，我们知道，三尖两刃刀与厚背薄刃的传统刀型大不相同，当为一种兼有突刺、砍斫两种功能的复合兵器，使用三尖两刃的武将都是膂力强健者。可惜至今没有类似的考古实物资料发现，不能得知三尖两刃刀确切出现于何时，终于何代，但也不是毫无踪迹可寻。

台北故宫博物院收藏一幅宋画《免胄图》，为李公麟所画，摹绘唐朝大将郭子仪卸甲除胄，会见回纥可汗，化干戈为玉帛的故事。在郭子仪的部将中，有两名手持三尖两刃刀者。一个骑在披挂具装铠的战马之上，左手揽辔，右手持三尖两刃刀（图二）。另一个立在战马旁，也是右手持三尖两刃刀，而左手握在右小臂上（图三），旁边有持戟者、持稍者。他们都顶盔擐甲，威风凛凛，具有不战而屈人之兵的英雄气概。

三尖两刃刀的图像，宋代曾公

亮《武经总要·器图》有载，只是称谓不同，书中称之为
"掉刀"，文字说："掉刀，刀首上阔，长柄施镈。"从附图
看，这种兵器双刃三锋，中锋尤长，身长有脊，后装长柄，
柄后套镈（图四：中）。刀头的长度约为全长的1/3，双手
使用，既可左右砍斫，又可向前突刺，兼有刀和矛两种功
能。孟元老《东京梦华录》也提到，是清明时节祭祀活动
的十种"门外土仪"之一。

　　查阅史籍，三尖两刃刀（或称掉刀）并不是宋代新创，
而在唐代或更早的隋代就已经有了。当时称为陌刀、拍刀
或者拍刃。欧阳修、宋祁《新唐书·阚稜传》记载，杜伏
威的义子阚陵相貌魁梧，作战勇猛无敌，"善用两刃刀，其
长丈，名曰'拍刀'，一挥杀数人，前无坚对"。而在殿本
中，则把"拍刀"写作了"陌刀"。刘昫《旧唐书·阚稜传》

图二
《免胄图》中的持
三尖两刃刀的武将
（其一）

三尖两刃刀

马铠

则作"拍刀","（稜）善用大刀，长一丈，施两刃，名为拍刀。每一举，辄毙数人，前无当者"。三种书对同一人同一事记载相同，只是兵器名称略有差异，我们推断，很可能是同一种兵器的不同叫法罢了。

《唐六典·卫尉寺·武库令》记载："刀之制有四，一曰仪刀，二曰障刀，三曰横刀，四曰陌刀。"这四种刀中，只有横刀、陌刀是军队配备的兵器，"横刀，佩刀也，士兵所佩，名起于隋"。"陌刀，长刀也，步兵所持。"唐代兵书，李筌《神机制敌太白阴经·器械篇》记载，唐代一军为12500人，一军中装备佩刀"八分"，陌刀"二分"，也就是在一军12500人中，10000人装备佩刀，2500人装备陌刀。在人手一刀的情况下，使用陌刀的士兵占20%。"马军即陌刀，并以啄锤、斧钺代，各四分支"。有这么多士兵使

图三
《免胄图》中的持三尖两刃刀的武将（其二）

用陌刀，一定是为大规模作战列阵而设，而不是一两名猛将个人所用兵器的特例。成建制使用陌刀的军队也只有唐朝才有，也是唐朝强盛经济实力的展现。

唐代的另一部兵法《李卫公兵法辑本》"部伍营阵"中，讲述了当时军队的兵种配置，有马军、战锋队、弓手、弩手（弓、弩手另配备陌刀、棍棒）、跳荡、驻队、奇兵等等。每临战，先布列阵形，全军同仇敌忾。距敌一百五十步时，弩兵开机张弩；距敌六十步时，弓箭手张弓搭箭；顽敌进到二十步时，一场肉搏即将展开。这时弓弩手更换兵器，手持陌刀、棍棒，与

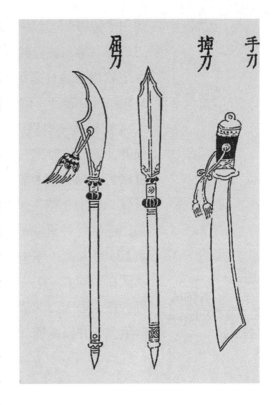

图四　掉刀（中）（《武经总要》）

战锋队"齐入奋击"，如果步兵显露败绩，跳荡、奇兵、马军立即向前迎敌，步兵后撤整顿，准备再援再战，如果跳荡、奇兵、马军进攻不利，则战锋等各队（步兵）要立即"齐进奋战"，共同杀敌。敌军被击退后，马军、奇兵不可贸然追击，防止敌人使诈。

唐朝军队的战阵是一个立体的，多兵种配合的有机作战整体，其中陌刀队的作用不可小觑，数千上万名手持长柄陌刀的勇士结成战阵，如壁垒，如狂潮，无论迎敌还是与追击，都足以让敌人丧胆。唐王朝建立以后，这种用陌刀队冲阵的阵法，以步兵对骑兵，也曾让惯骑劣马、弯弓谙射的北方牧猎民族闻风丧胆，从而造就了不少善用陌刀或陌刀战法的名将。

李嗣业就是一名善用陌刀的猛将，《旧唐书·李嗣业传》称他"身长七尺，壮勇绝伦"，天宝初年，"于时诸军初用

陌刀，咸推嗣业为能。每为队头，所向必陷"。天宝七年（748年），高仙芝奉命征勃律，任李嗣业、田珍为正、副陌刀将，遇吐蕃军队居高凭险据守娑勒城。高仙芝下令午时之前破城擒贼。嗣业率步兵手持长刀冒着滚木礌石，攀登上山。敌兵猝不及防，纷纷溃逃，坠崖者、溺溪流者不计其数。随之长驱攻入勃律城，生擒勃律王、土蕃公主。迫拂林、大食诸胡七十二国归顺大唐。安史之乱后期，李嗣业、郭子仪和众将率兵勤王收复京师，与贼军对战于香积寺北。贼军势盛，嗣业和郭子仪商量："今天我们若不拼死一战，有可能会全军覆灭。"于是袒衣赤膊，持陌刀大声呼叫，奋力拼杀。敌兵冲上来，被他连人带马砍作两段，接连砍杀了十几个（一说几十个）敌兵，方才稳住阵脚。随后，又带领"前军之士尽持长刀而出，如墙而进。嗣业先登夺命，所向披靡"，遂"与回纥合势，表里夹攻"，大获全胜。"斩首六万级，填沟壑而死者十二三。"这就是让敌人闻风丧胆的陌刀队，陌刀阵法。这一战挽救了大唐王朝，否则历史可能就要改写。

唐朝的另一名战将裴行俭，则把陌刀作为偷袭敌人的兵器。《旧唐书·裴行俭传》记载，调露元年（679年），突厥阿史那德温傅反唐，高宗诏令裴行俭率兵讨伐。鉴于敌兵多次劫掠大军粮草之事，裴行俭想出了这样一条计策，诈用粮车三百乘，每车内埋伏携带陌刀、劲弩的壮士五名，又让数百老弱残兵拉车诱敌。另外在险要处埋伏精兵，专等敌人上钩。敌人果然上当。趁敌人解鞍牧马，防备松懈之时，车中壮士骤然杀出，这时伏兵也恰恰赶到，内外夹攻，把敌人杀获殆尽。这是使用陌刀破敌的又一个战例。另外，大唐名将哥舒翰也用陌刀阵破过顽敌。能把敌人骑兵连人带马砍为两段，可见陌刀斩杀力之强。但由于其制作技术要求极高，也只有大唐的强盛国力才能大量制造，也只有大唐的军队才能成建制地装备陌刀。

由陌刀、陌刀队和陌刀阵法，让人联想到了公元前4世纪，欧洲亚历山大大帝的马其顿步兵方阵，他们的军队经过严格训练，把长矛的威力发挥到了极致。但近战能力弱，灵活性差，两侧易受到攻击。而陌刀阵法，不但突显了陌刀的砍斫威力，而且能与弓弩手、马军、跳荡、驻队等联合作战，可以远近结合，攻防兼备，是一个有机的作战整体。但两种战阵相隔时间甚远，不可相互比较，否则就有关公战秦琼之嫌了。

　　至于三尖两刃刀，也就是《武经总要·器图》中的"掉刀"，是在陌刀、拍刀的基础上改进而成的，加长正中的前锋，增加了突刺功能，加厚中脊，使刀头不易折断，又增加了重量，加大了砍斫力度，刀头甚是长大，相当于兵器总长的1/3。李公麟的《免胄图》与《武经总要》的编撰的时代相同，画中的三尖两刃刀与《武经总要》"掉刀"则可互为参照。

金箍棒的来龙去脉

——中国古代的砸击兵器（之一）

　　在明人吴承恩《西游记》中，齐天大圣孙悟空闯入龙宫，得到了东海龙王敖广的镇海之宝，幻化成如意金箍棒，据说这是大禹治水时留下的定海神铁，重一万三千五百斤。他手使这条金箍棒，闹三界天宫地府鬼神惊，保唐僧西天取经成正果。在第八十八回"禅到玉华施法会，心猿木母授门人"中，孙悟空夸赞他的金箍棒时说："鸿蒙初判陶熔铁，大禹神人亲所涉。湖海江河浅共深，曾将此棒知之切。开山治水太平时，流落东海镇海阙。日久年深放彩霞，能消能长能光洁。老孙有份取将来，变化无方随口诀。要大弥于宇宙间，要小却似针儿节。棒名如意号金箍，天上人间称一绝。重该一万三千五百斤，或粗或细能生灭。……混沌仙传到如今，原来不是凡间铁。"（图一）

　　说来说去，金箍棒就是一根被作者神化了的棍棒，一种极其普通的砸击兵器，既便于携带，又容易制作，所以古人多用它来防身。明代通俗小说《水浒传》中，许多好汉都曾使用它。景阳冈武松打虎用的是棍棒，可是因为心慌，使尽平生力气，却打在粗大的树枝上，虎没打着，却把梢棒打折了。在柴进庄上，九纹龙史进向八十万禁军教头王进学武艺时，首先学的是棍棒。第九回"柴进门招天下客，林冲棒打洪教头"写得非常精彩。林冲发配沧州，路过柴进庄上，与洪教头比试的也是棍棒。那时皓月当空，照如白昼。两个斗了五六个回合，林冲因为是戴着枷锁争斗，便要少歇。摘去枷锁，二人再度较量。少了枷锁，林冲威风顿长。洪教头急于取胜，抬棍使了个"举火烧天"式，林冲便使了"拨草寻蛇"式。待洪教头的棍棒劈头砸将下来，林冲不慌不忙，将身一退，躲过一棒，又是一跳，顺势一棒横扫过来，正打在洪教头的臁儿骨上。洪教头撇了棒，仆倒在地。

宋《武经总要·器图》中收录有棍棒七色，曰"诃藜棒、钩棒、杆（捍）棒、杵（拤）棒、白棒、抓子棒、狼牙棒"。其中以杆棒、白棒与孙悟空和梁山好汉使用的棍棒相似。杆棒用质地坚硬的木棍制成，长五尺左右，大致与人的身高相当（图二：1左），梁山好汉武松、林冲等人使用的就是它，称之为梢棒或杆棒。白棒是不加漆饰的木棒，

图一
孙悟空的金箍棒

从《武经总要》附图看，两端当刻饰有花纹（图二：2中），或与孙悟空的金箍棒相似，不过金箍棒为神铁制成，两端加饰金箍。至于其他五色棒类乃是杆棒、白棒的异化之形。

　　若论棍棒的历史，远比其他兵器早得多，当由原始社会先民的狩猎工具发展而来，后来又把一端削尖，用作松土播种，成了农具。到了原始社会晚期，间或用于部落间的争斗，随之成了兵器。在古代文献中，棒有"棍、棓、梃、吾、杵"等别称。《尚书·武成》记载，武王伐纣时，商、周大军战于牧野，"前徒倒戈，攻于后以北，血流漂杵"。这恐怕是棒类兵器用于战争最早的记载了。春秋战国时期出现了用铁制作或用铁加固的棍棒，如《六韬·军用篇》曾提到有"方首铁棓"的兵器。《吕氏春秋·贵卒》记载，中山国与赵国作战时，有个叫吾丘鸠的大力士，身穿铁甲，手持铁杖，"所击无不碎，所冲无不陷，以车投车，以人投人也"，最后终因力竭战死。

图二
1. 杆棒
2. 白棒
（《武经总要》）

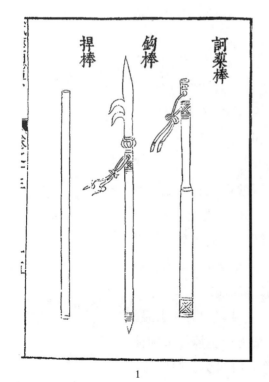

1

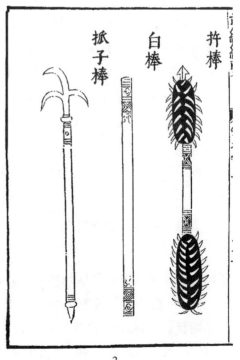

2

金箍棒的来龙去脉——中国古代的砸击兵器（之一）

三国时期，棍棒在军队中是不可缺少的辅助性兵器，《抱朴子·至理》记载，东吴有山贼作乱，刀枪不能入。吴主麾下贺将军精选五千名身强力壮的士卒，手持白棓前往征讨，遂大破山贼，"所打煞者，乃有万计"。《三国志·魏书·钟会传》又记载，曹魏晚期，钟会不满司马氏专权，胡烈即放出谣言，说钟会军中埋伏了数千名白棓武士，并挖下了大坑，准备引诱击杀其他军队的士兵（"会已作大坑，白棓数千，欲悉呼外兵入，人赐白帕，拜为散将，以次棓杀坑中"）。

　　南北朝、隋唐时期，军队中也还在使用棍棒。《北史》记载，西魏猛将王罴曾用白棒退敌。一次，齐神武帝派部将乘夜渡过黄河，偷袭王罴，天亮后，北齐的将士已经登梯入城。王罴被门外震天的杀声吵醒，遂赤身跣足，双手抢起白棒，抢步而出，大呼："老罴当道卧，貙子怎能过！"敌人被吓得仓皇后退。王罴追到东门，恰恰他的部下也已赶到，于是合力击败敌军。保住了城池。唐代兵书《神机制敌太白阴经·器械篇》记载，在唐代，一军兵员为12500人，其中有2500人装备棍棒，为"二分"，也就是使用棍棒的士兵占总人数的20%。《李卫公兵法辑本》，"部伍营阵"中也说，当时军队作战，非常重视马军、战锋队、弓手、弩手、跳荡、驻队、奇兵等多兵种配伍，混合列阵。阵列中的弓弩手除有弓弩、箭矢之外，还配备陌刀、棍棒类格斗兵器，肩负双重任务。当敌人进入有效射程后，他们张弓搭箭，注矢射敌。敌人冲到近前时，他们便更换兵器，手持陌刀、棍棒，随战锋队"齐入奋击"，共同御敌。天宝年间，"神通大将"李嗣业随高仙芝征讨石国、大食国，扼守白石岭，用大棒击杀敌兵百十人，救了高仙芝。

　　宋代的棍棒类兵器有七种，已见于《武经总要》著录。到了明代，军队中的格斗兵器也没有把棍棒丢掉，朱国桢《涌幢小品·兵器》记载，"棍有五等，曰双头，曰闷棍，

曰脚棍，曰操钩，曰狼头棒"。抗倭名将戚继光编著的兵书
《练兵纪实》和《纪校新书》中，绘制有棍棒的形制及演练
套路招式图（图三），他把棍棒的演练技法视为练习其他兵
器的基础，形象地把用棍之术比作习书读经，说："用棍如
读四书，钩、刀、枪、钯如各习一经。四书既明，六经之
理亦明矣。"明代军队中使用的棍棒，一种是以坚硬木杆
制作的木棍，叫少林棍，一般长八尺或八尺五寸（见茅元
仪《武备志·军资乘·器械三》）。另一种叫大棒，《练兵纪
实·难集·军器解上》中说，大棒"长七尺，重三斤八两"，

图三
演棍图 明
（《练兵记实》）

前端刃形似鸭嘴，长二寸，有中锋（图四：1）。戚继光率领的戚家军中，还使用一种把棍和刀结合在一起的格斗兵器——夹刀棍（图四：2），即在棍棒的前端加装一柄直刃刀，"刃长五寸，更短更妙"（同见《练兵纪实·难集·军器解上》）。《储练通论》中说："夹刀棍，可打可戳，步下则可戳马腹，马上足能敌刀洞甲，则可长于敌之钩刀矣。"可见它是步兵、骑兵都能够使用的兵器。

棍棒类兵器因为是纯以木质做成的，极易朽毁，很难有实物资料保存下来。其早期的图像资料见于安徽马鞍山三国孙吴的朱然墓中，此墓出土了多件漆器，其中一件漆盘的内底绘有两个童子持棍对舞的图像。从二人一腿弓、一腿绷的弓箭步，以及身体前倾、四臂上举、二棒相交的姿势看，他们正在按一定招式练武（图五）。我们或可以推断，有一定招式的棍术已推广至儿童，又由匠师绘制在漆器上，可见到了三国时期，棍术已经过了较长期的演进，而且有相当广泛性。这件漆盘的外底，朱书"蜀郡作牢"四字，当是四川蜀地的产品。

《武经总要·器图》中收录的棍棒类兵器中，柯藜棒、钩棒、杵棒、抓子棒、狼牙棒与传统的棍棒形制相去较远，本文不拟详细讨论，倒是有一种古来称作"殳"的砸击兵器，无论形状还是使用方法与棍棒极为契合。这种兵器始见于春秋，《释名·释兵》曰："殳，殊也，长丈二尺而无刃。有所撞挃于车上而使殊离也。"查阅古籍，殳又称"杸"，为车之五兵之一，《周礼·夏官·司兵》郑玄注引郑司农语云："五兵者，戈、殳、车戟、酋矛、夷矛。"在古代文献中，还有武士持殳作战的记载，语见《左传·昭公二十一年》。张匄担任过吕地封人华豹战车的戎右，在与晋国作战中，两车交毂，晋国公子城一箭射死了华豹，张匄急了，抽殳跳下了战车准备拼命，又被公子城一箭射中腿部。张匄不顾疼痛，挣扎爬了起来，挥殳砸断公子城的车辀。

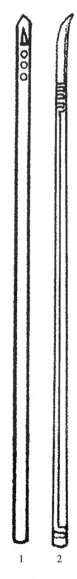

1   2

图四
1 大棒　明
（《练兵纪实》）
2 夹刀棍　明
（《练兵纪实》）

在古代，殳也作仪卫兵器使用，《诗经·卫风·伯兮》："伯也执殳，为王前驱。"

至于殳的形制，《说文·殳部》云："以杖殊人也"。《周礼》："殳以积竹，八觚，长丈二尺，建于兵车，旅贲以先驱。"《考工记·庐人》："凡为殳，五分其长，以其一为之被而围之，叁分其围，去一以为晋（镈）围，五分其晋围，去一以为首围。"也就是说，殳长一丈二尺，以积竹为柄，上有金属做的殳首，末端有金属做的镈。

在考古资料中，曾侯乙墓和秦始皇陵兵马俑坑都曾出土过殳类兵器。曾侯乙墓北室北部、东部出土殳7柄，一般长3.5米左右。柄以积竹法做成，断面呈八棱形（也就是文献所说的"积竹、八觚"），其外用丝线缠裹加固，再髹黑漆、红漆。殳头由锋刺和鎏筒组成。有三条锋利棱刃，棱刃中段略凹，向上略侈再收聚成前锋。锋刺后为鎏筒，断面呈八棱形。其中6件外表浮雕盘绕的龙形纹饰，在殳筒以下50厘米左右还套装一个龙纹青铜花箍。其中3件在刃的一侧，篆书

金箍棒的来龙去脉——中国古代的砸击兵器（之一）

图五
对棍图漆盘　三国吴
（安徽马鞍山朱然墓出土）

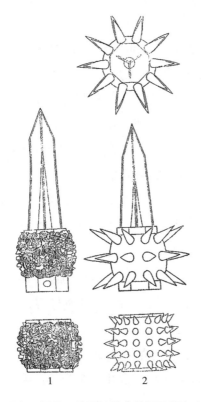

图六　铜殳　战国初期（曾侯乙墓出土）

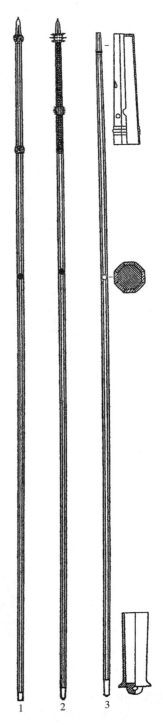

图七　铜殳　（曾侯乙墓出土）

铭文"曾侯郕之用殳"六字（图六：1、图七：1）。另一件筒镤作八棱刺球状。柄的末端套有角质镦（图六：2、七：2），古籍中把这种有锋刺的殳称为"锐殳"。同墓还出土了14柄殳类兵器，竹简中称之为"晋杸"，它的首端作八棱青铜套筒形，顶端小，末端大，积竹柄，镦呈八棱筒状，底部附有半环状纽，通长与有锋刺的殳相近（图七：3）。河北省平山县中山王墓出土的殳也是这种形制，《发掘报告》称木皮铁杖，杖头铜铸，呈圆筒形，底部比殳的殳筒略大，突起如蘑菇形。外表也用金银错折线三角纹和卷云纹。杖镦也为铜铸，呈八棱筒形。外

古兵探赜

204

表用金银错出折线三角纹，内衬卷云纹。殳柄铁制，外面用整条木皮拼贴，再用丝线缠紧，最后用绛红色漆反复髹饰。内外结合牢固，出土时惜已锈蚀残断（图八）。观其形制，笔者认为，与曾侯乙墓出土的晋殳相近，杖头当为"镈"，杖镈当为"头"，亦当入晋殳之列。由于殳有铁制的，有时

图八
铜殳 战国初期
（河北平山县中山
王出土）

图九
铜殳 秦
（秦始皇兵马俑坑
出土）

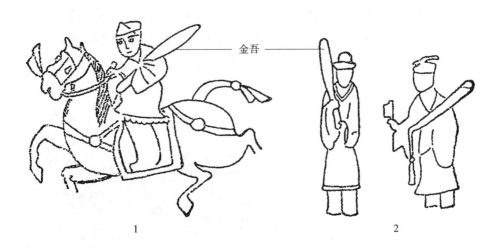

金吾

1

2

古兵探赜

也称作铁杖。整柄殳装饰华美，当为王族所用。秦始皇陵兵马俑3号坑也出土了多柄殳，殳头呈筒形，筒顶作多棱锥状，由青铜铸成，长约11厘米。殳头后装长柄，柄末有镦（图九）。从出土地点和三号坑的性质分析，当为仪卫用兵器。

棍棒类兵器中，除了格斗兵器外，还有一种较短的棍棒，以作卫体兵器之用，其名曰"梲"。1974年北京大葆台西汉广阳王刘建墓的棺椁中，出土了一根短棍，长仅48厘米，断面呈八棱形，铁芯外包铜，两端为银头。通体银错菱形纹和红铜云涡纹，制作极为考究，出土于内棺之上，当为广阳王刘建亲用。类似的短棍徐州狮子山楚王墓也出土过两根，青铜铸制，断面呈四棱形，长28厘米。短棒又称为"吾"，是为仪卫兵器，《古今注》云："汉执金吾，亦棒也。以铜为之。黄金涂两末，谓之'金吾'。"汉代画像石中有其图像（图一〇）。

八大锤兵器溯源

——中国古代的砸击兵器（之二）

在传统京剧中，有一出剧目叫《八大锤》，说的是南宋初年，岳飞抗击金兵，在朱仙镇（今河南开封附近）与金兀术率领的金兵大战，麾下有四名手使双锤的骁将，剧目改编自清代钱彩的通俗小说《说岳全传》。该书第五十五回"陆殿下单身战五将　王统制断臂假降金"中说，金军中小将陆文龙骁勇善战，岳飞命岳云、严成方、何元庆、狄雷，还有张宪，用车轮战法与陆文龙鏖战的故事。后王佐断臂，陆文龙归宋。第五十八回"再放报仇箭戚方丧命　大破金龙阵关铃逞能"，这四员勇将再奋神威，与关铃大破金龙绞尾阵的故事。书中这样写道：酣战中，"岳公子银锤摆动，严成方金锤使开。何元庆铁锤飞舞，狄雷铜锤并举。一起一落，金光闪灿，寒气缤纷。这就叫'八大锤大闹朱仙镇'，杀得那些金兵尸如山积，血若川流"（图一）。书中故事虽属虚构，但这次征战史籍有载，锤类也是宋代军队中较多见的兵器之一。

朱仙镇之战是岳飞北进收复中原颍昌战役中的一战，发生于绍兴十年（1140年）夏，《宋史》卷三六五记载："飞进军朱仙镇，距汴京四十五里，与兀术对垒而阵，遣骁将以背嵬骑五百奋击，大破之"。遂使金人闻风丧胆，南宋史家吕中在《中兴大事记》中说，岳飞"其用兵也，尤其善以寡胜众。……其战兀术也，于颍昌则以背嵬八百。于朱

仙镇则以背嵬五百，皆破其众十余万。虏人所畏服，不敢
以名称"。书中所说的背嵬军是岳家军精锐中的精锐，尽为
骑兵。而率领背嵬军的"骁将"中，岳云是主要将领之一。
因为在颍昌大战中，他一直在冲锋陷阵，《宋史·岳飞传》
记载，"云将背嵬战于（颍昌）城西"，"云以骑兵八百挺前
决战，步军张左右翼继之"。同书同传"附子云"记载，岳
云"颍昌大战，无虑十数，出入行阵，体被百余创，甲裳
为赤"。"攻下随州，又攻破邓州，襄汉平，功在第一"。征

图一
《说岳全传》
插图

蒜頭　蒺藜

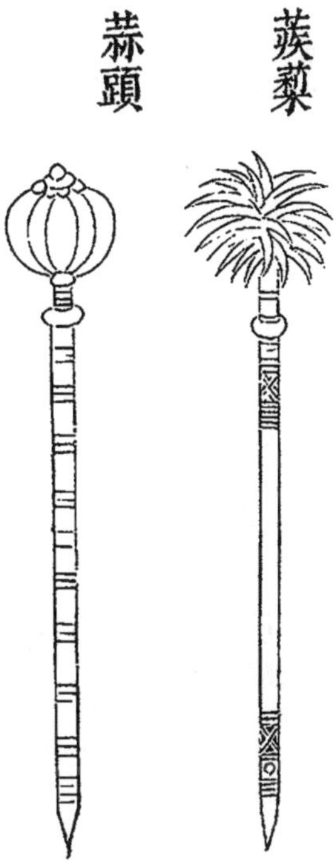

图二
骨朵与蒜头
（《武经总要》）

槌鎗

图三
槌枪
（《武经总要》）

战中，岳云用的兵器就是锤，"每战，以手握两铁椎，重八十斤，先诸军军登城"。在军队中，都尊称他为"赢官人"。

书中所说的铁椎，就是铁锤，为砸击类兵器。小说、戏剧中所载颇多，其中尤以《隋唐演义》中的第一猛将李元霸最为离谱，书中说他是李渊的四子，长得骨瘦如柴，却力大无穷，使一对铁锤重八百斤，打遍天下。最后因迁怒天雷，被自己抛起的铁锤砸死。且不说与历史的差距，就是那一对八百斤重的铁锤，加上本人的体重，以及盔铠甲胄，起码重逾千斤，什么样的战马才能供他骑乘？再说这么重的兵器怎么用于厮杀格斗？就是《宋史·岳飞传》所说岳云所用"重八十斤"铁锤，肯定也有所夸张。南宋时期一斤约合今640克，八十斤相当于102斤。一个成年人即使再精壮，也不可能舞动八十斤重的兵器。又，将士在搏杀时，无论是骑马还是步战，无论用锤砸击敌人还是他的战马，都没必要使用那么重的兵器。但锤的分量较重却是事实，只有孔武有力的人才能用得。北宋曾公亮所撰《武经总要》卷十三"器图"收录有相类的兵器，称为"骨朵"（图二），又叫"蒜头"，也有头端有许多尖刺，形若蒺藜者，遂称"蒺藜"。书中文字说："骨朵、蒜头，骨朵二色，以铁若木为大首。迹其本意为胍肫，大腹也。为其形如胍肫而大。后人语讹以胍为骨，以肫为朵。其首形制不常，或如蒺藜，或如蒜首，俗亦随宜呼之。"乃北

209

方人的称呼，若称花蕾为花骨朵。书中还收录了一种与骨朵形状十分相似的"槌枪"，用硬木制成，长柄，教习所用（图三）。

图四
持骨朵的契丹武士
（内蒙古巴林右旗庆陵壁画）

图五
持骨朵武士石雕刻
（四川泸山宋墓出土）

若论骨朵与锤的区别，或只是形体、大小与长柄、短柄的不同，长柄的是骨朵，短柄的是锤；骨朵头有作蒺藜形带刺的，锤则多为圆形、椭圆形；再则锤多是单手使用，两手各持一柄，左右并举，更适用骑兵马上作战。单锤多装长柄，步战使用；在功用上，锤多用于征战，骨朵除用作格斗兵器外，也常作仪卫兵器使用。蒺藜一般多装长柄，常用于步战，它的砸击功用不如锤类，但能钩锁敌人的兵器、衣甲，把敌人拉于马下。

从史籍和考古资料上看，在当时，锤不但是宋朝军队中使用的兵器，辽、金、西夏都在使用。如同在《说岳全传》中，金军骁将完颜金弹子也使两柄铁锤，曾与岳云酣战八十余合。究其宋金时期，军中常用锤类砸击兵器的原因，一是宋代已进入冷兵器与火器并用的时代，钢铁炼制技术日渐提高，用其制作的铠甲防护性能比前代更好，斫刺类兵器往往不能透穿铠甲，而用于击打的砸击类兵器不必穿透铠甲，通过强力撞击力杀伤敌人，凸显出更优越的性能；其二它本来就是草原牧猎民族常用的兵器，最适合骑兵马上作战，自上而下击打威力极大。内蒙古、辽宁、河北等辽、金、西夏壁画墓中，有手持骨朵的仪卫形象（图四）。

骨朵用作仪卫兵器的记载颇多，《宋史·仪卫志》："凡皇仪司随驾人数，崇政殿只应从四指挥，共二百五十人，执擎骨朵，充禁卫。"宋祁《宋景文公笔记》记载，宋时宫廷中就有手持骨朵的仪卫，称为"御龙骨朵

图六
持骨朵的宋朝武士
（宋画《却坐图》）

八大锤兵器溯源——中国古代的砸击兵器（之二）

211

子直"。河南禹州白沙北宋一号墓、四川泸县宋墓均出土过手持骨朵的石雕武士像非常生动（图五）。甚至传世宋代名画中，如《却坐图》（图六）、《文姬归汉图》中也能见到。内蒙古通辽二林场辽墓、辽宁朝阳边杖子辽墓、辽宁法库叶茂台十四号辽墓都出土过铁制的骨朵，但多已锈损。其中以通辽出土的保存较好，整体呈椭圆球形，环周突起十三道凸棱。顶部有瓜蒂状突起。骨朵中间有供装柄的銎孔，高约5.5厘米。出土时尚有木柄的残余。黑龙江哈尔滨市新香坊金墓出土一柄银骨朵，头银制，呈椭圆球形，柄由银片围卷而成，上粗下细，末端接铁镈，惜已锈蚀，通长137厘米（图七）。其形制与内蒙古巴林右旗辽庆陵壁画中契丹武士手持的骨朵相似，当为仪卫兵器。

　　锤、骨朵出现的历史非常久远，最早可以到新石器时代晚期。甘肃武威皇娘娘台齐家文化遗址中，发现过石制的棍棒头，呈椭圆形，中间有装柄的圆孔，外部边缘有八个向外突出的钝齿，直径10厘米（图八）。从其形状、大小来看，以装短柄最为合适，单手使用，是非常称手的砸击兵器（或狩猎器械）。距今已有4000多年的历史了。到了商周时期，随着青铜冶铸术的逐渐成熟，便开始用青铜铸造棍棒头，其形状以扁球形为主体，向外伸出多角形或短棘状突刺，发现地域仍然在北方、西北草原地带。如1975年陕西扶风出土的一件青铜棍棒头，俯视呈五角形状，高6.2厘米，中间有直径1.8厘米的銎孔（图九）。看来是装短木柄使用的卫体兵器，时代为西周时期。鄂尔多斯青铜器中，也有棍棒头发现，它们的直径大多8～10厘米，头上往往突起数个或十数个凸突，还有呈椭圆形的，外周有多道瓜棱，酷似小倭瓜（图一〇至一二）。它们常常与啄戈、管銎斧、管銎钺等兵器

图七
银骨朵　金（黑龙江哈尔滨新香坊金墓出土）

图八
石棒头　齐家文化（甘肃武威娘娘台出土）

图九　青铜棒头　西周
（陕西扶风出土）

图一〇　青铜棒头
（《鄂尔多斯青铜器》）

图一一　青铜棒头
（《鄂尔多斯青铜器》）

图一二　青铜棒头
（《鄂尔多斯青铜器》）

同出，是北方草原牧猎民族使用的兵器，或许也兼作猎捕野兽的械具使用。同样或相似的兵器在我国境外的蒙古国、伊朗，以及亚美尼亚、达吉斯坦也有发现，其形制相似或有所区别，用途、用法也大致相同。在中世纪的欧洲战场上，钢铁制战锤是攻坚利器之一。它的形状是上、下各出一个尖锋，上面的尖锋呈钩状。其巨大的砸击力可以有效杀伤身着软马甲、板甲的敌人。

秦汉时期，史籍中有关于以锤作兵器的记载，如《史记·魏公子列传》中说，公元前257年，秦昭王兵围赵国都城邯郸，信陵君窃得虎符救援赵国，和兵符后老将晋鄙仍有疑惑，信陵君随身力士朱亥用重40斤的铁锤击杀了晋鄙。又，同书《留侯世家》记载，张良曾结交一位力士，善用铁椎（锤），重120斤。他们趁秦始皇东巡之时，准备在博浪沙（今河南武阳县东南）击杀之，误中副车，秦始皇得以幸免。又，先秦的兵书《六韬·犬韬·军用》中，太公吕尚讲述三军军器装备，其中有柄长5尺、重8斤的方首铁锤，有柄长2尺以上、重五斤的椓杙大槌。汉代画像石中，也发现过锤的图像。但作为锤或骨朵的实物，从秦汉到隋唐五代，却一直没有发现过。宋、辽、金之后，蒙元的骑兵横扫欧亚大陆，锤和骨朵也是他们称心应手的兵器，此时锤的形状与宋、辽的相近，多是六棱或八棱的瓜锤。明清两代军队中仍沿用宋元两代的瓜锤，有铜质的，也有铁制的，如清代绿营兵就把双锤作为兵器之一（图一三）。同时也把它作为仪仗器具使用，装长柄，锤首表面鎏金鎏银，竖装的称立瓜，横装的称卧瓜。至于八棱紫金锤、亮银锤、擂鼓瓮金锤、青铜倭瓜锤，或与锤表鎏涂的颜色有关，或是小说家言，与我们探讨的问题无直接关系。

在骨朵类砸击兵器中，还派生出一个亚型，它的形状呈球形或方形，与骨朵大同小异，但没有装木柄的銎孔，而在球体的顶端或方体的一侧铸有一个半环形纽，通过环纽拴系链索，投掷出去击杀敌人，时人称之为流星锤，又叫飞锤。一般多作暗器使用，图像见于明天启年间茅元仪编纂的《武备志·军资乘·器械三》书中还记载了它的使用技法，"锤有二，前者为之正锤，后面手中提者为之救命锤"（图一四）。使用时，前手之锤用于击敌，后手之锤用于防御，前手锤若击敌不中，用后手锤抵挡对方兵器的攻击，以此保命。流星锤后面接铁链或绳索，对方很难格挡，但也难以习练。

这种流星锤在先秦的鄂尔多斯草原牧猎兵器也可以见

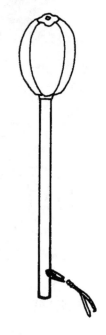

图一三
绿营双锤　清
（《清会典·武备》）

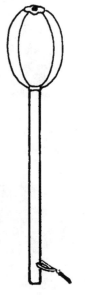

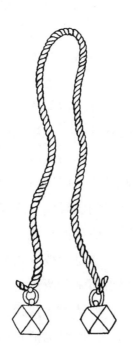

图一四
流星双锤　明
（《武备志》）

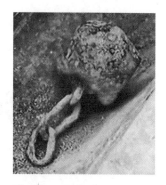

图一五　青铜流星锤　　　　图一六　青铜流星锤　　　　图一七　铁链锤　明末
（《鄂尔多斯青铜器》）　　　（《鄂尔多斯青铜器》）　　　（四川眉山彭山江口出土）

到，有的呈球形，外面突出乳丁，有的呈多面体，还有的作秤砣状。不论其形状如何，都具备一个共同的特点——都有鼻纽。在鼻纽上拴上较长的绳索就是流星锤（图一五、一六）。如果装短链，链后接装短木柄，就是链锤。靠抛甩动作，其击打的力度比普通的锤或骨朵更强。2020年在四川眉山市彭山区江口发掘张献忠沉船遗址时，出有一件铁链锤，锤头多边体，鼻纽上连接着两节链环，铸制时代不明，但起码说明，到明代末期这种兵器还在使用（图一七）。蒙古、元朝的骑兵也使用这种链锤，锤的形状多呈六角形。这种兵器在欧亚大陆的许多国家都曾出土过，这应该是相同的地理环境和文化相互交融造成的结果。

三鞭换两锏

——中国古代的砸击兵器（之三）

鞭

　　清乾隆年间鸳湖渔叟校订的通俗小说《说唐演义全传》第四十六回"小秦王夜探白璧关，秦叔宝救驾红泥涧"中说，李世民和程咬金夜探白璧关时被尉迟恭发现，程咬金战他不过，回营搬请救兵，秦琼赶来救驾，催马持枪与尉迟恭战在一处。追至美良川，尉迟恭把枪交至右手，左手抽出钢鞭，想偷袭秦琼。哪知秦琼早有防备，也收起了枪，拽出两支金装锏来。尉迟恭举鞭砸下，秦琼用左手锏架开钢鞭，右手锏打向尉迟恭。尉迟恭用枪挡开金装锏，又用鞭打秦琼。两人一来一往，尉迟恭打了秦琼三鞭，秦琼还击了尉迟恭两锏，遂传为美谈。小说记述了鞭、锏两种砸击兵器，也记述了两位善使鞭、锏的武将，同时说明了这两种兵器的使用情况，它们都是常用兵器之外的辅助兵器，作卫体或偷袭之用。《说唐后传》第二回"白良关宝林认父，杀刘方梅夫人明节"又有尉迟宝林以钢鞭为信物，白良关前与其父尉迟恭相认的故事。把钢鞭演绎得风生水起。但研求历史，唐代尚没有钢鞭这种兵器，据史书记载，尉迟恭是一位擅长用槊（矛，又叫枪）的名将，不但善于用槊，还能避槊、夺槊。在历史上，钢鞭出现在五代时期，

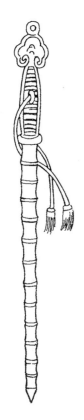

比尉迟恭的时代晚了将近200年。

《新五代史·安重荣传》记载，五代后晋有一名叫安重荣的猛将，曾让人打造了一柄大铁鞭，并将其神化，说用它指人，"人辄死"。人称"铁鞭郎君"。这是史书中有关铁鞭的最早记载。北宋仁宗庆历三年（1043年）曾公亮撰修的《武经总要·器图》绘有铁鞭的图形，鞭身呈竹节形，根部较粗，越往前越细，鞭身后有护手、短柄和首。当以竹鞭为其原型（图一）。四川泸县宋墓石雕中有持鞭武士的图像，武士头戴虎头兜鍪，身着铠甲，外罩敞胸窄袖战袍，足蹬长筒战靴。他的右手持鞭，左手抚右小臂。鞭呈竹节形，鞭首有环，环上系绳绦（图二）。就总体形状而言，鞭虽与剑相似，但因鞭身是圆柱形的，分量自然比剑要重许多，其用途是用来砸击敌人，而不是斫刺。所以它只是一种少数身大力猛的人才能使用的特殊兵器，常人难以问津。宋代史书也有武将使用铁鞭的记载。北宋开国时期，追随赵匡胤南征北战的有一位名叫王继勋的猛将，每临阵常用铁鞭，敌将莫敢前，他还常用铁槊、铁挝。军中都称他为"王三铁"。后因恃功自傲，骄奢淫逸无度，被太宗赵光义斩杀。事见《宋史·王继勋传》。又如宋代开国将领呼延赞，曾在殿前献艺，"具装执鞭驰骑，挥铁鞭、枣稍施绕廷中"。而在文学作品中，

图二　持鞭武士石刻　宋
（四川泸县宋墓出土）

宋代用鞭的武将很多，如《水浒传》中的呼延灼（呼延赞的后人），善用两条水磨八棱钢鞭，他操练的连环马曾让梁山人马吃尽苦头。还有孙氏兄弟，哥哥孙立绰号"病尉迟"，"射得硬弓，骑得劣马，使一管长枪，腕上悬一条虎眼竹节钢鞭"。弟弟孙新，生得身长力壮，全学得哥哥本事，使得几路好鞭、枪，号"小尉迟"。第五十五回"高太尉大兴三路兵，呼延灼摆布连环马"中，呼延灼与孙立有过交手，二人"单鞭对双鞭，左盘右旋，三十余合不分胜败"。

古兵探赜

到了明清时期，铁鞭仍在军队中使用，明代有一种将冷兵器与火器结合在一起的兵器，叫"雷火鞭"，以铁鞭为原形，长三尺二寸，木柄。前端五寸空心，可装火药和三枚铅子，下面锥有火眼，记载见于茅元仪《武备志·军资乘·火十》，并附有图形（图三）。这种兵器既可以像鞭一样用来砸击敌人，还能像火铳一样射击敌人。这种雷火鞭的实物我在徐州博物馆见过，鞭身铁制，作圆柱形，龙头形吞口，根部有一个小圆孔作火眼。花瓣形铜格手，短柄，瓜棱形铜鞭首（图四）。清代健锐营装备铁鞭，《清会典·武备十三》说：

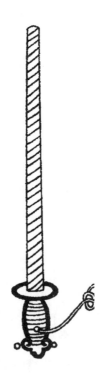

图三
雷火鞭　明
（《武备志》）

图四
雷火鞭　明
（徐州博物馆藏）

图五
铁鞭　清
（《清会典·武备》）

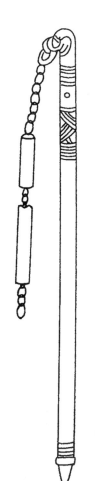

图六
连珠双铁鞭 宋
（《总经总要》）

"乾隆十四年制，炼铁，横棱如竹节，长二尺二寸五分。銎为铁盘，厚一分五厘。柄长六寸，围三寸，木制，鬃以漆，末钻以铁。"绿营兵也用单鞭或双鞭（图五）。明清以降，鞭也是民间练武的器械。

《武经总要·器图》中还收录了一种"联珠双铁鞭"，是在鞭首上加装铁链，铁链上连有两节短铁棒（图六），挥舞击敌，更便于马上使用。

锏

锏，又称作简，是一种在形制和功用上，与鞭大体相似的砸击兵器，只是形状略有不同。《武经总要·器图》文字说明中即把它们归为一类，只是因为锏身作四棱形，其形象先秦、两汉的竹木简而得名，"皆鞭类也"。该书中同样有其图像（图七）。当今铁锏的实物尤以李纲用的锏最负盛名了。这柄锏发现于福州市金鸡山靶场军械库内，现收藏于福建省博物院，为一级文物。锏身呈四棱形，自后往前渐细，锏的格手呈四瓣花形，锏首作棱瓜形。从首至锏顶全长96.5厘米，重约6千克，近格手处有"靖康元年李纲制"七字错金篆书铭款（图八：1、2）。北宋靖康元年为公元1126年，就是在这一年，金兵大举南侵，攻破宋都汴梁，掠走徽、钦二帝，激起了中原军民奋起抗金的浪潮。李纲为主战的代表，一位文臣，却制作了这柄铁锏，彰显了他赤胆报国，誓死抗金的决心。

说到善于使锏的武将，人们首先想到的就是秦琼，他祖上传下来的绝世

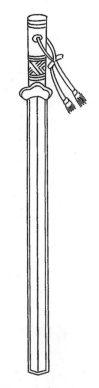

图七 铁锏 宋
（《总经总要》）

兵器，"是两条一百三十斤镀金熟铜锏"，有万夫不当之勇。他凭借这两条金装锏，在临潼山楂冈救过李渊、美良洲救过李世民，为建立唐朝立下了汗马功劳。当然这是小说家言，不是历史。因为当时锏还没有出现，秦琼实际上是一名善用稍的勇将，《新唐书·秦琼传》云："每敌有骁将锐士震耀出入以夸众者，秦王辄命叔宝往取之。跃马挺枪刺于万众中，莫不如志。"

　　史书中记载用锏的武将在宋代，见于《宋史·任福传》，康定二年（1041年），宋军与西夏在好水川发生过一场恶战，宋将任福"力战，被十余矢"，仍"挥四刃铁锏，挺身决斗"。中兴四将之一的岳飞也曾手执四棱铁

古兵探赜

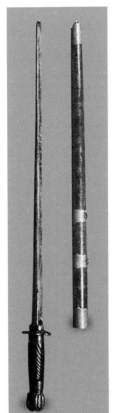

图八
1.李纲锏　宋
（福建福州市金鸡山出土）

2.李纲锏铭文

1

2

图九　双铁锏　清
（《清会典图》）

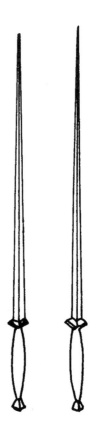

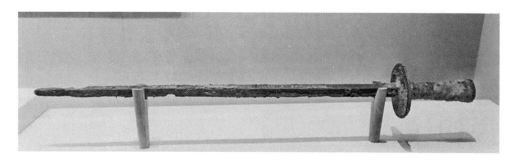

图一〇
铁锏　唐
（徐州博物馆藏）

锏，冲陷敌阵（事见《鄂王纪实编年》）。在牧猎民族中，金国勇将乌延查拉好用双铁锏，查拉"力兼数人"，"左右手持两大铁简，简重数十斤，人号为铁简万户"（《金史·乌延查拉传》）。文学作品中，说岳飞爱将牛皋善使双锏（钱彩《说岳全传》），但未见正史记载。和鞭一样，锏到明清时仍在使用，《清会典图图·武备十三》记载，绿营兵的器械装备中有双锏，并附有图像（图九）。

　　学界普遍认为，和鞭一样，锏也是在北宋时期才出现的兵器。探讨鞭、锏类砸击兵器之使用，当是宋代以后，盔甲等防护装备质量普遍提高造成的，用于扎刺、砍斫的常规兵器往往不能洞穿其甲胄，而砸击类兵器靠瞬间的强力击打往往能更有效地杀死、杀伤敌人。一个偶然的机会，我在徐州博物馆展厅中，见到一柄铁锏，为馆藏品，形制与李纲锏相似，前锋有钝尖，圆盘状格手，短铁柄，标签说明其时代为唐代（图一〇）。因时间仓促，未能细询详察，在此谨提供参考。

三　鞭换两锏——中国古代的砸击兵器（之三）

说钩镶

在山东嘉祥武氏祠画像中，有一幅水陆攻战图，图中武士或骑马，或乘车，或徒步，或驾舟，围绕着一座桥梁激战正酣。其中几个武士手执握的兵器令人关注，他们右手持环首刀，左手举一个似盾非盾、上下两端伸出长钩的兵器，这种兵器就是我们要讨论的钩镶——我国古代兵器中一种独特的兵器（图一）。

说它独特，一是它的形状独特，中间一块镶板，上下两端各探出一个弯钩，像盾又不是盾；二是它使用方法独特，功用独特，既可格挡防御，又可钩锁进击，攻防两用，

图一
画像石胡汉战争图
东汉
（江苏铜山苗山镇）

钩镶

钩镶

兼而有之；三是使用时间短，只在汉晋时期使用，而且是我国独有的兵器。

钩镶之名见于东汉，刘熙《释名·释兵》中说："钩镶，两头曰钩，中间曰镶，或推镶，或勾引，用之之（皆）宜也。"钩镶又叫钩拒，传说是公输班（鲁班）创制的，记载见于《墨子·鲁问》："公输子自鲁南游楚，焉始为舟战之器，作为钩强之备，退者钩之，进者强之，量其钩强之长，而制为之兵（学者一般认为钩强即钩镶）。"在江苏连云港尹湾6号西汉墓出土的"武库永始四年兵车器簿"中，只有一条钩镶的记载："镶一。"镶即钩镶，只一件，可见数量之少。永始四年为公元前13年，西汉末期。但我们至今尚未发现战国乃至西汉时期的实物，目前所见到的钩镶都是东汉的，而且数量很少，只发现为数不多的几件。

我们所见的钩镶都是铁制的，以长条形镶架为主体，上下两端向前弯曲，呈钩形。中间向后弯曲，呈扁方形，可容一手执握，称镶鼻。镶鼻的前方铆接一块椭圆形或圭形的铁板，称镶板。有的镶板上还有一根向前的突刺，格挡时用来击刺敌人。

在出土的钩镶实物中，形制最大、保存最完整的是在江苏徐州狮子山西汉楚王陵附近征集的（图二、三），时代

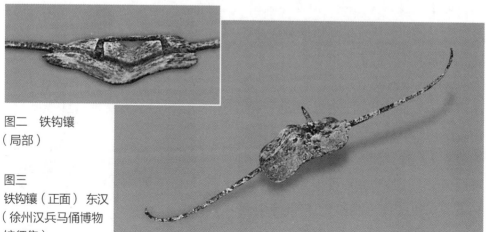

图二　铁钩镶
（局部）

图三
铁钩镶（正面）东汉
（徐州汉兵马俑博物
馆征集）

223

为东汉。镶板呈盾形，中间部分横向突起，长36厘米，宽17厘米，铆接在镶架。铆架上下各伸出长钩，中间有长方形盾握。盾握上可见丝织物痕迹。当时应有丝麻类织物缠裹。镶架上还有一根尖利的镶刺，透过镶板向前突出。这件钩镶通长92厘米，重1.665千克。从同时所见其他文物分析，其时代当为东汉中期。

同类钩镶在河南洛阳七里河、河南鹤壁市、河北定州东汉墓、四川铁路沿线也都出土过。形制大体接近，其差别仅仅在于镶板的形状，钩头的尖钝程度，以及尺寸的长短上。洛阳七里河的铁钩镶出土时镶板已部分锈毁，略呈抹角长方形，上钩长26厘米，下钩长约16厘米，钩的顶端还有一个小圆球。上、下钩均用铆钉铆接在镶板之上。（图四）

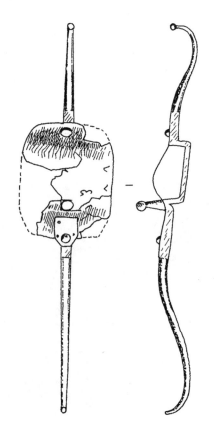

图四 铁钩镶 东汉
（河南洛阳七里河出土）

目前所见的钩镶多是实用兵器，质朴无华，不尚装饰。但也有装饰华美者，如河北定州43号东汉墓出土的铁钩镶，因其所有者墓主刘畅是东汉时期中山国诸侯王，钩镶表面镶金错银。这件钩镶的镶板上方下尖，呈犁头形，高18厘米，宽13厘米，上钩长38厘米。出土时下钩及镶鼻已残，但通体金错，云纹舒卷环回，或许是刘畅生前喜爱之物，用它演练过技击之术。

探讨钩镶的使用方法，东汉时期的画像砖为我们提供了形象生动的资料。山东滕州西户口画像石上有两幅手持钩镶的武士图像，武士单腿跪在地上，扭身向后，右手握钩镶前推拒敌，左手持环首刀伺机进攻（图五）。河南南阳画像石上也有持钩镶的武士图像。武士头梳椎髻，上身袒露，硕腹便便，看来是个孔武之士。他右手举钩镶，左手持短柄斧。从上述图像上看，钩镶是步战用兵器，单手执握，与铁环首刀，铁剑、铁斧等短柄兵器配合使用，二者不可或缺。河南洛阳七里河东汉墓中，与钩镶一起出土的还有一柄铁剑和铁戟，证实了画像石所刻图像和我们的分析。

两汉时期，特别是东汉，铁戟是军队的主要兵器。这时期的戟以铁质的居多，也有铜制的，戟头呈"卜"字形，而且戟的横枝向上弯曲。钩镶正是它的克星。

图五
持环首刀、钩镶的
武士 东汉
（山东滕州石画像石）

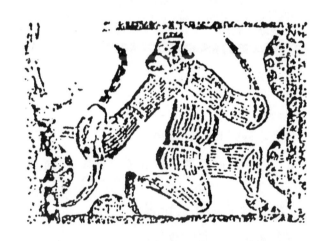

江苏徐州铜山区苗山镇出土的东汉画像石，有一幅"比武图"，正中两个武士手持利刃，激战正酣。左方武士双方持戟，猛刺对方的头部。右边的武士毫不惊慌，他将身体下蹲，右膝跪在地上，右手举钩镶迎着刺来的戟头，用钩头钩住了戟杆和戟枝。左手持环首刀刺向敌人的头部，一着制敌。两旁还有持环首刀躬身而立和对坐饮酒的观者。不用别人裁判，从持钩镶武士泰定的神情和持戟武士的满脸惶恐看来，两人胜负已明（图六）。这是以环首刀、钩镶对长柄兵器的资料，画像石中还有以钩镶对短兵器的图像，山

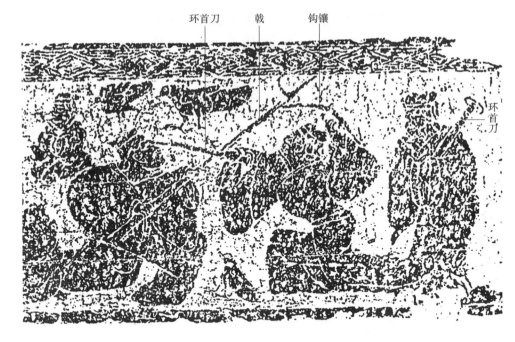

环首刀　　戟　　钩镶

环首刀

古兵探赜

东微山县两城镇出土的画像石，也有一幅"比武图"，比武的双方都用短兵器。其中一人手执环首刀和长盾，另一人用环首刀和钩镶。双方刀锋交错，盾和钩镶并举。格斗势同水火，但胜负一时难分。

　　钩镶不但可以与步兵格斗，还可以对阵马车和骑兵，也可在船上用作水战兵器。山东嘉祥武氏祠水陆攻战图为我们提供了线索，图中与手持钩镶武士争斗的对手，除步卒外，还有乘车者、骑马者（参见图一）。

　　汇总相关画像石资料，考察钩镶实物，我们认为，钩镶是一种攻防相结合的兵器。用它的镶板或上下钩，可阻格敌人长短兵器的攻击，起防御作用。其二，用弯曲的钩头钩锁敌人的兵器，辅助进攻。其三，两人贴身肉搏时，推出钩镶，还可以用镶板上的锥锋刺击敌人，在某种意义上，其性能比只有单一防御作用的盾要优越许多，尤其在对付戟上，凸显了更优越的功用，可以说是戟的克星。

　　钩镶的使用年代很短，晋以后再没见实物出土。其形

图六
持钩镶与持戟武士
争斗图　东汉
（江苏铜山苗山镇画像石）

环首刀

钩镶

图七 持钩镶、
环首卫 东晋
江苏镇江画像砖

象也只在江苏镇江东晋画像砖上见过一例，为禽首神怪持钩镶形象（图七），以后就销声匿迹了。正是来也匆匆，去也匆匆。钩镶也是我国古代独有的兵器，其他国家未见。古印度曾有过羊角盾，是在盾的上、下方各接装一只羚羊角形的触角，与我国的钩镶比较，只是形状相似，其质地和性能两者不可同日而语，更不用说时间上的差异了。

诸葛弩探观

  弩是我国古兵器时代的重要远射兵器。它起源于弓，但性能比弓优越许多，首先是加大了弓的张力，可以射得更远。其二是可以事先张弓敷箭，从容瞄准击发，命中力更高。特别是有的弩还在望山上加了刻度，有了瞄准的标尺。其三，相对弓箭而言，弩射的技术含量较低，射手可以很快地掌握技术要领。但它也有缺点，就是张弓速度慢，灵活性较差。但连发弩装填一次箭可以连续发射，解决了这个难题。

  《三国演义》第一百零八回"丁奉雪中奋短兵 孙峻席间施密计"，开篇写蜀将姜维退守阳平关时，用诸葛丞相所传授的方法，制作了百余张连弩，埋伏在道路两侧。待司马师率魏军到来，一齐发射。"一弩发十矢，皆是毒箭。"魏军"前军连人带马，射死不计其数。司马师于军中逃命而回"。可见远射武器连弩在战争中起到了至关重要的作用。

  蜀相诸葛亮设计制作的"连弩"，称"诸葛神弩"，又称"元戎弩"，见于正史，《三国志·蜀书诸葛亮传》："亮性长于巧思，损益连弩，木牛流马，皆出其意。"该书注引《魏氏春秋》曰，诸葛亮"又损益连弩，谓之元戎，以铁为矢，矢长八寸，一弩十矢俱发"。三国时期1尺相当于今约24厘米，八寸为19.2厘米。与诸葛亮同时代的曹魏人马钧曾见过诸葛亮设计的弩，他说，"巧则巧矣，未尽善也"。他还说，我若对它加以改进，可让它的效能提高五倍（语见《三国志·魏书·杜夔传》注引，傅玄序）。前文由于记载过于简略，后人很难弄明白，它是一次可以同时射出十支箭，与后世的"斝子弩""一窝蜂"相仿，还是装一次箭可以连续发射十次的"连发弩"，语焉不详。后文所言，只是说马钧虽然是魏晋时期一位像鲁班一样的"天下之名巧"，他曾复原过指南车，改进过织绫机，发明了龙骨水车，制作轮转式发石机。他也说可以改进诸葛连弩，但是否实施改进制作，制作是否成功，书文没有言明。此后鲜见记载。

直到明代晚期，茅元仪编纂的大型军事百科全书《武备志》，"军资乘·器械二"中收录了这种兵器，并附有图形。该书记载："一弩连发十矢，铁镞，涂以射虎毒药，发矢一中人马，见血立毙。便捷轻巧，即付骑兵，亦可持之以冲突。但矢力轻，必敷药尔。"可见是一种轻型射击兵器。所以"懦夫闺妇，皆可执之以环守其城"。同是明代的宋应星在《天工开物·佳兵》中记载了它的结构和使用方法："又有诸葛弩，其上刻直槽，相承函十矢，其翼取最柔木为之。另安机木，随手扳弦而上，发去一矢，槽中又落下一矢，则又扳木上弦而发。机巧虽工，然其力绵甚，所及二十余步而已。"后来又有人根据前人记载复制了诸葛弩（图一），但笔者认为，《武备志》《天工开物》二书所载，虽名诸葛弩，也为后人研究计划弩提供了帮助。但与三国时期已相去约1300年，尚缺乏更可靠的证据。

诸葛弩（元戎弩）是改进前代连弩制作的，我们应到时间更早的典籍文献去找寻证据。《汉书·李广附陵传》记载，天汉贰年（前99年），李陵跟随贰师将军李广利出征匈奴，率五千步兵与八万匈奴骑兵战于浚稽山，敌众我寡，且战且退。"单于在南山上，使其子将骑击陵。陵军步斗树木间，复杀数千人，因发连弩射单于，单于下走。"服虔注曰连弩"三十弩共一弦也"，张晏注"三十絭共一臂也"。颜师古则认为张晏说得对。考古出土文献方面，江苏连云港尹湾6号西汉墓出土的"武库永始四年兵车器簿"简牍中，载有"连弩车564乘"，另一条记载"连弩床一具"。永始四年为公元前13年。可见到了西汉末年，已将连弩装在了战车上，而且数量颇多。可惜没有出土实物资料，我们至今不知道两汉以前连弩的样子。更早的秦始皇晚年，令徐福等人入海求取仙药。据说到了海上，常常为大鲛鱼所苦，于是随船配备连弩和捕巨鱼工具，以备不测。当到了之罘（即芝罘，今山东烟台附近）一带，果然有巨鱼出没于风浪之中，于是发连弩，射杀巨鱼一头。可见其杀伤力之大。再早的战国时期的兵书《六韬·虎韬·军用》篇记载有连弩："绞车连弩自副，以鹿车轮，陷坚陈，败纱敌。"上述文献所载的连弩，都是威力大射程远的强弩，与诸葛所制之弩显然不同。

1986年湖北省江陵县秦家咀47号楚墓中，出土了一件连发弩，从另一个角度为我们研究这一课题提供了可靠的实物资料。此墓不大，是一座战国晚期早段的一椁一棺竖穴土坑墓。出土时，连发弩放在墓主头箱的一件竹筒之内。根据形制及功用，学界称它作"双矢并射连发弩"。

这件双矢并射连发弩保存完好，通体髹黑漆。长27.8厘米，宽5.4厘米，通高17.2厘米。体型不大，整体可分为弩臂、活动木臂、储矢匣、弩弓等四大部分，以及专门为此弩制作的弩箭等（图二至四）。出土时已成散件。

弩臂，若用现代步枪比喻的话，相当于枪杆和枪托。它的形状呈长条形，前段内凹，下部伸出承托弩弓的鹰嘴

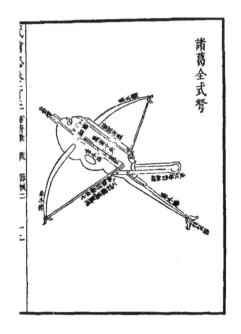

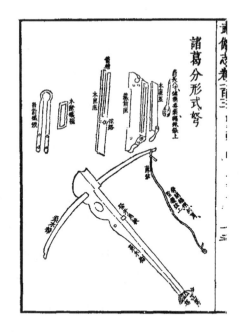

图一　诸葛弩
（《武备志》）

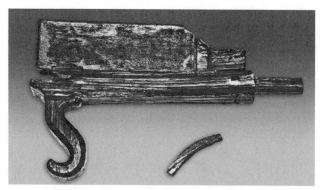

图二　双矢并射连发弩　战国（江陵秦家嘴楚墓出土）

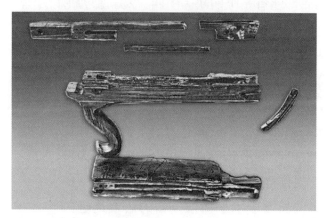

图三　双矢并射连发弩机件

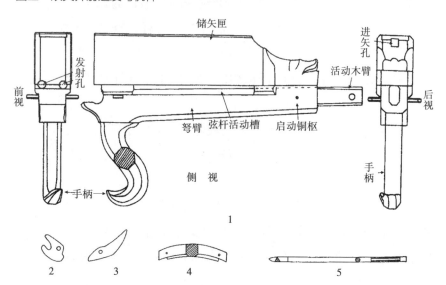

图四　双矢并射连发弩结构
（1.侧视　2.机牙　3.悬刀　4.弩弓　5.弩矢）

状上钩的支突，再下是一个弯曲的手柄。后段凿透孔，内装启动铜枢。弩臂的上平面前后两端略高，前端有两条半圆形发射孔道。上平面正中凿一个后端开口的长方形槽，槽内装有活动木臂（或称机廓），槽的左右两边平滑，是为弩矢的发射面（图五）。

活动木臂，呈扁条形，用硬木做成，前端凿透底机槽，槽内安装铜制的悬刀和机牙。这枚机牙形状与普通弩的机牙明显不同，酷似鸟头，前后两个支突形如张开的鸟喙，前短后长，机牙的底部还有一个凹缺（图四：2）。悬刀形若折磬（图四：3）。机牙在前，悬刀在后，由铜枢固定在活动木臂前端。活动木臂安装在弩臂的槽内，是发射的关键，其作用与现代步枪的击发装置相当（图六）。

储矢匣，安装在弩臂的上方，相当于现代步枪的弹仓和枪筒，长方匣状，前端方折，下部有两个半圆形孔，这两孔与弩臂上面相应的半圆形孔道紧密扣合成圆孔，为发射弩矢而设。后段刻作虎头形状，虎额正中开有长方形进矢孔。匣内上部设长方形水平横槽，槽的后端连进矢孔。横槽的下方，左右两边有两个较深的竖槽，为储矢之用（可称储矢槽）。在储矢匣底部正中，还有一条伸入后端虎头之下的纵向机槽。当储矢匣与弩臂安装在一起后，这条槽供活动木臂前后运行之用，所以可称机件活动槽（图七）。

弩弓很小，长仅7厘米，也是硬木做成的。内侧圆弧，刚好与弩臂承弓处紧密结合，两端各有一个小圆孔，以供穿系弓弦之用（图四：4）。可惜弓弦已朽毁。箭矢铜头铁尾，铁尾外套竹笴（箭杆），嵌尾羽。通长仅14.3厘米，比常用弩箭短得多，也是专为这件连发弩特制的（图四：5）。出土时连发弩储矢匣的右侧储矢槽内储矢9支，左侧槽内储矢8支，水平槽内一支，还有一支散落在外。

经反复模拟实验研究，弓弦是用筋条或肠衣等富有弹

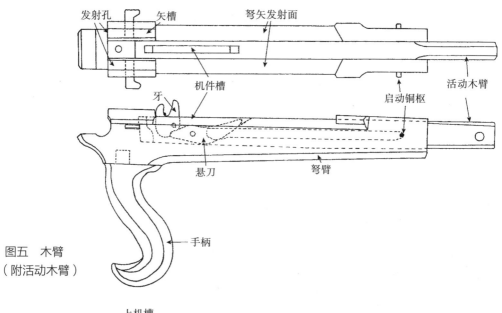

发射孔　矢槽　　　　弩矢发射面

机件槽　　　　　　　启动铜枢　　活动木臂

牙

悬刀　　　　　弩臂

图五　木臂
（附活动木臂）　　　手柄

上机槽

下机槽

1

2

弦　牙　　悬刀　　起动栓活动槽　　栓绳孔

机槽

3

图六
活动木臂

启动铜枢

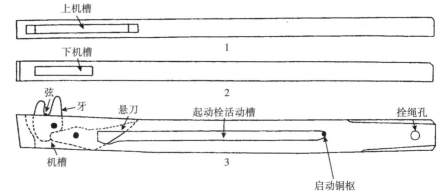

水平矢槽

A　　　　　　　A　　进矢孔

竖矢槽

B

机件活动槽

机件活动槽

2

竖矢槽

C

B　　　机件活动槽

C

图七　贮矢匣

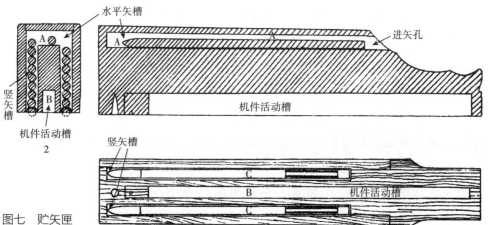

233

性的材料制成的，弦的中间捆缚一根小弦杆。将弩矢从进矢口装入后，便落在储矢匣内的水平槽内，只要把持弩的手向左或向右倾斜，弩矢就会滚落在左右储矢槽内。左右储矢槽最多可装20支弩矢，每槽10支，压住弦杆。

发射时，我们用手将活动木臂向后拉，活动木臂前面的机牙钩住弦杆向后运行。当弦杆运行到弩矢尾端，弩矢就会脱开弦杆，落在发射面上。活动木臂继续运行，当悬刀尾端碰到启动铜栓，尾端抬起，前端的喙突就会离开机牙的凹缺，沉至牙底。机牙在弦杆拉力的作用下，向前倾倒，弦杆从牙口脱出，由于弦的弹力迅速向前运动，带动发行面上的两支弩矢射出，完成了发射程序（图八：1）。弦杆运行到弩臂前端，又被储矢匣中落下来的两支弩矢压住。这时向前推动活动木臂，当机牙后面的支突碰到弦杆时，由于碰撞，致使牙口向上，前支钩住弦杆。同时悬刀的前端脱开牙底，顶住了牙底的凹缺，后端又自动落到了机槽之内，一切恢复到了发射前的状态（图八：2）

整个发射过程说起来复杂，但实际操作只在一拉一推之中，十分简单。经复原试射，这件弩一次可以射出两支弩矢，射程在20～25米之间，储矢匣一次可装填20支弩矢，可以连续发射10次。这也是我们将其定名为双矢并射连发弩的依据。考察其功用，因为它体型小，射程近，只能用作防身武器，不适于军队中常规实战。但是设计极为机巧，如果将它的体形加大，对活动木臂加以改进，再装上更大、更富有弹力的弩弓，谁能说它不能成为具有更大杀伤力的远射兵器呢？

茅元仪《武备志》、宋应星《天工开物》二书所载诸葛连弩与湖北省江陵县秦家咀47号楚墓出土的双矢并射连发弩有异曲同工之妙，这从《武备志》所附结构图可以明显看出来。连弩由桑木桩（弩臂，书中为椿）、箭匣三大部分组成。桑木桩（弩臂，书中为椿）前端开有出箭槽，前段上部装箭匣，下部开拿手眼，末端装有挂胸拐。桑木担（弩弓）装在桑木桩（弩臂）前段拿手眼前，两弓珥间拴系麻绳制作的弓弦。箭匣呈扁盒形，顶面装有活盖，底部前段开有箭槽。箭匣可以活动，匣内可装弩箭10支。箭匣的后面与桑木椿（弩臂）相连有铁或木制的活动扳手（书中称来往发箭锁），扳手有活动轴，分别装于弩臂中部与箭匣末端。所用的箭比较特殊，长仅八寸（约合今23.6厘米），箭镞敷有毒药（图九）。发射时，将弩臂末端的挂胸拐顶在胸前或腹部，一手握住拿手眼，一手将活动扳手向前推，

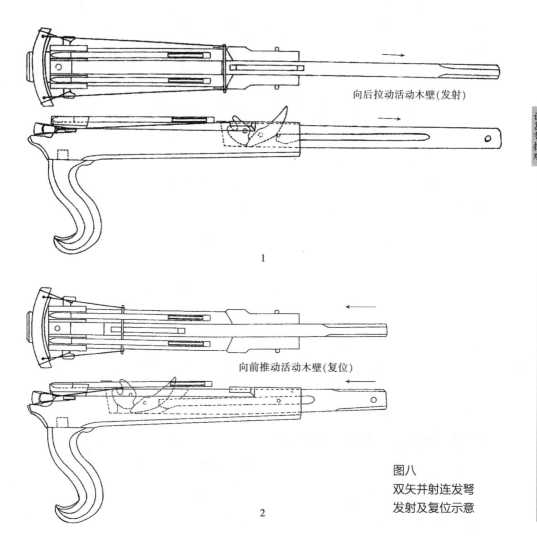

向后拉动活动木壁(发射)

1

向前推动活动木壁(复位)

2

图八
双矢并射连发弩
发射及复位示意

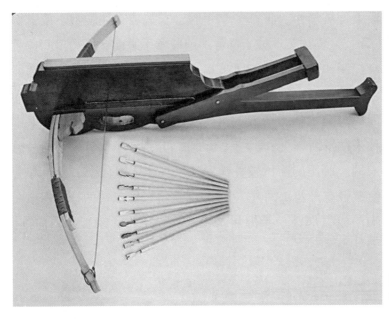

图九
诸葛弩复原

箭槽随之向前滑动，弓弦则沿着箭槽下部的弦道向后移动，到了后部弩臂顶面的凹槽之中，弩箭同时落在弩臂的发射面上。此时向后拉动扳手，带动弓弦，弩弓张开，当弩弓张满后，扳手端头抬起，将弓弦从凹槽中挑出，完成发射程序。此时如果再将扳手前推，箭匣中的弩箭又会落在弩臂的发射面上，进行第二次发射。箭匣可装10支弩箭，一次装填，可连续发射十次，便于操作，发射速度快。若说它的缺点，就是张力较小，射程不远，只有敷上毒药才有更大的杀伤力。

对于诸葛弩，《三国志》诸书记载语焉不详，后世又少有流传，人们甚至对它是否真实存在产生疑虑。明末茅元仪《武备志》收录的诸葛弩与《三国志》诸葛连弩已相隔了一千多年，它是否还是原来的模样，让人疑窦重重。湖北省江陵县秦家咀楚墓中双矢并射连发弩的出土打开了我们的脑洞，三者一脉相承。若相互比较的话，双矢并射连发弩的弩臂相当于《武备志》诸葛弩的桑木椿，储矢匣相当于箭匣，活动木臂相当于扳手（来往发箭铁锒）以及弩臂上面的敷箭构件。不同的是，其一，双矢并射连发弩的体量小，为近身防护兵器，诸葛弩体量大，为近距离射击兵器；其二，双矢并射连发弩的储矢匣可装20支弩箭，诸葛弩箭匣只能装10支；其三，双矢并射连发弩击发时，拉动活动木臂，即可同时射出两支弩箭，射程20米左右。诸葛弩发射时，要把桑木椿末端的挂胸拐顶在胸腹上，再推拉扳手发射，射程在50米开外，能击杀距离较远的敌人。只可惜生不逢时，明代中晚期，威力更大，射程更远的火铳、火炮等诸类火器已较普遍用于战场，诸葛弩也就失去了发展空间，渐渐湮没在了历史长河之中。

扳指的由来

时下的文玩中，有一种筒箍形的物件，多用金、玉、玛瑙、翡翠、象牙等珍贵材料制成，光洁细润，浅雕或很少雕琢纹饰（图一）。它的大小刚好可套在成年男性的大拇指上。清代、民国时期的达官贵人，或某些附庸风雅的世俗之人，常常把它套戴在大拇指上，乃至影响到刻画同时代的影视人物，它叫扳指。不过，把它套戴在大拇指上，活动不太方便，也不舒服。从扳指的名称字义上说，古文"扳"有牵拉、挽回之意，"指"是手指自不必说。那么扳指究竟是做什么用的？过去人为什么要把它套在大拇指上呢？

在清代的一些绘画中，我们找到了探讨这一课题的有用线索。故宫博物院藏《威弧获鹿图》，有乾隆帝手

图一　青玉扳指（鞢）

图二《威弧获鹿图》清（故宫博物院藏）

图三 《威弧获鹿图》(局部)

图四 《乾隆大阅图》(局部)

上套戴扳指的图像。《威弧获鹿图》是一幅卷轴画，描绘乾隆帝深秋狩猎的景象。苍松丹树，坡崖枯草。乾隆帝策马飞奔，左手持弓，右手发箭，前面一只雄鹿已被利箭射中肩胛，颓然仆倒在地。乾隆帝身后，一女子紧紧相随，她右手控缰，左手举一支雕翎箭，递向乾隆帝。有人考证此画为意大利画家艾启蒙所画，还有人认为画中的女子是西域人容妃。这些都不是我们讨论的内容。仔细看，乾隆帝右手的大拇指上套着一个玉石扳指（图二、三）。这才是我们的关注点。类似帝王戴扳指的画还有《玄烨戎装图》、郎世宁画乾隆帝《大阅戎装像》（图四）、《弘历射猎图》，以及佚名画家的《情殷鉴古图》等。分析上述画

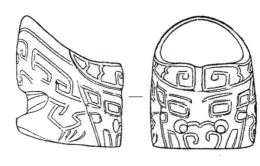

图五
玉鞢　商
（殷墟妇好墓
出土）

作，我们知道帝王套戴扳指，大多数是身着戎装或参加检阅、骑马涉猎等与武备相关的活动。极少数例外（如《情殷鉴古图》，画中人物为道光帝，时代偏晚）。从画面上看，扳指当是一种辅助射箭的物件。

扳指是它的俗名，在古代典籍中，它的学名（古名）称为"鞢（音社）"，东汉许慎《说文·韦部》中说："鞢，射决也，所以拘弦。以象骨，韦系，著右巨指。"更早成书于先秦的《诗经·卫风·芄兰》有"芄兰之叶，童子佩鞢。虽则佩鞢，能不我甲"句。

若追溯其源流，时代可到3000多年前的商代或者更早。1976年发掘的殷墟妇好墓就曾出土过一枚玉鞢，这枚玉鞢为碧玉琢成，带褐色斑纹。高2.7～3.8厘米，径2.4厘米。它的下面平齐，上面前高后低，整体呈斜面状筒形。在前面中部偏下有一道横向凹槽，背面下部有两个并列的透穿小孔。小孔的上面雕兽纹。头向朝后，大头巨角，两个小孔在兽面双眼的下面；小身，弱足，垂尾。纹饰与器形搭配得恰到好处，也非常实用（图五）。张弓射箭时，左手持弓，右手拉弦，鞢前面的沟槽可以帮助控制弦索，后面的两个并列的透穿小孔用来穿绳，把绳系在手腕上，箭射出后，防止鞢脱落遗失（图六、七）。当时的鞢还有角制的，皮制的，木制的，尤以玉制的最为珍贵。

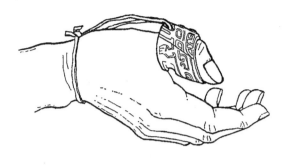

图六
殷墟妇好墓玉韘的套戴方法

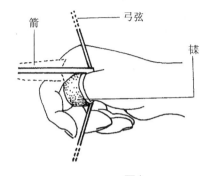

箭　弓弦

韘

图七
扳指的使用方法

这枚玉韘也是截至目前发现时代最早的实物韘。2005年在陕西韩城出土的数十件金器中，有一枚金韘异常精美，整体略呈鸟头形，中间有一大孔，鸟喙为钩，金光灼灼，耀人双目（图八）。据考证，梁代村27号墓为西周晚期芮桓侯之墓，这枚金韘的出土当有特殊的意义。

到了春秋战国时期，山西太原金胜村251号春秋大墓出土有两枚玉韘。据考证，太原金胜村251号大墓是春秋晚期晋国赵卿赵简子的墓葬。战国早期的湖北随州曾侯乙墓也出土了一枚玉韘，这枚玉韘体形较长，长4.3厘米，宽3.4厘米，高1.1厘米。自上而下俯视，它前尖后圆，中间有一个椭圆形的大孔，孔径2.2厘米×1.9厘米。后部壁上还有一个小孔，孔径0.2厘米，侧面侈出小钩。正中的大孔是套手指的，侈出的小钩是控弓弦用的。玉色灰黄，不琢纹饰。通体非常细润光滑，让人不忍释手（图九）。这件玉韘出土于墓主的左手掌处。或为韘的用途提供了佐证。

汉代以后，可能因为材质变化，韘类文物较少发现，但它仍和弓箭等远射兵器一同

图八　金韘　西周
（芮城梁带村出土）

扳指的由来

241

流传下来，直到后金、清代。女真、满族人祖居东北，世代以牧猎为生，长白山、兴安岭是他们丰饶广袤的猎场，骑马射箭也得以有用武之地。他们射箭时，习惯套戴扳指（韘），当时的韘多用麋鹿类骨骼制作。入主中土后，特别是前期的几代帝王，面临平息叛乱、开疆扩土的重任，所以牢记祖训，以骑射为本，崇尚武力。每年秋天到木兰围场进行狩猎活动，演习骑射，称"秋狝"。他们都喜爱各色扳指，乾隆帝写过咏韘的诗文多至20余首，其中一首《咏玉韘》诗云："和田产美玉，制韘琢磨为。㧄手仍今日，从心愧昔时。中窥望月满，外晕乔云披。寓意摘新藻，御之无射思。"道光帝之后，武备松懈，"秋狝"废弛，但皇帝、王公大臣佩戴扳指的习俗却保留了下来。所以才有《情殷鉴古图》中，道光的坐在假山石上，左手戴扳指，右手持书卷的影像。传至清末，乃至当今，一些男人右手套戴扳指的现象仍然存在。

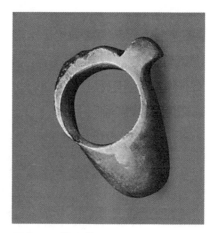

图九　玉韘　战国
（曾侯乙墓出土）

考查我们发现的韘（扳指）实物，早期（秦代以前），韘的外部多有沟槽或侈出一钩，以便控弦。晚期（后金清代）为筒箍形，以其筒箍的边棱控弦。

两汉时期还流行一种韘形佩饰，多用玉或象牙制作，它们只是中间的孔与韘相似，但体量比韘大得多，或长或短，有方有圆，周边或透雕、或线雕各种纹饰（图一〇）。这种韘形佩河北满城、江苏徐州等汉代诸侯王墓都曾出土过，尽管精雕细琢，纹饰华美，却已丧失了原来的实用功能，成为一种与韘不同的专门用于佩戴的装饰品了，与我们今天讨论的扳指（韘）没有直接关系。

图一〇　玉韘形佩　西汉
（河北满城窦绾墓出土）

甲光向日金鳞开（上）

——先秦两汉时期的甲胄

在古代的冷兵器时代，无论中国还是外国，甲胄和格斗兵器、卫体兵器相辅相成，都是军队的主要装备之一。其地域之广，遍及世界；其时间之长，悠悠数千载；其使用范围之众，上至帝王贵胄，下至普通士卒。往往一副宝甲，深得帝王贵胄珍爱，魏武帝曹操曾赐予诸子铠甲，其四子曹植把它作为一件大事，作《先帝赐臣铠表》以记之。表文曰："先帝赐臣铠，黑光、明光各一领，裲裆铠一领，环锁铠一领，马铠一领。今世以升平，兵革无事，乞悉以付铠曹自理。"一领上好的铠甲乃是武将的门面，所以吴承恩《西游记》第三回写孙悟空闹龙宫，求得了如意兵器金箍棒后，仍撒赖不走要披挂，东海龙王只得求南海、西海、北海龙王诸兄弟，送来了凤翅紫金冠、黄金锁子甲和藕丝步云履（《西游记》第三回）。孙悟空穿戴整齐，果然换了一副模样，"身穿金甲亮堂堂，头戴金冠光映映。手举金箍棒一根，足踏云鞋皆相称"（《西游记》第四回）。施耐庵《水浒传》第五十六回"吴用使时迁盗甲，汤隆赚徐宁上山"，说金枪手徐宁有一副先祖留下来的雁翎砌就圈金甲，为镇家之宝，"这一副甲，披在身上又轻又稳，刀枪箭矢急不能透，人都唤作'赛唐猊'"。徐宁把这副甲看得比性命还重，"用一个皮匣子盛着，直挂在卧房中梁上"。后来时迁费尽心机盗得宝甲，赚徐宁上了水泊梁山，助宋江大破连环马，收降呼延灼。在古人看来，一副宝甲虽然不能说价值连城，但的确与人的生死安危息息相关。

先秦时期的铠甲

关于铠甲，汉刘熙《释名》卷七"释兵"释曰："似物有孚甲以自御也。亦曰介，亦曰函，亦曰铠，皆坚重之名也。"管子认为，铠甲的发明者是蚩尤，他在《管子·地数篇》中说："葛卢之山发而出水，金从之。蚩尤受而制之，以为剑、铠。此其始也。"《尚书·费誓》正义引《世本》曰"杼作甲"，而杼是"少康之子"，制甲始于夏代。从考古学角度考察，铠甲起源于原始社会的部落战争，甚至更早，人们在狩猎过程中，从动物有韧皮厚甲得到启示，把兽皮等披在身上，或者用藤条编成片状遮蔽身体，以避野兽或敌人的攻击，这就是最原始的甲。从民族学的资料看，居住在台湾兰屿的耶美人，在一百多年前还使用以藤条、藤皮编制的藤甲，这种藤甲包括保护前胸、后背的身甲，以及保护头部的头盔，为了增加保护强度，他们还在藤甲外蒙一层鲀鱼皮做第二重保护（图一）。而最多的还是用皮革做甲，傈僳族先民们就曾用整块生牛皮披

图一　台湾蓝屿耶美人所披藤甲

扎在身上做甲用。民族学资料是历史的投影，早期的皮甲就是这个样子，安阳侯家庄1004墓就曾发现过这类皮甲的残痕，皮甲最大径约40厘米，上面绘有黑、红、白、黄色的图案（图二）。但是这样的皮甲穿在身上行动不便，后来人们又把皮革裁成小片，再按照人体需要保护的部位连缀成甲。商殷、两周时期的甲大多为这种类型。

成书于春秋晚期的《考工记》记载，有"函人"专工制作皮甲，而制甲，首先要有式样，即"容"（凡为甲，必先为容），而后记载了制甲的标准、选材及制甲的各道工序的注意事项。其工序是先根据标准选择皮料，再按照武士身体的部位把整片皮料裁成各种形状不同尺寸的甲锻革、钻孔，最后用丝线、皮条缝缀成形，经涂漆彩绘而成甲。书中还总结出不同皮质甲的质量和使用年限："犀甲七属，兕甲六属，合甲五属。犀甲寿百年，兕甲寿二百年，合甲寿三百年。"

在这三种皮甲中，尤以合甲质量最好，寿命最长。而合甲是"削革里肉，但取其表，合以为甲"，最为费时费力，所以质量最高，使用年限最长。当时的甲片多近似长方形，形状如书写文字的简札，因而称为"甲札"，用甲札制成的甲叫作"札甲"。在先秦，特别是战国中期以前的商周、春秋时期，作为防护装具，各类皮甲与戈、矛、钺、戟等青铜格斗兵器相生相克，它与体量较大的盾牌配合使用，可以有效地抵御青铜格斗兵器，乃至远射兵器弓矢的攻击，对于战车上的武士尤为重要；皮甲也用在战车的挽马上，车辀两旁的服马，往往披挂皮甲予以保护。甲的名目颇多，或以质地区分，或以制甲的国别区分，或以髹漆、色彩及装饰形式区分，在古文献和简牍中，有"犀甲、兕甲，吴甲、楚甲、秦甲，

图二
皮甲片残痕　商
（河南安阳侯家庄商墓出土）

甲光向日金鳞开（上）——先秦两汉时期的甲胄

245

形甲、漆甲、画甲、素甲"等记载。

在考古资料中，皮甲多出土在南方的楚、曾国墓葬中，如湖南长沙浏城桥一号墓，湖北江陵藤店一号墓、拍马山五号墓，湖北荆门包山二号墓，湖北随州曾侯乙墓等等。其中尤以曾侯乙墓出土的数量最多，保存得最好。

在曾侯乙墓中，皮甲与数量众多的青铜兵器一起，出土于北椁室，经清理有人甲13领，马甲2领。人甲包括胄和身甲两部分，而身甲又由保护胸腹的甲身、保护下身的甲裙和保护两臂的甲袖组成。甲片则由两片皮革合制，多呈长方形或梯形，最大的甲片长达27厘米。内外髹黑漆，用红丝线连缀，全甲复原后长度在80厘米以上，上部还有高起的盆领，可以有效地遮护人体的躯干。皮胄也由皮甲片连缀而成，中间有前后纵向的脊梁，下部有保护颈部的垂缘（图三）。

先秦时期用来保护头部的还有铜胄，东汉许慎《说文》曰："胄，兜鍪，首铠也。"就是戴在头上的铠甲。商周时期，已经使用青铜铸造的胄了。在河南省安阳侯家庄1004号商代晚期王墓中，一次就出土青铜盔胄140多顶。这些铜胄形制大同小异，从前至后有一条突起的纵脊，看来是采用合范法铸造的。迎面铸饰牛头纹或兽面纹，有的两护耳部分还铸饰漩涡纹。顶部立有一根可装缨饰的铜管，总高20厘米。胄的内部铸痕明显，只有衬垫织物或包上头巾才能戴（图四）。江西新干商代大墓中也出土过青铜胄，胄体前脸下部较短，形成长方形缺凹，以便戴胄者露出双眼视物。两侧向下延垂

图三
湖北随州曾侯乙墓
武士身着的皮甲
战国初期

皮胄

甲袖

身甲

甲裙

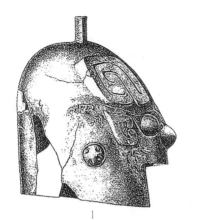

图四 铜胄 商
（河南安阳侯家庄商墓出土）

图五 铜胄 商
（江西新干大洋洲商墓出土）

以遮护双耳。后面当缀有皮甲片联成、遮护后颈的顿项。胄的前面上中有一条高突的凸棱，向上直达胄顶。胄顶有一根插装缨饰的铜管。胄的前脸以脊棱为中线，铸饰一个大兽面。兽面双眼突睛，双角巨大而下卷，显得狰狞而威猛（图五）。西周时期的胄见于北京昌平白浮墓葬中，它的形制很像敞口钵，顶部较尖圆，两护耳部外侈。胄顶正中立铸扎系缨饰的扇面形棱脊或立纽。胄的外表还贴附金银、贝壳等各种饰物等，与《诗经·鲁颂·閟宫》："公徒三万，贝胄朱缦。"可以相互印证。

在我国先秦时期也曾使用过青铜铸制的甲，不过数量不多，而且是缝缀在皮甲上做第二重保护的。如陕西长安普度村西周M18出土了长短两种42件长方形铜甲片，铜甲片的四角有穿孔，表面光洁，背面残存有附着物痕迹，当是连缀在皮革上保护胸腹的护甲。类似的青铜甲片西安张家坡M170井叔墓也出土过，有12列，每列5枚半月形铜泡缝缀在衬物上组成保护胸腹的护具。这种做法也用在皮胄上，而且时代更早，山东滕州前掌大商代墓葬就曾出土过，前后纵向的胄梁为青铜铸成，有的还在胄梁前当前额的部位铸兽面纹，而胄梁两侧保护头颅的胄体则由皮革制作，胄体的两侧还嵌有青铜圆形护耳。

先秦时期，尤重车兵，这时的马甲多用来装备驾挽战车的服马。《左传》僖公二十八年晋楚城濮之战中，晋军把马甲做成虎皮之形，用来恐吓敌军，因此一战而胜。在湖北随县曾侯乙墓和江陵包山楚墓中，都曾出土过皮马甲。曾侯乙墓出土者仅存马胄（面帘），马胄用整块牛皮制作，眼、耳部位挖孔，眼眶、颊腮部位压印花纹，满刷黑漆，花纹涂以红彩（图六）。包山楚墓出土马甲二具，皆由马胄、胸甲和身甲构成。与曾侯乙墓不同。包山楚墓的马胄由顶梁片、鼻侧片、面侧片各2块编缀，胸甲由五排25块甲片编缀，身甲由48块作八列编缀。马甲两面皆刷漆，内黑外红。这两副马甲就整体而言，可以有效地遮护战马的主要部位，又因为它是由多块皮甲片编缀而成的，既灵活便捷，又不影响马的运动（图七），可以说性能相当优良。

战国中期以后期伴随着钢铁格斗兵器的出现，铁制的甲胄诞生了。先是遮护臂胫的铁衣，文献中称为"铁幕"，继而出现用铁甲片编缀成的铁胄、铁甲。河北易县燕下都44号从葬墓出土了一顶铁胄，整体呈倒置的鍪形，前面开脸。系用89块铁甲片编缀而成。其编缀方法是先用两块半圆形甲片拼接为顶。再用圆角长方形甲片以上层压下层，前片压后面的方法编缀兜鍪整体（图八）。易县燕下都还出土了一些铁甲片，说明到了战国晚期，铁胄、铁甲等防护装具已经出现，

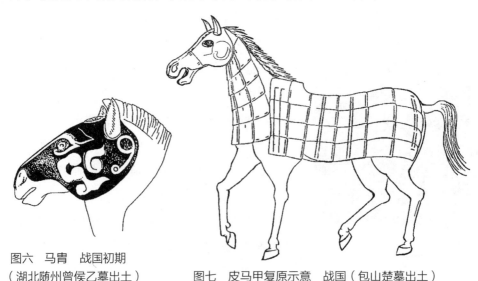

图六　马胄　战国初期
（湖北随州曾侯乙墓出土）

图七　皮马甲复原示意　战国（包山楚墓出土）

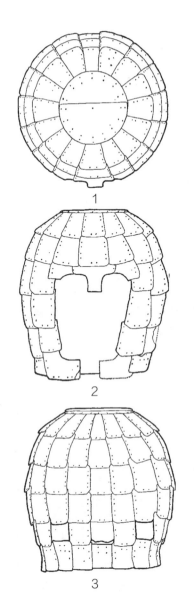

图八　铁胄　战国
（1.俯视　2.前视
3.后视）
（河北易县燕下都
44号墓出土）

打破了铜胄、皮甲一统军队的格局。它与矛、戟、剑等钢铁格斗兵器同出，预示这类崭新质地的兵器勃勃向上的生命力，必将引起战争形式、战争规模乃至战略思维的革命。

秦汉时期的铠甲

秦始皇兵马俑坑出土的数千个陶俑，为研究秦代的铠甲提供了大量素材。这时的铠甲已相当完善，不同身份的将士所穿着的铠甲不同，不同兵种的士兵穿着的铠甲也有区别，从铠甲的种类上看，有将官用甲、车兵用甲、步兵用甲和骑兵用甲，与先秦战国诸国相比，有相当程度的进步。

从秦俑坑陶俑所着铠甲看，高级军官的铠甲以整块皮革做衬底，胸部缀有花饰彩带，或表示里面衬有金属护板。胸部以下缀有小型甲片，这些小甲片结构细密，应该是金属的。有的将官的肩部还披挂有用小甲片编缀的披膊（图九）。下级军吏的铠甲只有胸甲，用两条背带呈"十"字形交叉系于背后。一般士卒则身着只有甲身、披膊和垂缘的身甲。不同兵种中，步兵、弩射手的铠甲较长，下缘圆弧，两肩有披膊；尤以战车兵的铠甲防护性能最好，也最复杂，它的特点，一是甲身较长；二是披膊加长，可达腕部，还用三片甲片做成护手保护手背；三是甲身的领部加缀甲片构成"盆领"，可以保护颈部（图一〇）。遮蔽部位加大更适应车兵，特别是车御在战车上御马驾车行动不便的需求；骑兵的铠甲最短，只有前、后身甲，且甲的下缘较短，轻巧轻便，有利于骑兵上、下战马，适合骑乘需要。

历史上曾有"秦人无胄"的说法，秦始皇陵兵马俑坑出土的所有陶俑中，也没有一件戴兜鍪的，因而有人把它作为秦兵勇猛善战的象征。近年来秦始皇陵陪葬坑出土了青石甲、石胄，以及石马甲，特别是石胄的出土，打破了这一传统说法，为我们研究秦人的防护装具提出了新的课题。石胄出土于秦始皇陵 K 9801 号陪葬坑中，整体呈兜鍪形，由 74 块石甲片编缀而成。横行五排，顶片为圆形，中间有孔和铜环，可系缨饰。其他甲片有梯形，板瓦形和拐角形。石片磨制精细，周边穿孔（图一一）。石甲分为前后甲身、甲裙、双肩和左右披膊。所用甲片较大，其形状有长方形、正方形、梯形、舌形和圆形，用扁铜条连缀而成。全甲共用甲片 621 片（图一二）。这袭甲虽为石质，但从形制来看，比战国的甲进步了许多。

西汉时期的铠甲已大量装备了铁铠甲，因其色黑，又称"玄甲"。当时铁铠分两大类，一类是以较大的长方形甲片编缀的札甲，另一类是用较小甲片编缀的鱼鳞甲。还有一类介于二者之间，是用这两种甲片混合编缀的，可称中间类型。其形制可从陕西阳陵以及杨家湾俑坑的陶俑上观其大概，杨家湾武士俑所披着的铠甲多是札甲，编缀后分作前后两片，用丝绦系挂

图九
将军俑　秦
（陕西临潼兵马
俑坑出土）

1　　　　2

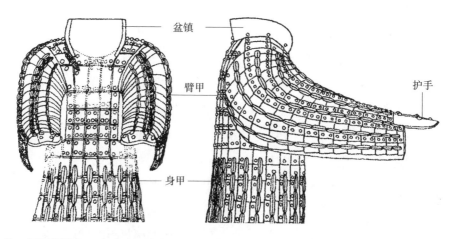

图一〇　御手俑着甲　秦（陕西临潼兵马俑坑出土）

图一一
石胄　秦
（秦始皇陵9801号陪葬坑出土）

图一二
石甲　秦
（秦始皇陵9801号陪葬坑出土）

在身上，可遮护胸腹和后背，有的再加覆披膊以遮护肩部。当时札甲的甲片可长达20厘米，披挂起来行动不甚方便，后来甲片逐渐减短。1959年内蒙古呼和浩特市二十家子出土一件完整的铁铠甲，主体部分用长方形大札甲片编成，不过甲片的尺寸小了许多，长仅11厘米。为了活动便捷，甲下缘保护腰胯的部分以及披膊用更小的舌形甲片编缀，在形制和性能上向前迈进了一步。杨家湾作指挥形态的陶俑，所披的铠甲甲片极细，形似鱼鳞，称为鱼鳞甲（图一三）。鱼鳞甲的典型首推满城汉墓出土的一领，全由细小的舌形甲片编缀，有身甲有筒袖，复原后身长80厘米，共用甲片2859片。山东淄博西汉齐王墓出土的鱼鳞铁铠有甲身，有披膊，有兜鍪，共用甲片2244片，甲片上又用金银片装饰，华美异常（图一四）。江苏徐州狮子山楚王陵出土各类铁甲片8000多片，拼缀后为2顶铁胄和4领铁铠甲。

图一三
着鱼鳞甲武士俑　西汉
（陕西咸阳杨家湾西汉墓出土）

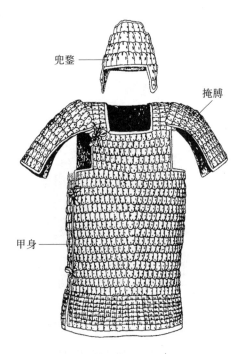

图一四　铁甲胄　西汉
（山东淄博西汉墓出土）

铁胄用铁甲片编缀而成，整体形状与易县燕国铁胄和秦始皇陪葬坑石胄相似，但增加了保护颈项的垂缘。顶片为圆形，中间有孔可系缨饰。其他有长方形、梯形等（图一五）。全胄共用甲片120片。铁甲有铁札甲、大小鱼鳞甲和鱼鳞铁裙甲，铁札甲和大鱼鳞甲均高70厘米，重18千克，当为重型铠甲。小鱼鳞甲高60厘米，用2400多片甲片编缀而成，仅重8千克，为轻甲。鱼鳞裙甲用3000多片甲片编缀，甲片形如小刀片，高100厘米，长可护膝，当为战车车士所用铠甲（图一六）。

在汉代军队中，铁甲当为主流，但皮甲仍在使用，不过数量较少，属于从属地位。为了与铁甲区分，称为"革甲"。湖南长沙南郊侯家塘西汉墓出土的革甲片有长方形、方圆形、椭圆形数种，长3.3～4.5厘米，最长的6厘米。用两层皮革类缝合制成，制作非常细致讲究，当为"合甲"之列。

东汉时期的铠甲在种类和性能上，与西汉没有大的差别，只是更加精细罢了。

图一五　铁胄　西汉
（江苏徐州狮子山楚王陵出土）

图一六　铁甲　西汉
（江苏徐州狮子山楚王陵出土）

甲光向日金鳞开（上）——先秦两汉时期的甲胄

甲光向日金鳞开（中）

——魏晋至隋唐时期的铠甲

从魏晋到隋唐五代700多年的时间内，以钢铁为材质的冷兵器发展到了顶峰，横行天下的马戟、马矟在另一方面也把甲胄逼推向了极致，其中尤以魏晋时期的筩袖铠、南北朝时期的两当（裆）铠、具装马铠和唐代盛行的明光铠为代表。

在三国时期的60多年中，由于战争的需要，魏、蜀、吴三国都十分重视兵器和铠甲的制造，而且品种有所创新，质量有所提升，且以铁铠为主。前文言及曹植作《先帝赐臣铠表》中提到铠甲的名目就有黑光铠、明光铠、两当（裆）铠、筩袖铠，还有马铠（后来的具装铠），它们都是当时稀有的上等铠甲，而且是后世流行的新铠种。在铠甲制作方面，东汉时期流传下来的"百涑钢"技术也得以运用，诸葛亮曾有《作刚铠教》文，曰："敕作部皆作五折刚铠，十折矛以给之。"这种钢铠应该是用五六次迭锻的钢材制作的，防护性能良好，能抵挡矛戟的击刺。据说诸葛亮还研制改进了筩袖铠，以至成了西晋时期流行的主要甲种，后人习惯称其为"诸葛亮筩袖铠"。这种铠甲到南朝时还在流行，《南史·殷孝祖传》记载，宋武帝刘裕曾赐给他一副诸葛亮筩袖铠和铁帽，"二十五石弩不能入"。从西晋时期出土的陶俑来看，这种筩袖铠圆领紧身，有短袖筒可遮护上臂，下缘及臀部，其上缀鱼鳞甲片，形似现在的短袖衫，用革带束于腰间。所贯头盔顶上竖起高高的缨饰（图一）。

西晋司马氏只维持了30多年的短暂统一，随即又陷入东晋、十六国的分裂局面，自此经南北朝至隋朝，军队的主力兵种是重甲骑兵，即人和马都披挂铠甲，当时称之为甲骑具装。供重装骑兵使用的兵器，远射兵器是弓弩利箭，近战的格斗兵器早期是戟，后来是矟（槊），即长刃长柄的矛，与其相适应的防护装具是骑兵披的各式铠甲和头戴的兜鍪，如两当铠、明光铠等，还有就是用来保护战马的"具装"铠，即马铠（马甲）。

甲骑具装早在三国时期或者更早的东汉晚期就已出现，曹植所作的《铠表》，所述其父曹操赐给他的铠甲中就有马铠一领。曹操在《军策令》中也提到，在官渡之战时曹军与袁绍军队实力的对比，就军队装备而言，"袁本初铠万领，吾大铠二十领；本初马铠三百具，吾不能有十具。见其少遂不施也，吾遂出奇破之"。袁绍有铠甲1万，马铠仅区区300具。而曹军中的马铠更少，还不到10具，可见当时马铠是军队中珍稀的装备，其数量极为有限。官渡之战发生在献帝建安五年（200年），为东汉末期，此时重装骑兵在尚处于萌芽状态，在军队中所占比例极小。4世纪初叶，经"八王之乱"后，西晋灭亡，司马睿在建康建立王朝，偏安江南，史称东晋。匈奴、鲜卑、羯、氐、羌等古代牧猎民族相继入主中原，并且先后建立政权，史称东晋十六国。这些古代牧猎民族，原本就生活在北方或西北边陲地区，射猎放牧，逐水

图一
身着筩袖铠武士
西晋（中国国家
博物馆藏）

草而居。他们从小就骑乘骏马，身体强壮，生性剽悍。这时的军队，特别是北方各国的军队，多是重甲骑兵，骑乘的战马也多披挂铠甲，东汉末、三国时期出现的马铠在此时得到了长足的发展。重甲骑兵的特点是冲击力强，对步兵往往具有压倒的优势。据史书记载，当时在一次战斗中取得胜利，常能俘获敌方铠马几千匹，甚至上万匹之多。《晋书·石勒载记》中说，石勒会同孔苌与末柸作战，最后生擒末柸，"获铠马五千匹"。后来又大败姬澹，缴获铠马上万匹。《晋书·姚兴载记》记载，姚兴遣陇右军讨伐鲜卑乞伏乾归，斩获更多，"降其部众三万六千，收铠马六万匹"。可见在当时的军队中重甲骑兵是其主力，装备的马铠（即具装铠）数量甚众。

东晋十六国重甲骑兵的长足发展，得益于这一时期马具的完善，也就是马镫的出现和马鞍的改进。有了马镫，骑手不但上下马非常方便，还能通过马镫用双腿控制战马，达到人骑合一的最高境界，才能充分发挥马矟的杀伤作用，也才会有大量装备具装马铠的重甲骑兵。目前所知较早的马镫，见于南京鼓楼区孙吴丁奉墓出土的鼓吹骑俑（271年前）和长沙西晋永宁二年（302年）墓骑俑，马镫都在马鞍的左侧，而且只有一只。后来又出现了双镫，出土于辽宁朝阳袁台子东晋墓和辽宁北票西官营子北燕冯素弗墓中*。

而后南北朝时期，乃至隋朝的甲骑具装，包括人的甲胄和马的具装，都是沿袭了东晋十六国时期的传统形制，在此基础上改进发展的。

东晋十六国时期，筩袖铠仍在继续流行，到了南北朝，则被两当铠代替。两当铠源于汉代的服饰"裲裆"，《释

---

* 北燕冯素弗墓中出土甲片甚多，方形、长方形、圆形、椭圆形、长条形、舌形、"凸"字形都有，最长的13厘米，最小的仅2.3厘米。皆由皮革绳连缀，多数甲片内里残留有纺织品和皮革痕迹。较大的当为马甲所用，较小的是人甲所用甲片（辽宁省博物馆编著《北燕冯素弗墓》，文物出版社，2015年）。

名·饰衣服》曰："裲裆，其一当胸，其一当背也。"它由胸甲和背甲两块铠甲构成，在肩部用带系连。两当铠形制简洁，穿着方便，适于骑兵披挂，这恐怕是它在南北朝时期流行的原因之一吧！两当铠也分皮甲和铁甲两种，用来编缀的铁甲片有鱼鳞形的，也有长方形的。用长方形铁甲片编缀的两当铠称"牌子铁裲裆"，《乐府诗集》收录的《横吹曲》"男儿欲作健，结伴不须多。…… 前行看后行，其着铁裲裆"唱的就是它。

　　在考古发掘中，尚没有见到两当铠的实物资料，但身着两当铠的俑像资料不在少数。如北魏司马金龙墓出土头戴兜鍪，身着两当铠的武士俑（图二），洛阳北魏元熙墓出土头戴兜鍪，身着两当铠的武士俑等等，上海博物馆收藏的一件北魏时期身着两当铠武士俑，骑在一匹身披具装铠的战马之上，而且武士的两肩还加披了掩膊，形象地展示了两当铠与马铠具装的关系（图三）。河南邓州彩色画像砖的甲士，则是身着袴褶，其外罩两当铠。江苏丹阳南朝墓甲骑具装画像砖还有"右具张第□"铭文（图四）。从考古资料我们看到，南北朝时期武士也有披挂明光铠的，但不普遍。

图二
身着两当铠陶俑
北魏
（司马金龙墓出土）

甲光向日金鳞开（中）——魏晋至隋唐时期的铠甲

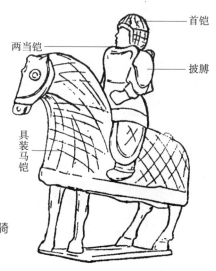

　　　　　　　　首铠

两当铠

　　　　　　　　披膊

具装马铠

图三
身着两当铠的具装骑
俑　十六国北魏
（上海博物馆藏）

南北朝时期骑兵战马装备的具装铠（马铠），或可以用"完美"二字来形容，一套完整的具装铠由六大部分组成，包括有保护战马头部的"面帘"，保护马颈的"鸡项"，保护前胸的"当胸"，保护躯干的"马身甲"，保护臀尻的"搭后"，以及竖立在臀尻之上的"寄生"（图五）。其中的面帘、鸡颈、当胸、身甲、搭后，可以有效地保护除马腿之外的所有部位，寄生作树枝状或扇面形，立在马尻之上，用来保护骑兵的后背。具装铠面帘的形制分为"全面帘"和"半面帘"两种，全面帘能够把马头整个遮蔽，只露出马耳、目、口、鼻；半面帘则只遮蔽马头的额面部位，马头的耳、目、口、鼻，连同下颏都露在外面。

马铠具装的图像资料非常丰富，石窟、墓室的壁画中有，画像砖中有，墓葬出土的俑像资料也有。时代较早的是云南昭通东晋太和年间壁画和永和十三年（实为升平元年，357年），冬寿墓壁画的甲骑具装图像，最形象的是甘

图四
南朝战马具装画像
砖 南朝
（江苏丹阳南朝墓）

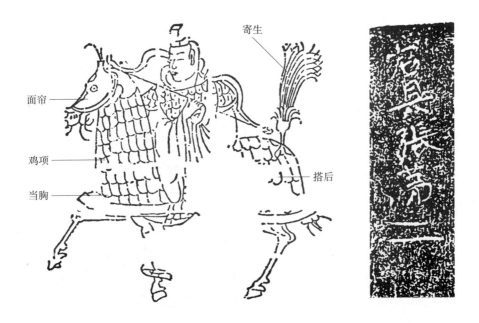

图五
南北朝战马具装铠
示意
（1.面帘　2.鸡项
3.当胸　4.身甲
5.搭后　6.寄生）

肃敦煌285窟西魏壁画《五百强盗成佛图》中的甲骑具装图像，战马身披具装铠奔驰，骑兵身着鱼鳞甲手持马稍征杀的姿态极其生动（图六）。俑像资料中，陕西西安草场坡北朝墓葬出土的一组具装俑刻画逼真（图七），河南洛阳北魏

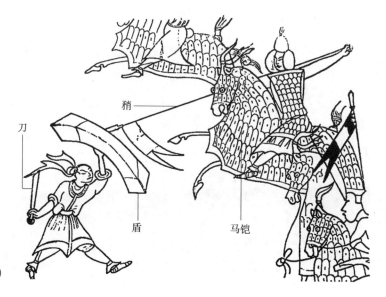

稍

刀

盾

马铠

图六
甲骑具装武士
西魏
（敦煌285窟壁画）

图七
甲骑具装俑　北朝
（西安百草坡出土）

元邵墓也出土了具装俑。河南邓州彩色画像砖上的具装铠、马尻上的寄生呈扇面形高高竖起（图八）。

　　从图像资料看，具装铠（除面帘和寄生外），都是用较大的长方形甲片编缀而成，甲片分为长方形和鱼鳞形两种。结合历史文献，它的质地主要有两种，或用钢铁片磨制，或用皮革裁切制作，再经编缀加工制成。具装铠制成后，与战士所披铠甲配套使用。人披铁铠，马也披铁具装；人披皮甲，马也披皮具装。而且人铠和马具装全都色彩一致，齐整如一，

图八
战马具装画像砖
南朝
（河南邓州出土）

颇为雄壮。到了隋朝更是这样，作为军队主力的重甲骑兵发展到了极致。《隋书·礼仪志》中，对隋炀帝杨广讨伐高句丽时的军队装备，特别是甲骑具装有着详细的描述，时在大业七年："众军将发，帝御临朔宫，亲授节度。每军大将、亚将各一人。骑兵四十队。队百人置一纛。十队为团，团有偏将一人。第一团，皆青丝连明光甲、铁具装、青缨拂，建狻猊旗。第二团，绛丝连朱犀甲、兽文具装、赤缨拂，建貔貅旗。第三团，白丝连明光甲、铁具装、素缨拂，建辟邪旗。第四团，乌丝连玄犀甲、兽文具装、建缨拂，建六驳旗。"根据记载，隋朝的重甲骑兵以团为建制单位，每团兵员1000名，由一名偏将统领。士兵所披铠甲、坐下战马的具装质地、颜色一致。每团下分10队，每队兵员100名，一队置纛旗一面。四个重甲骑兵团分别为青、赤、白、乌四色。其中两个团士兵所着铠甲、战马的具装为钢铁制品（青丝连明光甲、白丝连明光甲、铁具装），另外两个团士兵所着铠甲、战马的具装为皮革制品（绛丝连朱犀甲、乌丝连玄犀甲、兽文具装），金属铠甲、具装和皮革犀甲、具装各占一半。这也是对隋炀帝杨广所作古诗《白马篇》"白马金具装，横行辽水傍。问是谁家子？宿卫羽林郎……"的一种展示吧。

　　唐代是军队装备变革的时代，其重要变革之一是为战马卸去了沉重的具装，变主宰战场近300年的重甲骑兵为轻甲骑兵，恢复了骑兵原本灵活迅疾的特点，更有利于突袭作战。这一变革从李渊在太原任隋将，与突厥作战时就开始了。一是吸取突厥骑兵之所长，二是去掉战马的具装铠，大大精简了军费开支，适应隋末百业凋敝、民不聊生的现实情况。李渊曾用自己训练的轻甲骑兵打败过突厥的军队。李世民在18岁时，就曾亲率轻甲骑兵把李渊救出魏刀儿的重围。在考古资料中，我们发现，出土的唐三彩战马中，几乎都不披具装，就连世界

闻名的唐太宗昭陵六骏，也是只
有鞍鞯辔具，不披具装铠。敦煌
156 窟唐代壁画《张议潮出行图》
中，轻装仪卫中骑兵盔胄俱全，
腰胯间悬挂箭箙，右手的马矟高
高竖起，马矟的缨幡随风飘动。
他们所骑的战马都只有鞍辔而不
披具装，这当是唐代轻甲枪骑兵
的真实写照（图九）。

　　据《唐六典》记载，当时的铠
甲有十三种："一曰明光甲，二曰
光要甲，三曰细鳞甲，四曰山文
甲，五曰乌锤甲，六曰白布甲，七
曰皂绢甲，八曰布背甲，九曰步兵
甲，十曰皮甲，十有一曰木甲，十
有二曰锁子甲，十有三曰马甲。"

图九
唐代手持马矟的骑兵
（参考敦煌 156 窟壁画）

其中明光、光要、细鳞、山文、乌锤、锁子、皮甲都是军队
中的实战用甲，而且除了皮甲之外，都是钢铁制作的铠甲，
防护性能良好，尤以明光甲为最。其余白布、皂绢、布背、
木甲等都以所用原料质地命名，特别一些以绢布制的甲系供
仪卫卤簿使用的，装饰华美，但不具备实战防护性能。

　　明光铠是唐代铠甲中的顶级铠甲，唐墓中出土的将军俑
及壁画中天王像不乏其图像资料。从陕西礼泉唐郑仁泰墓、
咸阳唐苏君墓出土披明光铠的武士俑来看，一套完整的明光
铠包括有保护头颈的兜鍪、项护，保护躯干的身甲，还有保
护两肩头的披膊，保护前裆的鹘尾，保护大腿的腿裙，以及
保护小腿的吊腿，几乎遮护了人体的所有重要部位。身甲由
若干钢铁甲片编缀而成，其胸甲、背甲上，左右还各有两面
大大的圆护，增加了对前胸、后背的第二层保护，正因为这
些圆护光洁耀眼，辉映日月，才有了明光铠之名（图一〇）。

唐代诗人李贺《雁门太守行》有"黑云压城城欲摧，甲光向日金鳞开"句，描写的就是明光铠。

明光铠制作工艺非常复杂，造价也很昂贵，只有大唐盛世才能够用其作为军队的主要防护装具。在考古资料中，唐代铠甲实物很少发现，1976年在陕西西安曲江池遗址的一个圆坑内，出土了322片铁甲片，均为长条形，长约9厘米，可分为宽、中、窄三型，由左片压右片依次编缀。与汉代甲片比较，甲型更窄长，甲片上的缀孔数量明显增多。这样，铠甲的编缀就会更精细，防护性能也会更良好（图一一）。类似的唐代残铁铠的甲片和皮甲片新疆也出土过，编缀甲片的绦带尚得保存（图一二），黑龙江宁安虹鳟鱼场渤海墓地出土过多枚铁甲片，呈长椭圆形或抹角长方形，为熟铁锻制，完整者长约10厘米。黑龙江省博物馆收藏有一件唐代渤海

图一〇　唐代身披明光铠的武士
（复原图）

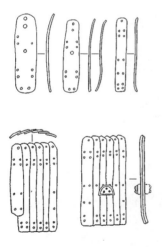

图一一　铁甲片　唐
（西安曲江池出土）

图一二　铁甲片　唐
（新疆出土）

国的铁盔，出土于宁安渤海国遗址。
高22.5厘米，外径21厘米，由12片
铁叶铆接而成，盔内外用铁叶各4片
纵列，盔缘以4片铁片横置，盔顶托
一圆珠，可用来拴系盔缨（图一三）。

《唐六典》中提到的"马甲"，就
是前朝的具装铠。此时重甲骑兵虽不
是主力，但它具有稳固的防御性能和
强大的冲击力，在正面战场的作用不
可小觑，所以甲骑具装在唐代仍有保
留。懿德太子墓、重庆万州唐墓出土
的甲骑具装俑可视作唐代具装铠的形

图一三　唐代铁盔　渤海
（黑龙江宁安渤海国遗址出土）

图一四
具装甲骑俑
唐
（懿德太子墓出土）

象资料（图一四），其形制与南北朝、隋的具装铠没有大的差别，仍由面帘、鸡项、当胸、身甲、搭后构成，只是少了寄生。懿德太子墓的具装俑战马的面帘贴金，马耳间置金饰片，鸡项、当胸、身甲、搭后包饰朱红色宽边，并绘有团花图案，彰显了大唐皇家仪卫的威仪，但严格说起来，并不是实战中的甲骑具装。

甲光向日金鳞开（下）

——宋元明清的铠甲

宋代以后，由于火药用在了兵器制造上，火器在战争中起到的作用越来越大，不但改变了传统的格斗兵器的形制，对铠甲、盾牌等防护具装的冲击也很大。这一吐故纳新的过程，从北宋初年开始，到清代前中期，大概经历了800年左右的时间。

宋王朝自太祖赵匡胤立国后，建都于开封，高宗赵构迁都于杭州，史称北宋、南宋，前后立国300多年。由于与辽、金、西夏、元战争不断，朝廷对兵器、甲胄的制造一直非常重视。北宋的南北作坊、东西作坊五十一作中，制作人甲的有铁甲作、铁身作、纲甲作、柔甲作、钉钗作、鳞子作、错磨作、钉头牟作、磨头牟作，制作马甲的有马甲作、马甲生叶作、马甲造熟作等等。制造的铠甲有涂金脊铁甲、素甲、浑铜甲、墨漆皮甲、铁身皮副甲、金钱朱漆皮马具装、铁钢朱漆皮甲具装等。而且对甲胄的质量、重量，乃至一副甲用甲片的数量都有严格的规定。《宋史·兵制一·器甲之作》记载，南宋绍兴四年（1134年）规定，一副全装铁甲总重量45～50斤，不能超过50斤，共用甲片1825叶，内外磨锃，对分重及每类甲叶的重量都有要求。其中披膊用甲片504叶，每叶重2钱6分，共重8斤3两4分；身甲用甲片332叶，每叶重4钱7分，共重9斤12两4分；腿裙鹘尾用甲片679叶，每叶重4钱5分，共重19斤1两5钱5分；兜鍪帘叶用甲片310叶，每叶重2钱5分，共重4斤13两3钱；兜鍪盔子眉子重1斤1两；

皮线结头等重5斤12两5钱，这几部分加起来，总重当是48斤11两6钱5分（书中记载为49斤12两）。《宋会要辑稿·舆服六》又说，乾道四年（1168年）春，王琪进枪手甲、弓箭手甲、弩手甲等三色甲，三色甲均用"皮线穿举"。其中枪手甲最重，总重53斤8两至58斤1两；弓箭手甲次之，总重47斤12两至53斤8两；弩手甲最轻，总重37斤10两至45斤8两。与绍兴甲制比较，每类甲的甲片单重减轻，在每领甲重量相当的情况下，但甲片的总数增加了，防御性能也提高了。宋神宗时沈括在《梦溪笔谈》中还记载了一种冷锻甲及其制作技术：青堂（堂又曰唐，今青海西宁一带）羌善于锻造甲，他们锻造的甲颜色青黑，荧光澄澈，可照见人的毛发，"以麝皮为褶旅之，柔薄而韧"。镇戎军藏有一副铁甲，被传为宝器。韩魏公帅泾原曾取作试验。强弩五十步之外不能射入。"凡锻甲之法，其始甚厚，不用火，冷锻之，比元厚三分减二乃成。其末留筋头许不锻，隐然如瘊子。欲以验未锻时厚薄。如浚河留土笋也。谓之'瘊子甲'。今人多于甲札之背隐起，伪为瘊子，虽置瘊子，但无非精钢，或以火锻为之，皆无补于用，徒为外饰而已。"

中国古代的甲胄，到宋代基本已经形成定制，比唐代的铠甲更加完备，其形制又被后代的铠甲所继承。《武经总要》云：宋代的甲胄质料有铁、皮、纸三种，尤以铁铠最为贵重，次则锦绣缘缯里。纸甲，是用非常柔韧的纸制成的一种甲，最早出现在唐代，据记载"劲矢不能洞"。当有一定防御能力。"康定元年（1040年）诏江南淮南州军，造纸甲三万，给陕西坊域弓手。"《武经总要》中收录了五领铠甲，从图像上看，整副铠甲基本由头鍪顿项、身甲及掩膊构成（图一：1～3）。如其中的一副"步人甲"，头部兜鍪呈圆形覆钵状，顶上中央插饰三朵缨球，后面垂缀着较长的顿项。身甲连成一整片，由十二列小长方形甲片组成，上面是保护胸、背的部分，用带子从肩上系连，腰部

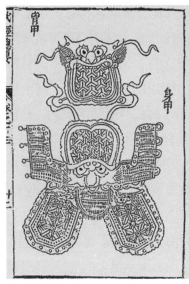

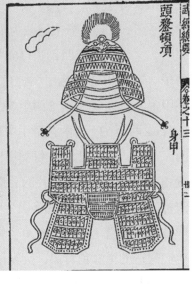

图一
1.宋代将士甲胄
（《武经总要》）

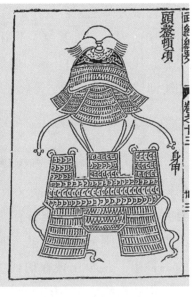

古兵探赜

图一
2.宋代将士甲胄
（《武经总要》）

又用带子向前束扎，下面正中连接鹘尾，左右连接两片膝裙。身甲之外加覆披膊，在颈背后联成一体，用带子结系在颈下。另一领的胸、背甲为山文甲，兜鍪的护颊作凤翅形，非常精美，又显示了与唐代甲胄的承袭关系。北宋军队仍保留有马披具装铠的重甲骑兵，但其数量不能与南北朝、隋代同日而语。从《武经总要》收录的马甲来看，一

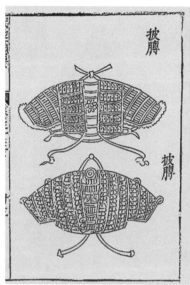

图一

3.宋代将士甲胄

（《武经总要》）

副完备的马甲包括面帘、鸡颈、荡胸（即当胸）、马身甲和
搭后五部分。披在战马身上，只有眼睛、嘴、耳朵、四肢
和尾巴露在外面，有效地护住了战马的头、颈和躯干（图
二：1～2）。书中记载："裹马装则并以皮，或如列铁，或
如笏头，上者以银饰，次则朱漆，二种而已。"可见北宋早
期马甲尚有皮质和铁质两种，到北宋中期（《武经总要》编

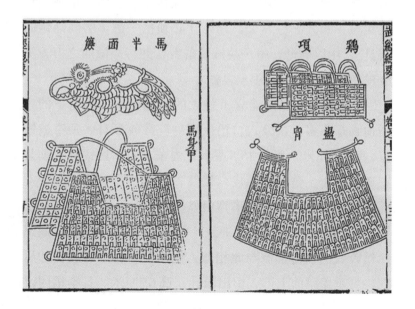

图二

1.宋代马甲

（《武经总要》）

纂时期），就主要制作和使用皮质的马甲了。这种皮马甲用皮质甲片连缀而成，制好后用漆髹饰，最初涂黑色、红色，政和三年诏令全部改作朱红色。不单单是宋朝，北方的辽、金更重视重甲兵。辽国兵制规定："凡民年十五以上，五十以下隶兵籍。每正军一名，马三匹……人铁甲九事，马鞯辔，马甲、皮

图二
2.宋代马甲
（《武经总要》）

甲视其力，弓四，箭四百……"金兵南下攻宋，曾一度把重装甲兵作为战阵的核心，其主帅金兀术帐下有四千牙兵，皆人披重铠，称之为"铁浮屠"，在战场上曾所向披靡，后被刘锜、岳飞、吴玠、吴璘用长枪、刀斧、强弩破之。

《多桑蒙古史》记载："蒙古军全为战骑，每人有革制甲一、兜一、携弓一、斧一、刀一、矛一，及仅需草原之草为食之马数匹。""用兵之前，必须检阅其队伍，审视士兵之兵械，每人除弓、矢、斧外，必须携一鑢（磨砺箭镞的器具），用以砺弩，……兵械最备者，并持一微曲之刀，头戴皮兜，身着皮甲，甲上复铁叶。"

当年蒙古人虽然建立了强大的蒙元帝国，但留下的兵器遗物却不多。内蒙古自治区博物院藏收藏有一顶窄檐铁盔，高45厘米，底径26.5厘米，内蒙古自治区锡林郭勒盟正蓝旗出土。盔体饰瓜皮六棱纹，下部接装一周窄沿。上部尖顶，顶部尤以覆杯形宽沿铁圈箍住盔顶。上有插羽毛等饰物的立管，做得精巧细致（图三）。原日本博多元寇纪念馆收藏的铁胄形制与此相似，但前部盔檐下有较长的眉庇，可遮盖脸的上部，留出眼孔，高65厘米。日本福冈市

元寇纪念馆收藏有元代的皮胄，高26.5厘米。盔檐、眉庇、覆顶等有铜、铁件装饰加固（图四）。

明代的铠甲，茅元仪《武备志》多有记载，形制源于宋代铠甲（图五）。其中有一种甲比较特殊，为纸甲。这种甲始见于唐代，明代军队也有使用。用极柔韧的纸经捶揲加工制成，特别是遇水浸湿韧性甚强，可防箭矢，又能在一定程度上防铅子。《武备志》中说："（纸甲）若纸绵俱薄，则箭亦可入，无论铅子。今须厚一寸，用绵密缉。长可及膝，太长则田泥不便，太短则不能防身。"朱国桢《涌幢小品·纸铠绵甲》记载了这种甲的制法："纸甲，用无性极柔之纸加工锤软，叠厚三寸，方寸四钉，如遇水浸湿，铳箭难透。"

故宫博物院珍藏的兵器、武备文物中，清朝历代皇帝的多套精美甲胄也被完好地保存了下来。其中有顺治帝的锁子锦盔甲、康熙帝的黄色锦绣

图三
铁盔　元
（内蒙古自治区博物馆藏）

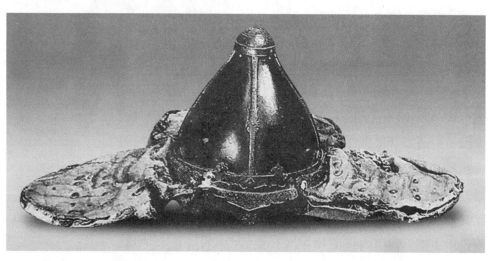

图四　头盔　元（日本藏）

图五
明代盔、胄
(《武备志》)

平金龙云纹大阅盔甲、雍正帝的月白色缎绣金龙棉甲、乾隆帝的织金缎万字铜钉棉盔甲、金银珠云龙纹盔甲、黄色缎绣平金龙云纹盔甲，咸丰帝的织金地几何纹铁叶盔甲等，还有乾隆帝仿制的努尔哈赤的赤红闪缎面铁叶盔甲、皇太极的蓝色缎面绣龙铁叶盔甲。

　　乾隆年间复制的努尔哈赤的甲胄，名"赤红闪缎面盔甲"。努尔哈赤是清王朝最早的创建者，他一生戎马征战，曾以十三副铠甲起兵打天下。据记载，这套甲胄是完全按照努尔哈赤原亲身披挂的甲胄复制的，具有实战功能。甲长113厘米，腰宽处68厘米，通体为坎肩加战袍式。缠枝莲花纹绿地红闪缎面，前后身密排整齐的镀银帽钉，蓝缎缘，古铜色粗布里。袍里内缀长10厘米，宽7厘米的精钢片200余片。肩膊覆大袖，两胁有护腋。头盔钢制，盔顶、缨管、前后梁、遮檐铁制，饰鋄金火珠、云朵、龙和缠枝莲叶纹图案，盔搭、护耳、护项用缠枝莲纹绿地红闪缎缝制，钉镀银帽钉，蓝缎缘，黄绒衬里，包裹钢片。这套甲胄共重约12千克。甲胄附黄木牌一枚，墨书汉文："太祖高皇帝赤红闪缎面盔甲一副，红闪缎面铁盔一顶，石青缎面盔衬帽一顶，金累丝盔缨一个，嵌蚌珠一颗，正珠十八颗，染貂皮二十，红闪缎面甲褂一件，大袖二件，遮窝二件。"

图六
乾隆金银珠云龙
纹盔甲　清
（故宫博物院藏）

乾隆皇帝御用的金银珠云龙纹甲胄。分为盔、甲衣和甲裙三部分，甲衣长73厘米，甲裳长61厘米，总重30斤8两。甲衣为对襟袄式，两肩加掩膊，胁下有护腋。甲裙做成片状，前面从中分开。均以丝棉等料为衬，再用包金、银和漆成黑色的钢制小甲片钉成山、海、云、龙等图案。全套甲共用小钢甲片60多万片。甲衣领上嵌"大清乾隆御用"金色铭文。盔用牛皮制成，外髹黑漆，镶金，镶嵌大珍珠达70多颗。甲身通体缀出金龙纹饰，多条巨龙或蟠伏或腾跃，穿插于云朵间，金光闪烁，集实用与华贵于一体（图六）。在设计理念、材料质地、制作工艺都达到了顶峰，充分展示了清代手工艺的发展水平。故宫博物院珍藏的郎世宁《乾隆戎装像》中（图七），所绘乾隆帝的盔甲逼真至极，为清代皇帝御用甲胄做了形象的注脚。

《清宫武备兵器研究》中还记载，故宫博物院珍藏有八旗兵盔甲八种，八旗护军校、骁骑校、前锋护军校各

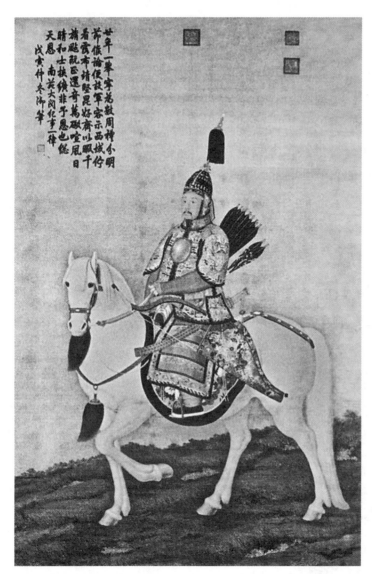

图七
乾隆帝大阅图　清
（故宫博物院藏）

一种，总数可达万套之多。

　　八旗兵的盔甲形制相同，唯颜色有差。正黄、正红、正白、正蓝全为一色，镶黄、镶白、镶蓝旗盔甲以本旗颜色为主色，镶以红色边缘，镶红旗盔甲则以红色为本色，镶以白色边缘。甲由上衣、下裳、左右掩膊、左右护腋、前遮缝、左遮缝构成，穿着时有铜镀金纽扣扣连。用绸布做面料，蓝布做里，内絮丝绵，再用一排排镀金铜帽钉钉

图八
正黄旗盔甲　清
（故宫博物院藏）

图九
着镶蓝旗盔甲
清代武士

实（图八、九）。八旗兵的盔用牛皮制成，髹黑漆，用铜镀金饰件加固，盔顶有葫芦形的缨管，管内插饰黑色或红色盔缨。这些盔甲均由江宁、苏州、杭州三个制造局制作，质量也是上乘之选。

甲光向日金鳞开（下）——宋元明清的铠甲

楼船夜雪（上）

——唐代以前的战船

前面文章曾以《铁马秋风》为题，借陆游的诗句"铁马秋风大散关"写过古代的甲骑具装，本文仍借用他的诗句"楼船夜雪瓜洲渡"讨论中国古代的战船。"楼船"本是中国古代的大型战船，文题中是对古代战船的泛指。

在中国古代战争中，战争形式有步战、车战、骑兵作战，或各兵种混合编队联合作战等，更少不了水军，利用战船进行水上作战。关于古代战船作战，有过不少经典战例，譬如东汉末年的赤壁之战，不但正史有载，文学作品也有精彩描述，罗贯中《三国演义》一百二十回，就有八回讲述赤壁大战，从曹操亲率八十三万虎狼之师南征，"船骑双行，沿江而来，西连荆陕，东接蕲黄，寨栅联络，三百余里"。孙权遣鲁肃邀诸葛亮过江，共商联合抗曹大计。孔明舌战群儒，智激周瑜，蒋干中计，草船借箭，黄盖诈降，庞统诈献连环计，诸葛亮巧借东风，三江口周瑜纵火，烧战船曹兵惨败。最后到曹操败走华容，险些丧命，八十三万人马损失大半（图一）。剔除小说中的文学描写和情节虚构成分，孙、刘联军破曹的赤壁之战在中国古代战争史上也是可圈可点的经典战例之一。

赤壁之战主要记载见于《三国志·吴书·周瑜传》，散见于同书《黄盖传》《鲁肃传》和《蜀书·诸葛亮传》及《魏书·武帝纪》中。曹操占据北方后，建安十三年（208

年）又败刘备于新野、当阳，降刘琮于荆州，集水陆重兵（二十万，诈称八十万）屯于长江沿岸。下书给孙权，迫其投降。为了抗曹，孙、刘两家结成联盟。孙权任命周瑜、程普为左、右都督，鲁肃为赞军校尉，率三万水军沿江西上，与刘备的两万人马会合，在赤壁（今湖北赤壁市）与曹兵对峙。他们抓住了曹操骄纵大意，轻敌急进，以及曹军初到南方，水土不服，遇风浪晕船，不习水战，用火攻之计烧毁了曹军以铁链连在一起的战船，随之水陆并进，大获全胜，自此形成了魏、蜀、吴三分天下的格局。

图一
赤壁之战图
（《三国演义》影印本）

70年后，晋灭孙吴之战舰船同样发挥了重要作用。晋武帝咸宁五年（279年）末，益州刺史王濬率巴东监军唐彬等七万人马，乘早已造好的大小战船，从益州出发沿江而下，过瞿塘峡、巫峡，到秭归。次年二月（太康元年）破丹阳城（今湖北秭归东）东吴守军，俘获丹阳监盛纪。又入西陵峡，探知东吴为防止晋军水师东下，在长江险矶处设置了拦江铁索，水下埋置了足以洞穿战船的铁锥，遂捆扎了几十个"方百余步"的大木筏，遣谙习水性的士卒驾筏先行，筏巨水急，铁锥一一被拔除。又制作成长十余丈、粗数十围的大火炬，浸透麻油，置于战船之前，遇到拦挡的铁索即点燃火炬，烈火烧断铁索，船队畅行无阻，遂破西陵，克荆门，占夷道（今湖北宜都），走夏口，过武昌。顺江东进，直捣建康（东吴都城，今江苏南京）（事迹见于《晋书·王濬传》。唐刘禹锡诗《西塞山怀古》云："王濬楼船下益州，金陵王气黯然收。千寻铁锁沉江底，一片降幡出石头。"说的正是这场战争（图二）。

随着历史的发展，战船在战争中发挥的作用越来越大。在隋朝灭南陈之战中，战船起到了决定性的作用，隋文帝杨坚北攻突厥取胜后，又南下灭陈。南陈地处江南，有天险长江为屏障。为了灭陈，杨坚首先发展水师，命杨素在巴东郡（今重庆奉节）造"五牙""黄龙""平乘""舴艋"等大小战船数千艘，贺若弼在扬州，韩擒虎在庐州等地也纷纷准备战船。开皇八年（588年）十月，分八路水陆并进，分长江上游、下游两个战区攻打南陈。其中水军为主力，渡江时，"东接沧海，西拒巴蜀，旌旗舟楫，横亘数千里"。

为了适应作战需要，甚至长期生活在北方草原地带谙熟骑战的牧猎民族也采用战船作战，靖康之战后，康王赵构在南京（今河南商丘）即位建都，是为高宗，史称南宋。由于金兵进逼，屡屡迁都，至杭州立足，遂升杭州为临安府。建炎三年（1129年）冬，金完颜宗弼（兀术）又

图二
画像砖上的楼船图像
东汉
（广东出土）

率大军南下，渡长江，陷临安，迫高宗逃亡海上。次年二月装载了无数抢掠来的宝物乘战船北撤。宋将韩世忠率水军，在镇江金、焦二山间截杀金兵。他们凭借高大的海船，以八千死士与十万金兵鏖战。韩世忠的夫人梁红玉在大船上亲自擂鼓激励士气，遂成"韩世忠战船锁长江，梁红玉击鼓战金山"一段佳话。宋兵节节取胜，金兵被逼得只能沿长江南岸西行，进入黄天荡（今南京西北），并在此被困四十余日，后掘老灌河通江口，才得逃脱。韩世忠率水师继续追赶。因船巨大，无风难以行驶。金人抓住这一弱点，趁无风时乘小船放箭纵火烧毁宋军战船，得以渡江北撤。这一战，战船是关键，可以说成也萧何，败也萧何。

　　到了明代永乐年间（最后一次在宣德六年），郑和曾数次率领庞大的船队出使各国，最远到达过非洲东海岸及红海沿岸。出海人数最多时达27000多人，船只以各种战船为主，宝船、马船、粮船、坐船、战船混合编队。据记载，最大的宝船（帅船）长44丈4尺，宽18丈（图三），在当时首屈一指。明代末年，郑成功收复台湾，当是战船中海船、海战进一步的发展。

　　追根溯源，中国古代的战船是由民用船演化而来的，最初只是用来运送士卒、军器和粮草给养，后来改装民用船，加配战具，就成了战船。纵观战船两千多年演进史，

图三
郑和宝船　明
（复制）

从先秦到明末清初，大概经历了春秋战国的初创期，秦汉到隋唐的发展期，以及宋元到明末清初的鼎盛期等几个阶段。若从战船的类型上划分，隋唐以前是内陆战船（河船）的发展，宋代以后则是海船的日臻完善。

古国古代战船是从民用舟船发展而来的，武王伐纣前，准备在孟津（今河南孟津东北）盟誓，临行，太公姜尚左手持黄钺，右手举白旄宣誓，告诫主管渡河的苍兕说"苍兕苍兕，总尔众庶，与尔舟楫，后至者斩！"遂挥师乘船渡河，得与八百诸侯会盟，语见《史记·齐太公世家》。这是我国用船运送兵员的最早记载，距今已三千多年了。而真正意义上的战船出现在春秋中晚期。

最早的战船首先出现在阴湿多雨的南方水乡，有了战船，各国随之组建了水军。当时楚、吴、越三国都有自己的水师，在越国，水师称"习流"；在吴国，有一位从楚国逃亡来的名将伍子胥，曾编撰过一部专门讲述水上作战的兵法——《伍子胥水战兵法》，惜已失传，部分文字散见于《越绝书》《汉书·艺文志》等，《水战兵法》中说，吴国的战船有大翼、中翼、小翼之分，大翼长10丈，约合今6米（一说长12丈，宽1丈6尺），中翼长9丈6尺，小翼长9丈。

古兵探赜

280

书中还说，长12丈的大翼可装载士兵91人，其中有26名斗士，操钩矛斧者各4名，50名水手以及舳舻手、军官等。装备的兵器有长钩、矛、斧各4柄，弩32具，甲胄32领，箭矢3300支。伍子胥在《水战兵法》中还将战船与兵车比较，说大翼相当于陵军之车，小翼相当于轻车，还有楼船（相当于楼车）、突冒（相当于卫车）。可见战船和水军已有一定规模，也有定制。《史记·越王勾践世家》记载，公元前482年，吴王夫差倾其兵力率师北进，与各国诸侯会盟于黄池（今河南封丘西南）。越王勾践趁其后方空虚，遣精兵四万余人攻越，其中就有"习流"两千人，结果大获胜，俘获了吴国太子。据《吴越春秋》所说，"习流"就是那些熟悉水性的人，越国把他们组织起来，训练成水军。

　　由于当时的战船都是用木头制作的，至今早已腐朽，因此在考古发掘中，尚未见到战船的实物资料。四川地区船棺葬的船棺或可作其形象的参考。战国初年的青铜器上，有当时战船的图像，称水陆攻战纹。饰有此类纹饰的青铜器有铜鉴两件，出土于河南卫辉山彪镇。三件铜壶，一件出土于四川成都百花潭，一件出土于山西运城，一件为故宫传世品。几件器物的花纹图案基本相同，都是用红铜在青铜器上镶嵌水战、陆战图像。水战图表现的是两艘战船相互攻杀的场面，战船两头起翘，分为上下两层，下层是四名弯腰奋力划船的水手，水中有士卒在推船，在格斗，他们腰间均佩有短剑，格斗者手持短矛。上层站立四名或五名武士，前面的有的持矛舞戟，有的弯弓射箭。后面一人敲击金鼓，指挥进退。船头、船尾旗幡、羽葆飘飞（图四）。

　　从水陆攻战图画面分析，当时的战船是双层无帆船，靠人力划桨推动战船进退。船的下层配备划桨的水手，上层配备格斗的武士。船头树旗幡，船尾置羽葆，这种战船或许就是后来楼船的雏形。士卒的兵器装备有格斗用的长柄戟、短柄戈、长柄矛、短柄矛，远射兵器是弓箭，卫体兵器是剑，指挥系统为金鼓（建鼓、丁宁、钲等），识别标志是旗幡、羽葆。所有这些，均显示了战船和水战初创时期的特点，即以运送兵员为主，间或进行水战。

秦汉两朝是战船和水战大发展时期，秦始皇统一六国后，疆域大大扩展，有了广袤的江南水乡和数千里的海岸线，更需要发展水军和战船。另一方面，综合国力的提升和进一步发展科学技术，为建造更先进的战船提供了可能。在秦王朝的军队中，有水军的编制，称"楼船之士"，由屠睢统率，曾顺江而下攻取南粤。到秦始皇晚年，命徐福驾巨舟出海求取不老仙药，还用连弩在芝罘射杀过巨鱼。能够出海远航的船当然性能良好，可以射杀巨鱼的连弩一定威力强劲。

高祖刘邦是一位马上皇帝，西汉之初，他即下诏在每岁立秋之后，选拔轻车、骑士、材官、楼船，各有员数。这也是当时军队的四大兵种，即车兵、骑兵、徒兵和水军。水军的统帅称"楼船将军"，士兵称"楼船士"，又因为他们善于划桨泅水，又称"楫濯士"。武帝元鼎五年（前112年），诏令楼船士10万，由伏波将军路博德、楼船将军杨仆以及戈船将军侯严、下濑将军甲率领，由桂阳、豫章、零

图四
铜鉴上的战船纹饰
战国
（河南卫辉山彪镇出土）

陵、苍梧兵分四路伐岭南百越，会师番禺。杨仆因先行获胜而得到武帝赏识。到了东汉，船舵、风帆、樯橹的出现，使造船技术进一步完善，可以建造满足各种战术需要的战船，也才会有前文说到赤壁之战那样的惊心动魄的水战场面。

考索相关古籍，汉代的战船类型有楼船、斥候、先登、艨冲、舰、赤马、露桡、艇等名目。楼船为大型战船，船上建楼数重，体型大，制作坚固，上面装备有强弩等兵器（图五），是对敌方进行强击的主力战船又常常设楼船将军统管，所以又是指挥船，两汉时期，一直是水军的主力战船。艨冲船体狭长，行进速度快，为一种攻击型战船。舰有上下两层舱室，四周装有护板，属于有防护性能仅次于楼船的攻击性战船。赤马舟船小体轻，速度疾如快马，便于隐蔽，多用于侦查、偷袭。露桡与赤马舟相似。斥候为瞭望船，艇船体更小，适用于水寨巡逻。

此后两晋、南北朝至隋唐，战船的种类没有太大变化，只是船的形制及其武器装备、防护设施更进步，更适合新的战争形式。值得一提的是，西晋灭吴时，王濬所造的大船连

楼船夜雪（上）——唐代以前的战船

图五
楼船模型
汉代后期

舫，其方圆一百二十步，上面建有城墙楼橹，四面开门，可以纵马，看来应是一种连体的大型战船。为了破坏孙吴插在江底的巨型铁锥，王濬制造的长宽各百余步的大木筏，虽不算严格意义上的战船，但也称得上水战战具的一个创举。

隋朝为了灭南陈，杨素在巴东郡建造的"五牙"楼船，船高十余丈，筑楼橹五层，前后左右共置拍竿6根，船上有士兵800人（图六）。拍竿是砸击敌船的战具，多置于楼船之上。拍竿长5丈有余，由立柱、横杆、缚于杆头的巨石和辘轳四部分组成。立柱为支架，横杆架在立柱上，可以随意转动，巨石以砸击敌船，辘轳有绳索与横杆相连，靠人力转动辘轳，拉起横杆，提升巨石。杨素在荆门延州与陈昌仲惠水军接战时，凭借"五牙"楼船上的拍竿击破、击沉敌船十余艘，为沿江东进扫清了障碍。在当时隋军的水师中，除了"五牙"楼船外，还有"黄龙""舴艋""平乘"等较小的战船。

拍竿的出现，使战船增加了大型攻击性战具，改变了弓、弩、戟、矛等传统兵器只能杀伤敌船兵员的状况。它可以凭借重力自上而下砸击敌船。与只靠船头撞击目标的西方古代战船相比，拍竿能自由转动，可以多方位、多角

古兵探赜

拍竿

拍竿

图六
五牙战船模型　隋

284

度打击敌人，性能明显优越。

唐代出现了以轮代桨的车船，它是由李皋发明的，"尝运心巧思为战舰，挟二轮以蹈之，翔风鼓浪，若挂帆席"。这种车船是宋代以后大型车船的前身，但只以两个轮形桨叶推动，船体不会很大，在水战中起不了大作用。

宋代火器出现，不但改变了传统战争的格局，也促进战船由内陆船向海船发展，慢慢迎来了更为广阔的海战时代。

楼船夜雪（下）

——宋代以后的战船

宋太祖赵匡胤本是后周的高级将领殿前都点检，因"陈桥兵变"篡位称帝，国号为宋。他深知掌握军队的重要，称帝后一方面收拢兵权，直接掌控军队，另一方面加强朝廷对兵器制造的管理，亲自检查兵器质量。此举大大促进了宋代兵器质量的提升，不管陆战兵器还是水战兵器都得到了长足发展，其成果收录在宋仁宗时期，曾公亮主持编纂的官修兵书——《武经总要》中。

该书前集卷十一《水战篇》收录的战船，有楼船、游艇、蒙冲（艨艟）、斗舰、走舸、海鹘六种，并附有船图。其中楼船自汉代以来就是水师的主力战船。《武经总要》中说，当时的楼船长百余步，上建楼三重，周遭列女墙战格，外蒙毡革，开弩窗矛穴。置砲车、礌石、铁汁，船上可以奔车驰马。从附图上看，楼船顶部置拍竿，船体两侧伸出桨棹数对。它的优点是船体大，装备精良，特别是用拍竿对敌船可实施毁灭性的打击（图一）。缺点是笨重，行动不便捷。而蒙冲、斗舰都是轻型攻击战船。蒙冲"以生牛革蒙战船背，左右开掣棹空（孔），矢石不能败。前后左右有弩窗矛穴，敌近则施放。务在捷迅乘人不备也"（图二）。走舸、游艇则是用于侦察、巡逻的小船，它以船体小，速度快为特点（图三）。值得关注的是海鹘船，它是一种适用于外海作战的海船，其形状与上述内陆战船不同，前高后低，前大后小，如鹘鸟之形。船舷之上左右置浮板，形如鹘的双翅，助其船虽经风涛怒涨也不

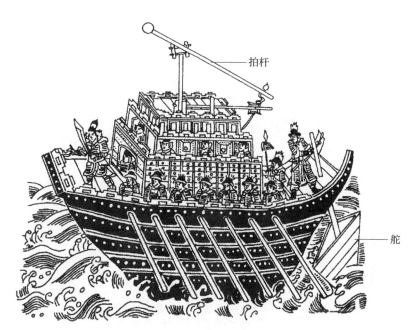

拍杆

舵

图一 楼船 宋
（《武经总要》）

图二 蒙冲
（艨艟）宋
（《武经总要》）

会侧翻倾覆，"背左右以生牛皮为城，牙旗金鼓如常法"（图
四）。这种战船唐代就已出现，至宋有所发展。北宋词人贺铸
《生查子》有"西津海鹘舟，径度沧江雨"句，赞咏其适应恶
劣天气，航速迅疾。另外，据宋代诸多史籍记载，宋代的船
只特别是战船已大量加装了风帆，以风为推动力，可惜《武

287

图三　走舸　宋
（《武经总要》）

图四
海鹘船　宋
（《武经总要》）

经总要》只简单提及而无详细记载和图像。

　　《武经总要》中还说，宋代水军中以楼船为主舰，以帆橹
轻便为上，各种战船的数量、战位各有合理的配置。作战时，

统帅通过金鼓旗幡指挥调度，旗幡向前，击鼓则进击，旗幡立起，鸣金则止，旗幡放倒立即退兵。进退行止，井然不乱。

南宋时期出现了以轮形桨叶，靠人力双脚踏动为动力的大型战船。高宗绍兴三年（1133年），钟相、杨幺在洞庭湖曾用这种战船大败进剿的官军。这种战船安有22~24组轮形桨叶，船顶置10丈长的拍竿，从船头到船尾长36丈，可承载千人。行驶时，众人踏动桨叶，战船往来如飞。还有一种使用轮桨的小型战船，称"飞虎战舰"，船设四盘轮桨，每桨有八片桨叶，四人踏斡，日行千里，更利于实战。

到了南宋嘉泰三年（1203年），池州秦世辅对海鹘船加以改进，制成"铁壁铧觜平面海鹘战船"。这种战船长9.2丈，船身装有铁护板，船头装有犁铧形铁角，两侧各有两盘轮车和三支桨，二十名桨梢手操作，载士卒78人，其速度极快，可凭冲力撞击敌船。

北宋时期建造的大型海船称"神舟"，是神宗、徽宗年间为了遣使出访高丽建造的大型豪华海船，长30余丈，宽7.5丈。还有一种"客舟"，长10余丈，宽2.5丈。主樯高10丈，头樯高8丈。船底尖削，"下侧如刃"。

在南宋时期抗击金兵南侵的诸多战斗中，有一次是值得我们记住的。因为这是一次宋代以前少见的一次海战。绍兴三十一年（1161年），金主完颜亮诏令四路大军南下攻宋，其中海上一路拥兵七万，战船六百艘，欲从海上进兵攻取临安。时任浙西路马步军副总管职的李宝率水师出东海，与魏胜军两面夹击，在海州（今江苏连云港）附近与金兵接战，屡屡获胜。后来又率战船120艘，水军3000人由江阴出海，北上迎击金兵，至胶西（今山东胶州）陈家岛附近海域与金兵相遇。此时已是十月深秋，北风正盛。他们逆风迎敌，发现敌人不习水战的弱点。不久南风骤起，金兵缩在船内避风。李宝抓住战机，率船队出战，火药箭、霹雳弹飞向敌船，一时烈焰腾空，金兵大乱。他们又冲上

楼船夜雪（下）——宋代以后的战船

敌船，白刃血战，大获胜。此战以精兵三千破敌七万，尽毁敌船600艘，俘获3000余人，是水战史上以少胜多的经典战例，不亚于东汉末年的赤壁之战。同时它又是海战中使用火器的最早战例。

元代以后，战争和外交的需要，迎来了海船大发展的时代，元朝增置造船提举司，督造各种战船以满足与南宋作战，以及攻取周边安南、琉球、爪哇之需。忽必烈曾两次遣水军东征日本，用的多是海船。

第一次派出的九百艘战船中，有三百艘"千料船"，据后人考证，其载重可达130吨。日本古代绘画《蒙古袭来绘词》有这类战船的图像资料（图五）。

元人两次东征两次失败，其他原因不说，当时的战船尚不能远洋航海作战是其原因之一。到了明代永乐年间，郑和下西洋七次远航，穿越西太平洋、印度洋，最远到达大西洋的好望角。远洋船上装载了各种货物、珍宝，作为友好使者，彰显天朝国威是明王朝出访各国的目的之一。

郑和出海率领的是一支庞大的混编的远洋船队，其中最

图五
《蒙古袭来绘词》
中的元代战船

大的宝船是船队的核心，马船、坐船、战船负责警戒、保卫，粮船负责后勤保障，运送淡水粮米给养。他们掌握有当时最先进的航海技术，白天用指南针，夜晚凭观察星象和水罗盘确定航向。据记载，郑和的宝船长44.4丈，宽18丈。有人研究并复原了此船，为船体短宽的九桅十二帆的平底大沙船。20世纪五六十年代在南京中保村，也就是当时建造宝船的旧址，出土过用铁力木制作的巨大舵杆、舵叶、绞关木（盘车）等遗物，舵杆长11.07米，舵叶高6.25米。在2003～2004年的发掘中，又出土了舵杆、船板、圆盘等船用构件。其中两根舵杆，一根长10.06米，一根长10.925米（图六，1、2），为宝船提供了佐证。马船、坐船、战船都是战船，但尺寸有差，作战用途也不尽相同。其中马船是八桅战船，最大，长37丈，宽15丈，用于运载马匹，"以备水军进征之用"；坐船又叫战座船，六桅，长24丈，宽9.4丈，用于运载下级军官及士卒；战船小而灵活，五桅，长18丈，宽6.8丈，主要用于作战。

有明一代，特别是明中期以降，沿海数省频频遭到倭寇侵扰，百姓不堪其苦。朝廷数次遣兵征剿。戚继光等

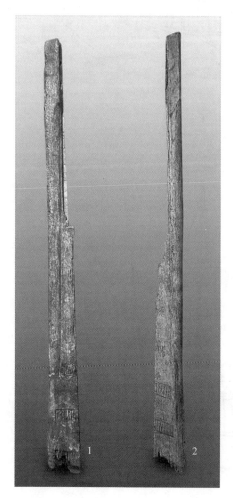

图六
舵杆　明
（南京中保村出土）

图七
大福船 明
（《纪郊新书》）

图八
海沧船 明
（《纪效新书》）

抗倭名将在实战中，创造了许多新战法。在水战方面，编练水兵营，大小舰船、冷兵器、火器合理编配。《纪效新书·治水兵篇》中说，水兵以营建制，一营辖二哨，每哨有大福船二，海沧船一，苍山船二，还有开浪船、八桨船、艟桥船、网梭船等等。大福船为大型主力战船，底尖上阔，首尾上翘，吃水1.2丈，利于海战（图七）。船上配备大发贡、佛狼机、碗口铳、喷筒、鸟嘴铳、药弩、弩箭、火箭，以及粗火药、铅弹等。其"高大如城"，而倭舟矮小，"福船乘风下压，如车碾螳螂"。海沧船是比福船略小的二桅战船，可使风帆，可划桨。船上设竹制的护板，桅杆顶部置瞭望斗，船尾设有舵楼（图八）。船上配备大佛狼机、碗口铳、鸟嘴铳等火器。其他苍山船、开浪船、八桨船、艟桥船、网梭船等大小、用途与之有别。

清代前、中期基本延续了明代战船的形制。1840年的清代晚期，在英、法等资本主义国家坚船利舰攻击下屡遭挫败，朝廷开始购入国外的钢铁战舰，还组建了北洋水师，进入了钢铁舰船的时代，船上配备的武器也非前代可比。但在甲午（1894年）海战中，还是被日本海军打败了。那是另一个研究课题，本文不予讨论。

楼船夜雪（下）——宋代以后的战船

虎符的故事

据说抗战期间，郭沫若先生在重庆时闲暇间逛地摊时，偶然购得一件青铜虎符，遂发灵感，创作了五幕话剧《虎符》，演绎魏国如姬帮助信陵君窃得魏王虎符，代魏国主将晋鄙领兵救赵的故事。其史实见于《史记·魏公子列传》。

魏安釐王二十年（前257年），秦昭王破赵长平军后，又乘胜包围了赵国的都城邯郸。面对灭国的危机，赵国的信陵君无忌向魏国求救，魏遣晋鄙率十万军救援。大兵屯于邺。但魏王受秦人威胁不敢下令接战，邯郸存亡悬于一线。信陵君听取侯嬴的计策，求安釐王宠爱的如姬偷到了调兵的凭信——虎符，遂驱车至邺的魏军大营。晋鄙核验过虎符后，仍有怀疑不肯发兵。信陵君身边力士朱亥抽出暗藏的铁椎（锤），击杀晋鄙。信陵君取而代之为帅，得以号令魏军。遴选精兵八万进击秦军，秦军退去，邯郸之围遂解。信陵君的高义之名也因此留之青史。

在这一关乎赵国生死存亡的事件中，虎符起到了至关重要的作用。

秦王朝建立之前的一件大事也与虎符有关。秦王嬴政十三岁继承王位，即位之初，丞相吕不韦独揽朝廷军政大权。秦王政二十一岁亲政，亲政之后，深深痛恶这种辅臣专权尾大不掉的现状，于秦王政九年（前238年）利用自己手中掌握的虎符，收回吕不韦的兵权。又，西汉文帝二年（前178年）曾将铜虎符、竹使符颁发给郡国守相，记载见

古兵探赜

294

于《史记·文帝纪》："九月，初与郡守为铜虎符、竹使符。"《集解》应劭曰："铜虎符第一至第五，国家当发兵遣使者，至郡合符，符合乃听受之。竹使符皆以竹箭五枚，长五寸，镌刻篆书，第一至第五。"《索隐》引《汉旧仪》："铜虎符发兵，长六寸，竹使符出入征发。"

用兵符调动兵力的举动也被后来的文学作品演绎，明代通俗小说《三国演义》第五十一回"曹仁大战东吴兵，孔明一气周公瑾"中，讲述了赤壁鏖兵，曹操战败，诸葛亮趁孙、曹苦战之时，先命赵云袭取南郡，擒获守将陈矫，夺得曹军兵符。随后令人用兵符诈调荆州曹军驰援南郡，张飞得以进占荆州。又用同样方法让关羽攻取了襄阳。不损一兵一卒，连夺三座城池，气得周瑜口吐鲜血，昏倒在地。

从上述文献记载中，我们知道了虎符是中央调遣军队的凭证，它的形状呈虎形，而且分为左、右两半，正与《说文》中说"分符而合之"，《史记·文帝纪》注中引颜师古所云"右留京师，左与之"相符。书中又引《古今注》所说"铜虎符银错书之"，可见虎符上或铸、或刻、或错有文字。

至于虎符实物，传世品有之，出土遗物也有所见，而且品相较为完好，其形状为立体行走或伏卧虎的造型，从中间纵剖为二，上面错有或铸有铭文。从铭文内容来看，有"王虎符""君虎符""皇帝虎符"等不同名目。使用年代多为春秋战国、两汉时期，目前见到最晚的是隋代虎符。

见于著录的有《观堂集林》中的新郪虎符，青铜铸制，虎身有错金铭文四十字，铭文曰："甲兵之符，右在王，左在新郪。凡兴士被甲，用兵五十人以上，必会王符乃敢行之。燔燧事，虽无会符行殿。"（图一）王国维考证认为系战国晚期秦人的遗物，新郪为地名，在舞阳（今河南省舞阳县）之东。后来又有学者通过与同类器物对比，认为其形制、尺寸、书体与战国秦虎符有一定区别，时代当为西

图一 新郪虎符及铭文

汉，是淮南王刘安谋反时私铸的兵符，新郪在今安徽
阜阳太和县境内。

出土的虎符中，杜虎符时代相对较早，保存也较
好。这件虎符1973年出土于陕西西安郊区山门口公社北沉
村，青铜铸制，呈立体行走的虎形。虎身修长，昂首张口，
长卷尾。长9.5厘米，高4.4厘米，厚0.7厘米。虎身纵向分
为左右两半，颈上有一小孔，内面有榫槽可以拼合。虎身
上铸有错金篆书铭文九行四十字："兵甲之符，右在君，左
在杜，凡兴士被甲，用兵五十人以上，必会君符，乃敢行
之，燔燧之事，虽毋会符，行殹。"（图二：1、2）大意是
兵符的右半边在君王宫廷，左半边在驻杜将领处。凡是调
用士兵五十人以上时，必须左、右兵符相合，方可行动。
如燔燧举火，事关紧急，不必会符，即可出兵。杜乃地名，
其位置距出土杜虎符的北沉村不远。杜虎符的时代为战国
晚期，为秦国遗物。

现中国国家博物馆收藏一件阳陵虎符，传山东枣庄临
城出土。虎符也分为左、右两半，相合成为立体虎形，长
8.9厘米，高3.4厘米。虎卧姿，扬首卷尾。左右片颈背部
各有错金铭文十二字，铭文完全相同："甲兵之符，右在皇
帝，左在阳陵。"（图三：1、2）铭文字体为秦小篆，铭文
中又有"皇帝"字样，当为秦始皇统一中国后的兵符，阳
陵也是地名，据考在今陕西西安高陵区。

　　20世纪60年代河北沧州地区曾征集到一件汉代虎符，也作卧姿虎形，昂首卷尾，长9.5厘米，宽2.1厘米。虎背有错银铭文，右边为"杜阳太守维护第一"，左边为"杜阳左一"。虎符的阴面有三角形榫。报道者将其与以往出土的汉符比较，认为字体一致，为汉代遗物。

　　最晚的隋代铜虎符出土于甘肃省庄浪县阳川乡曹家塬，现藏于中国人民革命军事博物馆。黄铜质，为立虎状，嘴大张，前腿直立，后腿作蹬地状，尾巴直伸。长7.5厘米，通高4.5厘米。虎符铸时从中一分为二，背面有阴刻铭文。一半正面为阴刻小篆"长利府"三字，背面阴刻楷书"右武卫""长利二"六字。另一半正面为阴刻小篆"大华府"三字，背面阴刻楷书"左武卫""大华府"六字（图四）。从其形制和文字内容来看，这时期的虎符已与战国秦汉的虎符大不相同了。

图三：1
阳陵虎符　汉
（山东临城出土）

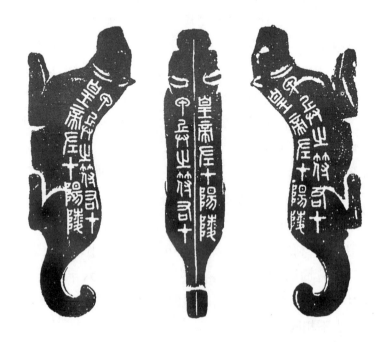

图三：2
阳陵虎符拓片

图四
虎符　隋
（甘肃庄浪曹家塬
出土）

据文献记载，隋代调兵多使用麟符，虎符则很少使用。唐代使用鱼符、兔符、龟符等。

《史记·文帝纪》还提到了竹使符，可是我们至今没有发现其实物，不知道它的样子，应劭说它形如竹箭，共有5枚，长5寸，上面刻有篆书文字。《后汉书·杜诗传》："旧制：发兵皆以虎符，其余征调，竹使符而已。"可见，虎符和竹使符不但质地不同，形制不同，用途也不一样，前者用于调兵，后者则用于发兵以外的其他征调事务。

符与节

　　广州象岗南越王墓中出土过一件铜错金铭文虎节，时代为西汉早期（前206～前141年）。虎节的整体铸成弓身伏虎形。虎头昂起，暴睛巨口。虎尾上卷成"S"形，足爪清晰。虎的双眼、耳孔用金箔装饰。躯体用柳叶形金箔镶贴虎斑纹。一面（正面）有错金铭文四字和重文符号一个，"王命＝车（徒）"；另一面只有金箔镶贴的虎斑纹而无铭文。长19厘米，厚1.2厘米，高11.6厘米（图一：1、2）。这件虎节形体较大，其形象逼真传神，与前文介绍的虎符比较，二器虽然都铸作虎的形状，都铸错铭文，而且铭文都是调用军队的内容（车徒是掌管车兵和步兵的将领，在西汉早期，车兵和步兵仍是军队的主力）。但它是一个整体，没分为左、右两半；其二，形体较大；其三，铭文铸于虎身一面，内容是"王命……"属于王廷直接调用兵员，不必合符。这就是节与符的根本区别。

　　关于节，或称符节，它是古代，特别是先秦两汉时期朝廷颁发给外出办事人员的凭证、信物。《周礼·地官·掌节》曰："掌守邦节而辨其用，以辅王命。守邦国者用玉节，守都鄙者用角节。凡邦国之使节，山国用虎节，土国用人节，泽国用龙节，皆金也。"孙怡让正义："王使传命于四方，虑人不信，又各以其节辅助之，亦所以绝矫诬而昭明信也。"西汉初年与先秦时代虽有早晚之别，但广州象岗南越王墓中出土的铜虎节是否与《周礼·地官·掌节》的记

图一: 1
铜虎节 西汉
（广州南越王墓出土）

图一: 2
铜虎节拓片

载有一定关联呢？我认为是有的，据史书文献，到东汉末年，这一规制依然存在。《三国志·魏书·武帝纪》记载，建安元年（196年）秋七月，在洛阳，汉献帝赐给曹操节、钺，让他执掌尚书事务（"天子假太祖节钺，录尚书事"）。

中国国家博物馆收藏一件青铜龙节，传1946年湖南长沙东郊黄泥坑出土。龙节整体窄长，上部粗大，约占全器的1/3。铸作立体龙头形，龙的双角向后弯曲，张口隆鼻，口部镂空，露出锯齿，双睛暴突，两耳后抿。龙头上还有一个对穿的孔，以便穿绳携带。下部呈扁窄长方体，末端微残。两面刻有相同的铭文八字，其中有重文号一个，铭文连读为"王命，命传赁一栝飤人"。残长20.6厘米，宽2.6厘米（图二）。这件铜龙节时代为战国中晚期。龙节出土地点长沙，古来乃水泽之乡，使用龙节合于《周礼·地官·掌节》的记载。

关于符节，更值得我们关注的是收藏于安徽省博物馆的"鄂君启金节"，是1957年4月在安徽寿县九里乡邱家花园，农民取土时发现的。其中有车节3件，舟节2件，均用青铜铸成，因而铭文皆以"金节"名之。

鄂君启金节形似用刀劈开的竹片，又像古代文房用具臂搁，上面还带有竹节，车节长29.6厘米，宽7.3厘米，厚0.7厘米。每节有错金铭文154个字（含重文四个），分为9行，3节内容相同。舟节长31厘米，宽7.3厘米，厚0.7厘米。每节有错金铭文165个字（含重文2个，合文

图二
铜龙节　战国
（中国国家博物馆藏）

1个），也分为9行，两节内容相同（图三：1、2）。出土以后，多名学者，包括郭沫若先生都对鄂君启节进行过研究考证，认为它们是楚国颁发的通过水陆关卡的凭证，时代为"大司马邵阳败晋师于襄陵之岁"，即楚怀王七年（前322年），持有者是鄂君启。"鄂"为地名，在今湖北鄂城一带。"启"是人名。鄂君启，字子皙，是楚怀王的儿子，"鄂"是他的封地。

鄂君启金节车节用于陆路，舟节用于水路。铭文字数虽然不多，但内容丰富，对启出行运输的时间、地域范围，所带领的车辆、船只的数量，以及禁运的物资都有明确规定。规定时间为一年往返一次。水路船的数量以

图三：1
鄂君启金节　战国
（安徽省博物院藏）

图三：2
鄂君启金节摹本

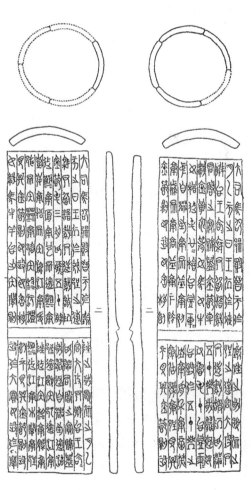

一百五十只为限，通行范围以鄂为中心，可到汉水、沅水、湘水、澧水、长江等水系，在今湖北、湖南、江西三省；陆路所带的车辆数量限五十辆，通行范围可到今湖北、湖南、河南、安徽四省（依郭沫若说）。还规定了禁运青铜、皮革、箭等与军用相关的物品，甚至细致到车船的尺寸、货物的重量等等。凭此节通过相应关卡可以免税。截至目前，这类金节尚无第二例遗物发现，所以它是研究楚国乃至春秋战国时期经济制度，以及军事的极其珍贵资料。

古代还有一种使者出使他国时手持的节，称旄节。《史记·秦始皇本纪》记载，秦信水德，"衣服、旄旌、节符皆上黑"。张守节《正义》曰："……旌节者，编毛为之，以象竹节。"《汉书·高帝纪》颜师古注曰："节以毛为之，上下相重，取象竹节，因以为名。将命者，持之以为信。"《后汉书·光武帝纪》"更始遣侍御史持节立光武为萧王"。同书李贤注说得更为形象，"节所以为信也，以竹为之，柄长八尺，以牦牛尾为其眊三重"。也就是在一根长八尺的竹竿上装饰三重用牦牛尾毛制成的眊（依孙机说）。山东嘉祥武氏祠汉代画像石画像上使者手持的旄节就是这样（图四）。

我国古代持旄节出使他国的记载尤多，属苏武牧羊的故事最为感人。西汉武帝天汉元年（前100年），苏武奉诏手持朝廷颁赐的旄节出使匈奴，被匈奴单于扣押，劝其投降，苏武予以严词拒绝。遂被投入地窖，不给饮食。苏武以毡毛和雪为食，数日未死。又将他流放至北海上（今西伯利

图四
持节画像　东汉
（山东嘉祥武氏祠）

亚贝加尔湖一带），让他牧放羝羊（公羊），并告诉他说等羝羊生了小羊羔才释放他。苏武就这样餐风宿雪，气节高远地在苦寒之地生活了十九年，"禀食不至，掘野鼠去草实而食之。仗汉节牧羊，卧起操持，节旄尽落"。直到昭帝年间，才回到中土，此时，他已由40岁的壮年变成了年已花甲须发皆白的老者。

《史记·张释之冯唐列传》记载时任郎中署长的冯唐直言进谏汉文帝，奉诏持节至云中郡（今内蒙古托克托县一带）赦免魏尚，官复云中太守原职的故事，也已成为一段佳话。宋代大诗人苏轼在《江城子·密州出猎》词曾运用了这一典故，慨叹自己的遭遇，曰"持节云中，何日遣冯唐？"期盼朝廷重用自己，持节赴边，以报效朝廷。

西汉竹简中的两部孙氏兵法

在我国的先秦时期，一门出了两位著名的军事家，这本是巧事。两千多年后，这两位军事家的兵法著作又在同一座墓葬中出土，这更是巧中之巧的奇事了。

这两位军事家一位是春秋晚期的孙武，另一位是战国中期的孙膑。1972年春，《孙子兵法》和《孙膑兵法》竹简在山东临沂银雀山西汉墓中同时被发现。

银雀山是临沂旧城以南一公里外的一座小山岗，它的东面还有一座小山岗叫金雀山，两山对峙，是一处汉代墓地。当年在银雀山清理了两座墓，下葬年代虽然都在西汉早期，但时间略有早晚。一号墓只出土了"半两"钱和"三铢"钱，没有出"五铢"，而历史记载"三铢"钱武帝建元五年停铸，"五铢"钱始铸于元狩六年，故推测一号墓下葬于公元前140年至前118年。二号墓出土了"半两"钱和武帝《元光元年历谱》，竹简，推测下葬于公元前134年至前118年。《孙子兵法》与《孙膑兵法》竹简就出土于一号墓中。

一号墓为长方形土坑竖穴墓，一棺一椁。椁室南北长2.64米，东西宽1.76米，高1米。椁室内有一层隔板将其一分为二，东部为棺室，棺内有头南脚北仰身直肢葬尸骨一具，已朽毁。西部为边箱，随葬了铜器、陶器、漆木器、粟米等。竹简放置在边箱北部陶器和漆木器之间，由于长期浸泡，联缀竹简的编绳腐烂，致使许多竹简散乱。发掘统计，这批竹简有4900多枚，大多长27.6厘米，宽

0.5～0.9厘米，厚0.1～0.2厘米，出土时呈深褐色，上面墨书隶字，满行者一般为35~40字。

经过古文字专家多年的拼对释读。竹简内除了《孙子兵法》《孙膑兵法》外，还有《六韬》《尉缭子》《晏子》《守法守令十三篇》，以及《元光元年历谱》等古籍、古佚书。

其中《孙子兵法》竹简完整者300多枚（图一），其内容除了传世的《计篇》《作战篇》《谋攻篇》《形篇》《势篇》《虚实篇》《军事篇》《九变篇》《行军篇》《地形篇》《九地篇》《火攻篇》《用间篇》等十三篇外，还发现有《吴问》《黄帝伐赤帝》《四变》《地形二》等佚篇。

《孙膑兵法》竹简450余枚，字数在11000字以上（图二）。全书（竹简）分为上、下两编，每编又为十五节。上编有《擒庞涓》《见威王》《威王问》《陈忌问垒》《篡卒》《月战》《八阵》《地葆》《势备》《兵情》《行篡》《杀士》《延气》《官一》《强兵》等；下编为《十阵》《十问》《略甲》《客主人分》《善者》《五名五恭》《兵失》《将义》《将德》《将败》《将失》《雄北城》《五度》《积疏》《奇正》。

孙武与孙膑，本是两位传奇的军事天才，他们所著的兵法又是传之后世的用兵奇书。

孙武乃春秋晚期齐国人，但他的军事才干在本国却得不到施展，在另一位军事家吴起的推荐下，带着他的兵法著作辗转入吴。吴王阖闾非常赏识他的军事才干和军事理论，命他以宫中侍女嫔妃为士卒演练阵法。他以严格的军纪把这一百名弱女子训练得如战士一般，立跪起卧，列队布阵，皆合规矩，这就是司马迁笔下"孙武练兵，美女列阵"的故事。拜将带兵后，西破强楚，攻入郢都，北威秦晋，显名诸侯。吴国的迅速强盛，以致阖闾成为春秋末期诸侯的霸主，孙武功不可没。

孙膑生于战国中期，生于阿、鄄（今山东东阿、阳谷一带，孙武子后人）。他更具传奇色彩，甚至没有留下真名，

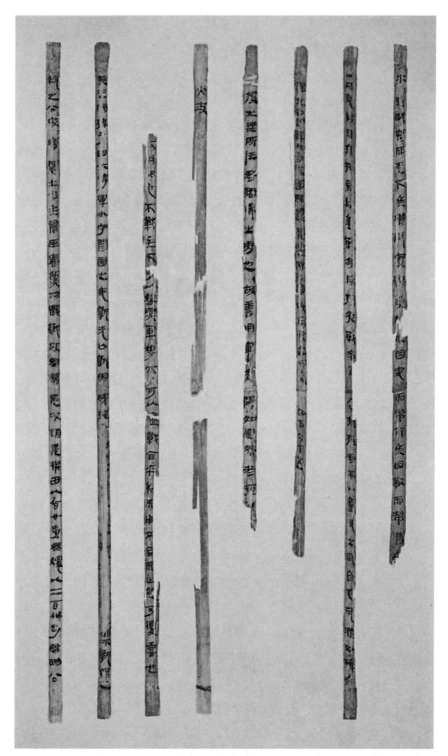

图一 《孙子兵法》竹简 西汉 （山东临沂金雀山出土）

古兵探赜

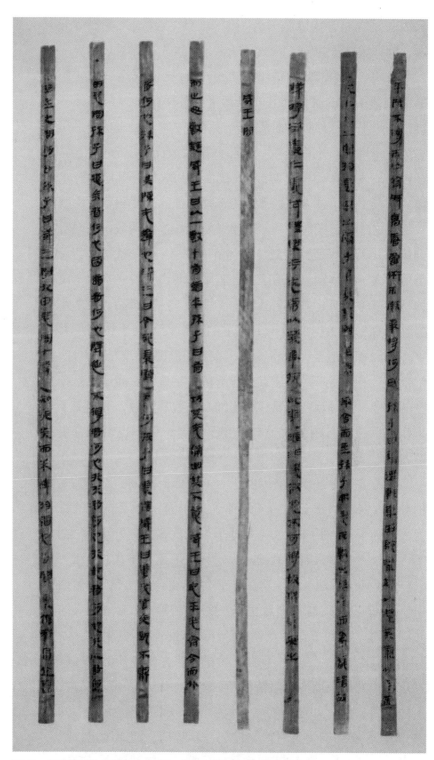

图二　《孙膑兵法》竹简　西汉　（山东临沂银雀山出土）

只因受过膑利，遂以膑为名。他年轻时与魏国人庞涓为好友，同拜鬼谷子为师，因诚实好学，深得先生器重。后庞涓入魏拜将，深深妒忌孙膑的才能，设计把他诓至魏国，施酷刑剜掉了他的髌骨，并软禁起来。孙膑佯装疯癫逃回齐国，齐威王不嫌孙膑为刑余之人，拜为军师。后来他协助田忌屡建奇勋，特别在桂陵、马陵两次大败庞涓，青史留名。马陵之战发生在公元前342年。庞涓率兵攻韩，韩国向齐求救。齐威王拜田忌为将，孙膑为军师驰援。孙膑再用"围魏救赵"之计，迫庞涓撤兵。次年又施减灶之计诱敌。庞涓看到接连几天齐军爨灶屡减，以为齐军溃散，遂选精骑两万，由他和太子申率领急驰追杀。孙膑则在两山夹峙，草木丰茂的马陵道（今河北省大名县境内）埋伏了一万弩兵，伐木塞路，并在一株大树的树干上写下"庞涓死此树下"六个大字。庞涓率兵追至，已将黄昏，看到道路壅塞，方知中计，忙令士兵清理路障，又让点火看清树上字迹。然而这正是孙膑的信号，顿时万弩齐发，利箭如雨。魏军大败，庞涓受了重伤之后拔剑自刎，太子申被齐军俘虏。孙膑也因此青史留名。

孙武与孙膑均有兵书传世，为了区分，《汉书·艺文志》把孙武《孙子兵法》称为《吴孙子》，而把孙膑著的兵法称为《齐孙子》。到了隋代，《齐孙子》已佚，《隋书·经籍志》不再著录，自后只有孙武的《孙子兵法》流传下来。

在《孙子兵法》中，孙武强调用兵要合于"道"。何谓"道"？即"令民与上同意也"，就是要符合君王与民众的共同意愿，做到了这一点就可以上下同心，不惧生死。而"不战而屈人之兵"——不通过兵锋争斗，就能让敌人屈服才是战争的最高境界。对待战争，君主、将帅要慎之又慎，不能盲目，要"知己知彼"，才能"百战不殆"。而要"知己知彼"，必须知道天时，知地利，知敌情，而后制定作战方案，速战速决。"十则围之，五则攻之，倍则分之，敌则能胜之，少则能逃之，不若则能避之。"只有这样，才能"运筹帷幄，决战千里"。

《孙膑兵法》与《孙子兵法》相比，有继承，有发展，特别是适应了战国中期以后步、骑兵逐渐在战场上受到重视的形势，在攻城、列阵和加强装备军事方面锐意创新。

譬如攻城，在《孙子兵法》中视为下策。到了战国中期，诸侯各自雄踞一方，"千丈之城，万家之邑相望"，不攻占主要城池就不足以消灭敌人的有生力量，《孙膑兵法》特别强调攻城的方法，《下编》中有"雄、牝城"篇，根据城池所处的地理形势和周围的地形地貌，分为"雄城"和"牝城"，"雄城"五种，"牝城、虚城"六种，采取不同方法，分别对待。《孙膑兵法》上、下编各有一篇讲行兵布阵，上篇"八阵"讲如何根据不同地形、敌情，用不同阵法作战，下编"十阵"讲十种阵法的布列和应用。这十阵有方阵、圆阵、疏阵、数阵、锥形之阵、雁形之阵、钩形之阵、玄襄之阵、火阵、水阵等。这些阵法特别强调多兵种混合作战，车兵、步兵、骑兵、弩兵协调配合，选择不同战阵，这就比《孙子兵法》前进了一大步。《孙膑兵法》还十分重视新型兵器的应用，特别是弩，文中屡屡提及，强调在地形狭窄处要多用弩。马陵之战用强弩大败庞涓就是一个很好的战例。《孙膑兵法》开篇"擒庞涓"有此内容。

自隋以后一千多年来，由于《孙膑兵法》佚失，独有《孙子兵法》流传下来，后世遂对它产生了怀疑，认为孙武本无其人，《兵法》为孙膑所著。后来又有曹操的《孙子注》流传（见于《十一家注孙子》《武经七书》），或认为是东汉末年曹操改编或后人伪托。银雀山竹简《孙子兵法》和《孙膑兵法》的出土，使这个困扰了学术界千余年的难题迎刃而解，特别是《孙膑兵法》的出土，使这部失传已久的奇书再现尘世，丰富了中国优秀典籍的宝库，我们还真的要感谢葬于银雀山那位喜爱兵书的西汉墓主了。

《孟德新书》之谜

　　《孟德新书》据说是曹操所著的兵书，但未见于正史著录，而见于明代罗贯中的通俗小说《三国演义》中，这是小说家的杜撰，还是罗贯中另有所本，多少年来让人琢摸不透。

　　《三国演义》第六十回"张永年反难杨修，庞士元议取西蜀"中说，益州刘璋惧怕汉中张鲁进攻西川，遣别驾张松（字永年）进见曹操，说其攻犯汉中，以缓西川之难。张松却嫌刘璋黯弱，暗暗画好了蜀中的详细地形图，准备寻找新主，另作图谋。到了曹操相府，曹操见他身形矮小，相貌猥琐，遂有轻慢之态。后张松在书院见到曹操库府主簿杨修，张松谓杨修世代簪缨，仪表堂堂，为何甘心在曹操手下担任区区下僚，杨修言及丞相雄才大略，早晚可聆听教诲。又令属下从箧中取出一卷书来，说："公居边隅，安知丞相大才乎，吾试令观之。"张松仔细看来，其题曰《孟德新书》，"共一十三篇，皆用兵之要法"。张松看完，问杨修："先生认为这是一册什么书呢？"杨修答道："此是丞相酌古准今，仿《孙子十三篇》而作，公欺丞相无才，此堪以传后世乎？"张松笑着答道："此书吾蜀中三尺小童亦能暗（谙）诵，何为'新书'，此是战国时无名氏所作。曹丞相盗窃以为己能，止好瞒足下耳。"杨修不信，张松遂将《孟德新书》背诵下来，从头到尾一字不差。杨修大吃一惊，就将这事汇报给了曹操，曹操也很不解，曰："莫非

古兵探赜

古人与我暗合否？"于是令人将此书付之一炬。

读到此处，我们不禁赞叹张松的博学强记，过目成诵，也为如此一部珍贵兵书被焚毁而惋惜。

历史上真有过《孟德新书》吗？或者真的烧了？如果有，今天是否还有踪迹可寻，如果没有，罗氏又何以言之凿凿？我们试着解开这个谜团。

古往今来，对曹操的评价历来褒贬不一，或称之"干国之枭雄"，或谓之"窃国之贼子"。但无不折服于他的谋略、才干和过人的胆识。

曹操少年时"机警，有权数，任侠放荡"。成年后率兵南征北讨，戎马一生。政治上"挟天子以令诸侯"，用人不计出身，唯才是用，赏罚分明。军事上屯田养战，"强兵足食"，灭黄巾，讨董卓，擒吕布，败袁绍，击刘表，征乌桓，驱刘备，凌孙权，历经大小征战无数，十数年间，完成了统一了北方的大举。与袁绍官渡一战，以两万对敌十万众，筑壁垒，制发石机（砲），纳许攸、收张郃，乌巢烧粮，斩敌七万余，是历史上以少胜多的经典战例之一。此一战曹操展示了非凡的胆识、谋略和军事才干。

曹操一生戎马倥偬，却酷爱读书，陈寿《三国志·魏志·武帝纪》云："御军三十余年，手不舍书。昼则讲武策，夜则思经传。"正是因为曹操如此勤奋，所以他不但胸有治世良谋，武略过人，而且文采飞扬。一首《龟虽寿》述尽人生哲理，《观沧海》又借景抒怀，一展胸臆，《短歌行》"对酒当歌，人生几何？譬如朝露，去日苦多。慨当以慷，忧思难忘"，让人想起《三国演义》赤壁之战时，曹公站在楼船之上，横槊赋诗的情景来。

鉴于以上分析，我们认为，曹操既有多年实战经验，又有卓越的军事才干，还有骄人的文采，所以具备著述兵书战策的主观条件。

客观方面，自春秋以后，又过了数百年，生产力和科

《孟德新书》之谜

学技术有了很大的发展进步，促进了兵器、兵种乃至战争形式发生了变化，譬如铁兵器逐渐取代了青铜兵器，新型的戟淘汰了传统的戈。又如机动灵活的骑兵得到了长足的发展，而笨重的车兵车战慢慢退出了实战。原来的兵书战策，如《孙子兵法》《吴子兵法》《六韬》等落后于新的战争形式，客观形势需要重新研习、解读、补充，乃至改写或编纂新的兵法。

曹操的著述，收录于《曹操集》等书中，其中有关军事方面的有《屯田令》《论吏士能行令》《选军中典狱令》《存恤从军吏士家室令》《步战令》《船战令》《败军令》《孙子注》等。

曹操广泛涉猎前代兵书，唯独对《孙子兵法》情有独钟，在《孙子注·序》中说："吾观兵书战策多矣，孙武所著深矣。"又说："孙子者，齐人也，名武，为吴王阖闾作兵法一十三篇。"其后也把自己的著述也分为13篇，前引《孙子兵法》原文，继而以"曹操（公）曰"作注。注中根据新的战争形式对孙子军事思想进一步阐发，主张战争牵涉举国之力，军旅不可擅动，要："顺天行诛，因阴阳四时之制，故司马法曰：'冬夏不兴师，所以兼爱吾民也。'"又撮其要旨，引书明义，以事证文。

在《孙子兵法·谋攻篇》"故用兵之法，十则围之"下，注曰："以十敌一则围之，是将智勇等而兵利钝均也。若主弱客强，操所以倍兵围下邳，生擒吕布也。"在"五则攻之"下，注："曹操曰：以五敌一，则三术为正，二术为奇。"曹注显然比原文进了一大步。所以北宋时期，神宗元丰年间颁布的《武经七书》，其中""孙子兵法"下只收录了曹操注。曹操为孙子兵法作的注，除了宋代《七经七书》收录外，又有《十一家注孙子》（图一）、《魏武帝注孙子》（图二）等。

曹操《孙子注》依《孙子兵法》为13篇，罗贯中《三国

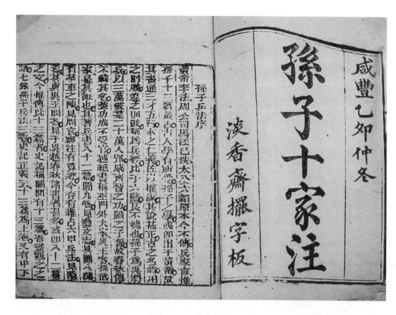

图一
清咸丰版
《十家注孙子》

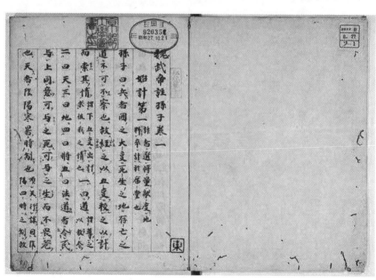

图二
魏武帝《注孙子》

　　演义》提到的《孟德新书》也是13篇，虽未言及具体内容，仅以"用兵之要法"总之，两者相合。并且罗氏文中以"新书"为名，有"新"必当有"旧"，依笔者愚见，其"旧"指的应该是《孙子兵法》原著，那么所谓的"新"呢？极有可能就是曹操为《孙子兵法》所作的注了。

　　曹操是历史上最有争议的人物之一，被后人勾画上了各种色彩的脸谱。2009年考古工作者在河南安阳永丰乡西高穴村发掘了一座东汉晚期的砖室大墓，墓葬虽然多次被盗，仍出土了刻铭石牌等200余件随葬品，不少学者考证此墓是曹操所葬的高陵。如果此说不误，则说明曹操践行了自己倡导的"殓以时服，无藏金玉珠宝"的简葬制度，粉碎了曹操"设七十二疑冢"的传言。再若我们论述的《曹操注孙子》就是《孟德新书》的话，又将使我们对历史上真实的曹操的认识迈进了一步。

古兵探赜

古代兵书巨著
——《武经总要》

一 《武经总要》编撰的起因

宋朝的开国皇帝太祖赵匡胤，依靠自己掌握后周皇家禁军起家，在大梁（后来的汴京，今河南开封）东北不远的陈桥驿（今河南封丘东南陈桥镇），以兵变方式夺得国家政权，后称陈桥兵变。因此，他深知掌握军队的重要。

赵匡胤做了皇帝以后，一方面许以优厚的物质待遇，以"杯酒释兵权"的方式，解除了石守信、王审琦、高怀德等一干开国功臣名将的军权，加强了朝廷即皇权对军队的直接控制。在朝中设立枢密院，"掌兵籍、虎符"，同时又设三司（或称三衙）统兵，三司分别为殿前都指挥使司、侍卫亲军马军都指挥使司、侍卫亲军步军都指挥使司。宋代的军制大致分为三种，一是禁军，二是厢军，三是乡兵。禁军乃"天子之卫兵，以守京师，备征戍"；厢军是"诸州之镇兵，以分给役使"；乡兵"选于户籍或应募，使之团结训练，以为在所防守"；还有蕃兵，是边远地区的地方兵备，"具籍塞下，团结以为藩篱之兵"，管理按乡兵之制。

在分工管理上，"兵符出于密院，而不得统其众，兵众隶于三衙，而不得专其制"（《梁溪全集》卷43《辞免知枢密院事札子》）。也就是枢密院平时主管边防兵备、军事机密，以及朝廷侍卫等，战时凭皇帝诏令从三司调动兵马。

每到出兵征战前，再由朝廷（皇帝）临时任命统帅领兵出征。一权三分，这些措施改变了唐朝以来的地方藩镇割据拥兵自重的局面，但也造成了"兵无常帅，帅无常师""将不识兵，兵不识将"的尴尬局面，违背了古来"知己知彼，百战不殆"的军事法则，不能充分发挥将帅的军事才干和军队的战斗力，所以在对辽、西夏的战争中一而再、再而三的败北。

太祖赵匡胤建立北宋政权后施行的另一项军事措施，就是加强了朝廷对武器制造业的控制与集中管理，增加兵器的数量，提高兵器质量，研制新的兵器，以便在铲灭地方割据势力中发挥更大的作用。

开宝元年（968年），在国都汴梁(今河南开封) 设立弓弩院，"掌造弓弩甲胄器械旗剑御镫之名物，以诸内司副内侍二员，监领兵匠千四十二人"。又置弓弩造箭院，院内也有工匠1071人。《宋史·兵志十一·器甲之制》云："其工署则有南、北作坊，有弓弩院，诸州皆有作院，皆役工徒而限其常课。南北作坊岁造涂金脊铁甲等凡三万二千，弓弩院岁造角弝弓、皮甲、箭镞等凡六百五十余万，诸州岁造黄桦、黑漆弓弩等凡六百二十余万。又南北作坊及诸州别造兵幕、甲袋、梭衫等什物，以备军行之用。"在南、北作坊以下，还有更细密的分工，分为五十一"作"，每一作专门负责制造一类产品，如"铁甲作""马甲作"等等。两作坊的工匠多达七八千人。从记载看，各军器制造工署分工相当明确，南、北作坊主要制造各种铠甲和刀、枪等兵器，以及兵幕、甲袋等装备；弓弩院专门负责远射兵器的生产，制造各种强弓劲弩和各类箭支。书中又说："京师所造，十日一进，谓之'旬课'。上亲阅视，置五库以贮之。尝令试床子弩于郊外，矢及七百步，又令别造步弩以试。戎具精致犀利，近代未有。"由皇帝（赵匡胤）亲自阅视各种兵器的生产情况，监察质量，而且每隔十天便查核一次，

古兵探赜

可以说古来未有。由于最高统治者对兵器生产的高度重视，使得北宋初年的军械生产水平无论在质量上，还是在数量上，都有了很大提高。造好的兵器装备，"置五库以贮之"。当时的"五库"，是内弓箭库、南外库、军器衣甲库、军器弓枪库、军器弩箭库。

军队的高度统一领导和军备生产集中管理，促进了仁宗庆历年间（1041年前后）一部集古代军事兵器之大成的百科全书——《武经总要》的诞生。

二 《武经总要》是官修第一部军事百科全书

仁宗赵祯执政时期，离宋太祖开国已过了60多年。朝廷自与辽缔结澶渊之盟后，久无战事，武备渐趋松懈，将帅"鲜古今之学"，将帅不知古今战史及兵法。于是在康定元年（1040年），诏令天章阁待制曾公亮、工部侍郎参知政事丁度等，编纂一部内容包罗古今的军事教科书。于庆历四年（1044年）成书，前后历时五年。成书后，仁宗御览核定，并为之作序，《序》中说："共勒成四十卷，内制度一十五卷，边防五卷，故事十五卷，占候五卷，目曰《武经总要》。"

《武经总要》分前、后两集，每集二十卷。前集二十卷详细地阐述宋代军事制度，包括选将用兵、教育训练、部队编成、行军宿营、古今阵法、通信侦察、城池攻防、火攻水战、军器武备、赏罚条例、通信联络，重要制度、州府地理等。后集二十卷中的前十五卷辑录了前朝历代用兵的谋略，并对许多古代战役、战例的成败，用兵的得失，予以较为全面客观的品评讨论；后五卷，讲述军事行动中王相孤虚、阴阳占候之类问题，由司天监杨惟德奉命参考旧说撰成，附之于书后，其中杂有迷信色彩。

《武经总要》首次收录了火器初创时期的新型兵器，这些兵器多用来攻城或守城，主要收录在《武经总要》卷十一、十二"水战火攻""守城战具"中。其中有火砲、蒺藜火毬、霹雳火球、烟毬、毒药烟毬、火毬、铁嘴火鹞、竹火鹞、火箭、火药鞭箭、梨花枪等等，反映了冷兵器与火器并用时期的特点。

其中，火砲制作法："晋州硫黄十四两、窝黄七两（也是硫黄的一种）、烟硝二斤半、麻茹一两、干漆一两、砒黄一两、定粉一两、竹箬一两、黄丹一两、黄蜡半两、清油一分、桐油半两、松脂一十四两、浓油一分。""右以晋州硫黄、窝黄、焰硝同捣罗，砒黄、定粉、黄丹同研，干漆捣为末，竹茹、麻茹即微炒为碎末，黄蜡、松脂、清油、桐油、浓油同熬成膏，入前药末，以纸伍重裹衣，以麻缚定，更别镕松脂傅之。以砲放。"据分析，其中硫黄、窝黄、焰硝、麻茹、竹茹（木炭）为火药的主要原料，砒黄、定粉、黄丹燃烧后能产生毒气，使敌人中毒。黄蜡、松脂、清油、桐油、浓油等是黏和材料。药弹制好后，以砲（抛石机）施放。杀伤敌人。

蒺藜火球法："以三枝六首铁刃，以火药团之，中贯麻绳，长一丈二尺。外以纸并杂药傅之，又施铁蒺藜八枚，各有逆须。施放时烧铁锥烙透，令烟出（图一）。（附）火药法：硫黄一斤四两、焰硝二斤半、粗炭末五两、沥青二两半、干漆二两半捣为末，竹茹一两一分、麻茹一两一分剪碎用，桐油小油各二两半、蜡二两半镕汁合之。外傅用纸十二两半。麻一十两、黄丹一两一分、炭末半斤，以沥青二两半、黄蜡二两半，镕汁和合，周涂之。"其中硫黄、焰硝、木炭末、竹茹、麻茹为火药主要成分，干漆、黄丹为制造毒气的材料，桐油、蜡

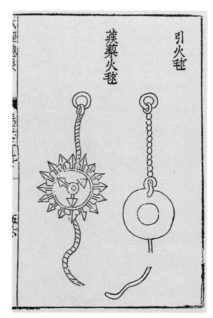

图一　《武经总要》插图

纸、麻、炭末、沥青、黄蜡等乃黏和、包缠的材料。

毒药烟毬法："球重五斤，用硫黄一十五两，草乌头五两，焰硝一斤十四两，芭豆五两，狼毒五两，桐油二两半，小油二两半，木炭末五两，沥青二两半，砒霜二两，黄蜡一两，竹茹一两一分，麻茹一两一分，捣合为球。贯之以麻绳一条，长一丈二尺，重半斤，为弦子。更以故纸十二两半，麻皮十两，沥青二两半，黄蜡二两半，黄丹一两一分，炭末半斤，捣合涂敷于外。若其气熏人，则口鼻血出。二物(按，指毒药烟球与烟球)并以砲放之，害攻城者。"此法由于加入了草头乌、狼毒、巴豆、砒霜等致毒成分，以毒伤人，危害最大。

火砲（即霹雳炮弹）、蒺藜火球和毒药烟毬的制作都离不开火药的成分，而火药是中国贡献给世界的"四大发明"之一。书中记载以火药为原料的兵器还有铁嘴火鹞、竹火鹞等。"铁嘴火鹞"以铁做鹞嘴，以木做鹞身木，扎束秆草为尾，里面藏有火药，因像鹞类飞禽而得名。"竹火鹞"用竹篾编成长身竹笼的样子，外面糊纸数层，涂成黄色。里面装火药一斤和小石子，再扎束干草三五斤作鹞尾。"铁嘴火鹞""竹火鹞"都要用砲施放，干草做的鹞尾起到了稳定平衡作用。敌人前来攻城时，用来"燔贼积聚及惊队兵"。"火箭"是在箭首置火药，弓和弩多可以使用，傅用火药的多少根据弓力的大小而定。

《武经总要》中记载的北宋前期的火器，多是通过火药速燃，产生火焰、烟雾，乃至毒气，通过砲（抛石机）、弓、弩等机械装置把它们发射出去，用来纵火、施毒，只有霹雳火球内置三枚六首铁刃，外面还有八枚铁蒺藜，除了有焚烧功能外，还可以通过爆炸杀伤敌人。所以只是火药火器的初级阶段，但也起到了冷兵器起不到的作用。英国著名科学史专家李约瑟曾指出："《武经总要》中，记载着三种关于火药的配方，它们是所有文明国家中最古老的

古代兵书巨著——《武经总要》

配方。"称得上是中国对世界文明史的巨大贡献。

宋代使用火器作战，从北宋初年就开始了，开宝三年（970年）兵部令史冯继升至咸平五年（1002年）神卫水军队长唐福、冀州团练使石普等人，先后向朝廷进献火箭、火球、火蒺藜等燃烧性火器。由此拉开了宋朝火药火器制作的序幕。朝廷设有八作司，八作司之外又有"广备攻城作"，下辖十一作，其中就有"火药作"。其制作管理制度甚严，严禁外传。到了高宗南渡之后，由于对金兵作战的需要，许多府镇都设有火器制作作坊，据《可斋续稿》后卷五记载，理宗宝祐年间，李曾伯考察军备，荆州"一个月制造一二千只铁火砲。荆、淮各州府存备铁火砲十几万只。《景定建康志》卷三十五也有记载，建康府仅用两年多时间，就"创造、添修火攻器具六万三千七百五十四件"。铁砲壳有3斤的、5斤的、6斤的、7斤的，也有10斤的。还有霹雳火砲壳、小铁炮等。可见火药、火炮在宋代已得到较广泛的应用。

宋代步兵是主要兵种，因此火器多为步兵的战具，又因为与辽、西夏的战争多为城池的攻守争夺，所以火器常常是攻守城池，特别是守城的重要器具。

更为难得的是，《武经总要》第十至第十三卷详尽记述和介绍了北宋时期军队使用的各种冷兵器、火器、战船等战具器械，并附有兵器和营阵方面的大量图像。特别是《攻城法》《水攻、水战、火攻》《守城》等攻战篇，不但收录了与这几种战法有关的兵器装备，还有城池、弩台等防御工事和楼船战舰。第十三卷《器图》，几乎囊括了当时军队的各种兵器装备，每件都附有清晰的插图，仅第十至第十三卷的四卷中，就附有各式插图250余幅。图上还清楚地注明器物的名称、尺寸、使用方法等。书中收录北宋时期武备的各类兵器，形象地展示了自南北朝、隋、唐、五代以来武器的发展脉络。特别是适应新的战争形式出现的新兵器，在攻守城兵器中，光远射兵器——床子弩就有八种，如"双弓床弩""大合蝉弩""小合蝉弩""斗子弩""三弓斗子弩""手射弩""三弓弩""次三弓弩"等等。其中尤以"三弓床弩"的张力最大，射程也最远。张弩时需要七十个士兵转动绞车，发射的箭称"一枪三剑箭"，射程达三百步（合今560米）。"三弓弩"还有一个名字叫"八牛弩"，表示用八头牛的力量才能把它拉开。"一枪三剑箭"箭杆用坚木制成，长短粗细和士兵使用的长枪相若，前端装有巨大的三棱刃铁镞，末端装有铁制的箭羽，所以叫作"一枪三剑箭"。它又叫"踏橛箭"，因为攻城时，三弓床弩在三百步之外，就可以将"一枪三剑箭"一支支射到城墙上。弩箭的前端深深地插入墙体，尚有半截箭杆露在墙外。攻城士兵就可以攀援着这些箭杆登上城顶。"斗子弩""三弓斗子弩"能同时射出较多的箭。其形制是在弩弦上加装一个铁斗，把几十支箭放入铁斗内，发射时弩弓弦带动铁斗，几十支箭同时射出，像一群寒鸦掠过天空，对集群冲击的敌人杀伤力极大。

《武经总要》还收录了一种比床弩威力更大的远程抛掷类兵器——砲，又叫抛石机、发石机。它是利用杠杆的原理，把巨大的砲石抛出，砸击远处敌人。《武经总要》中收录了十几种"砲"，并附有图像。曾公亮认为："凡砲，军中之利器也。攻守师行皆用之。守宜重，行宜轻。"书中共记录了不同式样的砲十几种，有"单梢砲""双梢砲""五梢砲""七梢砲""虎蹲砲""柱腹砲""旋风砲""独脚旋风砲""旋风五砲""合砲""火砲""砲车""旋风车砲""卧车砲""车行砲""手砲"。所有这些砲，它们的威力是根据砲梢杆的多少区分的，砲梢越多，威力越大，如最重的七梢砲，可以把90～100斤重的石弹抛掷到50步以外，它的砲架的脚柱长2丈1尺，砲梢的轴长9尺，砲梢长2丈8尺，拽索125根，各长五丈。施放时用二人定砲，250人拽索（图二）。为了便于移动，运行方便，有些砲还在砲架下加装两个或四个轮子，制成旋风车砲、卧车砲、车行砲等砲

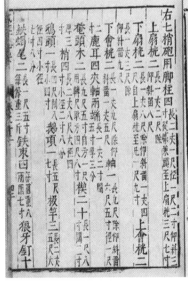

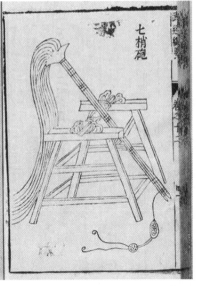

图二　七稍砲
（《武经总要》）

车。如果把要抛射的砲石改为火毬等，就成了"火砲"，专门用来焚烧敌人的营垒粮草、城门敌篷，当为攻守利器。

在单兵使用的常规兵器中，不少兵器有所改进，如枪类兵器的大宁笔枪，枪头形如笔锋，可以刺透锁子甲，锋刃下数寸加装有开了刃的小铁盘，枪刺出后敌人不敢抓搦抢夺。还有与旁牌（盾牌）配合使用，可以投掷的梭枪，梭枪"本出南方蛮獠，用之一手持旁牌，一手摽以掷人，数十步内中者皆踣。以其如梭之掷，故云梭枪"。刀类兵器中出现了偃月刀、掉刀、戟刀等新型兵器，大斧、鞭、铜、椎（锤）、狼牙棒等砍斫、砸击类兵器也突显出来。同时发展了专门的攻、守城战具，如云梯、巢车、壕车、塞门刀车、木幰、砖幰、狼牙拍、猛火油柜（图三）等。单兵攻城用的冷兵器有短刃枪、短锥枪、抓枪、蒺藜枪、拐枪烈钻、燋锥、驖耳刀、蛾眉钁、凤头斧等；守城

图三　猛火油柜
（《武经总要》）

兵器有抓枪、拐突枪、拐刃枪、钩竿、叉竿、剉手斧等。其中剉手斧的形制最为奇特，是把月牙形斧头横安在3尺5寸长的木柄之上，与锄头相似，专用来斩剁攀登城墙敌人的手臂。《水攻》《水战》《火攻》卷收录有楼船、蒙冲（艨艟）、斗舰、走舸、游艇等六种战船，适应各种形式的江、河、湖各种水上作战，是宋代科技水平的重要体现。其中楼船是最大的战船，上建三层楼橹，船身上伸出七对桨棹。楼顶安装拍竿一具。这些为我们今天研究中国古代兵器史提供了重要的文字资料和图像资料。

《武经总要》卷七、八辑录了今古阵法、阵图，书中的"本朝万全平戎阵法"为太宗赵光义所制，"凡九围共成一阵"，其规模甚大，恐怕也最不实用。东西拐子马阵，当是后来金人赖以攻宋拐子马的本源。这些阵法、阵图有助于我们了解古代，特别是宋代的军事思想和韬略。

书中又有数卷逐一介绍沿边的河北路、北番地、河东路、陕西路、西番地、成都路、荆湖南北路、广南东西路的路、州方位四至、地理沿革、山川河流、道路关隘、军事要点、兵力配备等，可备将帅用兵之察。其中或有谬误，但瑕不掩瑜。

《武经总要》成书后，当年(1044年)即首次刊行。南宋绍定四年（1231年）又曾重刻。但两宋刊本今均不得见。现存较早的版本是明弘治、正德间（1488～1521年）据宋绍定本的重刻本。此本遇宋帝、本朝字样提行，庙讳痕迹仍有保留，可以看作是覆宋本。1959年中华书局曾将此本前集影印出版。明弘治十七年李赞刻本、明嘉靖刻本、明金陵富春堂刻本、明万历三十六年重抄本等明刻、明抄本都是善本（图五）。在现存版本中，另有清代乾隆时期官修《四库全书》收录的《武经总要》（图六），和以此本为底本影印的《四库全书珍本初集》本，出于清廷的政治需要，该刻本对原著中的"北虏""匈奴"等文字擅加改动，而且

图五
《武经总要》
明富春堂刊本

古
兵
探
赜

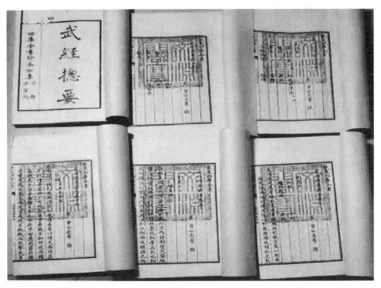

图六
《武经总要》
清四库本

书中不仅有缺页，妄事连缀，抄写中还有明显错误，大量插图也失去了原来的样子。不便采用。

《武经总要》一书反映了宋朝至仁宗时军事思想的变化。在与外敌作战屡屡失败的教训面前，朝廷开始检讨前朝的军事思想和战争方略。仁宗赵祯在《武经总要·序》开宗明义，云："天道尚武，震曜以宣其威；国事在戎，设营卫以整其旅。"在朝廷敕命编纂的这部兵书中，总结了包括宋代在内的历代战争经验，重新肯定了"兵贵知变"这一兵家的优秀传统思想；重视将帅的作用和选拔，指出"君不择将，以其国与敌也"；重视军队的训练，认为"盖士有未战而震慑者，马有未驰而疲汗者，非人怯马弱，不习之过也"；重视赏罚，"申赏罚以一其心"，具体规定了"赏格""罚条"等。

作为古代兵书，《武经总要》的编纂起到了承上启下的作用。其一，书中收录的许多兵器类型，承继着汉唐以来的传统，可以清楚地看出它们自两汉魏晋，经过南北朝、唐、五代的发展变化的脉络，进而影响到北宋以后兵器的演变和发展。其二，反映出北宋时期兵器装备和种类比前代明显增多，特别是砸击类兵器的增加，防御性能更好的铠甲的制作，显然是吸收了辽与西夏等北方牧猎民族兵器的优点，对本朝的兵器进行了改进。加强了兵器的质量和杀伤力。其三，《武经总要》记载了火药配制方法，并制成多种火器应用于实战。书中还记载了用地球磁场进行人工磁化制作指南鱼的方法，历史上中国对世界科技史的四大发明，本书载有其二。

基于上述讨论，《武经总要》称得上是记载中国古代军事理论、军事思想、战术战法、天文占候、山川地理，乃至兵器战具的百科全书，而且在古代科学技术史上也占有十分重要的地位。

中国古代兵器图解

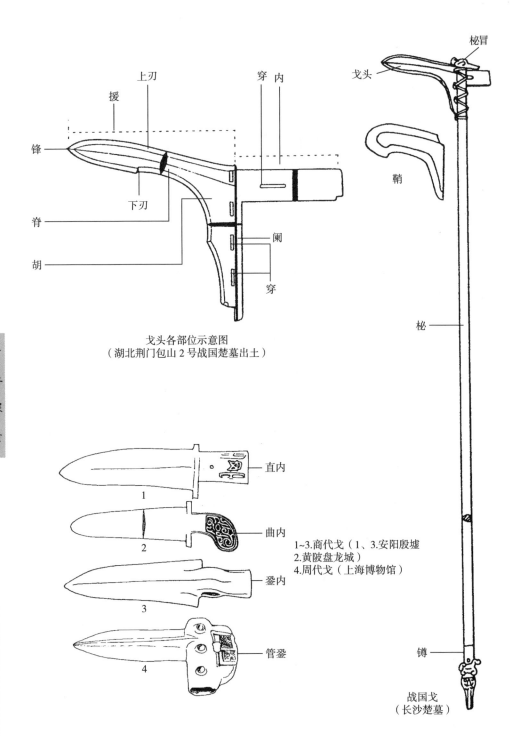

戈头各部位示意图
（湖北荆门包山 2 号战国楚墓出土）

古兵探赜

援
上刃
穿　内
锋
下刃
脊
胡
阑
穿

1~3.商代戈（1、3.安阳殷墟
2.黄陂盘龙城）
4.周代戈（上海博物馆）

直内
曲内
銎内
管銎

1
2
3
4

戈头
秘冒
鞘
秘
镈
战国戈
（长沙楚墓）

戈

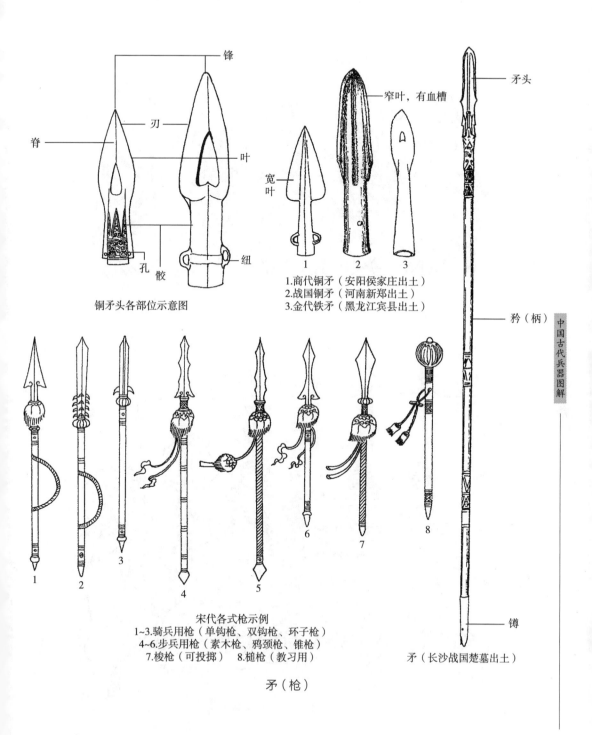

铜矛头各部位示意图

1.商代铜矛（安阳侯家庄出土）
2.战国铜矛（河南新郑出土）
3.金代铁矛（黑龙江宾县出土）

宋代各式枪示例
1~3.骑兵用枪（单钩枪、双钩枪、环子枪）
4~6.步兵用枪（素木枪、鸦颈枪、锥枪）
7.梭枪（可投掷）　8.槌枪（教习用）

矛（枪）

矛（长沙战国楚墓出土）

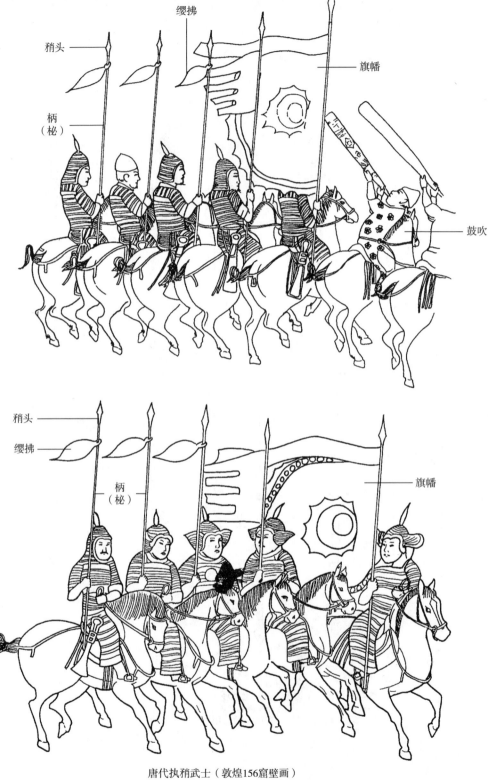

稍头

缨拂

旗幡

柄
（柲）

鼓吹

稍头

缨拂

柄
（柲）

旗幡

唐代执稍武士（敦煌156窟壁画）

马稍

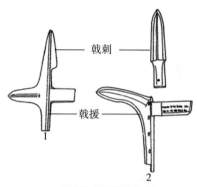

戟刺

戟援

铜戟头各部位示意图
1.西周十字形铜戟（甘肃灵台白草坡出土）
2.秦代分装铜戟（临潼秦始皇陵兵马俑坑出土）

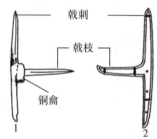

戟刺

戟枝

铜镈

1.战国铁戟（河北易县燕下都出土）
2.汉代铁戟（江西南昌汉墓出土）

战国三果铜戟
（湖北曾侯乙墓出土）

戟头

柄（柲）

骑兵用戟

铚

战国铜戟
（江苏六合程桥东周墓出土）

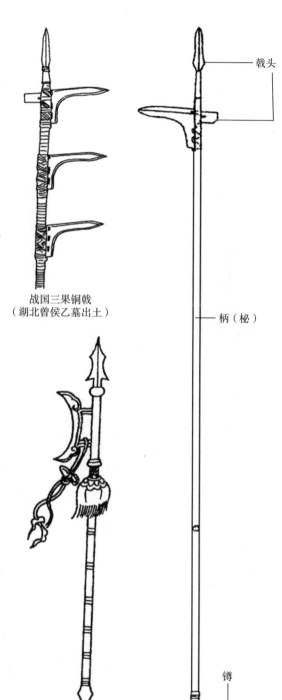

汉代执戟骑俑（甘肃武威雷台汉墓出土）　　　宋代戟刀（《武经总要》）

戟

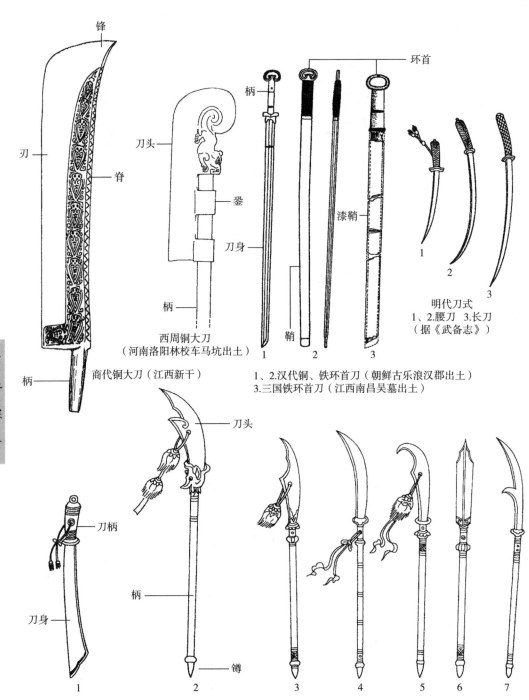

锋

刃

脊

柄

商代铜大刀（江西新干）

刀头

盘

刀身

柄

西周铜大刀
（河南洛阳林校车马坑出土）

柄

环首

漆鞘

鞘

1、2.汉代铜、铁环首刀（朝鲜古乐浪汉郡出土）
3.三国铁环首刀（江西南昌吴墓出土）

明代刀式
1、2.腰刀　3.长刀
（据《武备志》）

1　2　3

刀柄

刀头

刀身

柄

鐏

1　2　3　4　5　6　7

1~6.宋代各式刀
（1.手刀　2.偃月刀　3.屈刀　4.眉尖刀　5.凤嘴刀　6.掉刀）
7.明代钩镰刀（据《武备志》《武经总要》）

刀

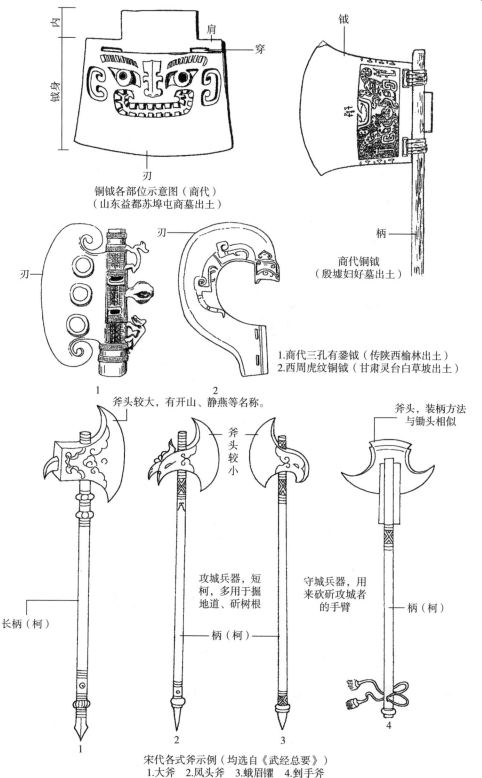

铜钺各部位示意图（商代）
（山东益都苏埠屯商墓出土）

商代铜钺
（殷墟妇好墓出土）

1.商代三孔有銎钺（传陕西榆林出土）
2.西周虎纹铜钺（甘肃灵台白草坡出土）

斧头较大，有开山、静燕等名称。

斧头较小

斧头，装柄方法
与锄头相似

攻城兵器，短
柯，多用于掘
地道、斫树根

守城兵器，用
来砍斫攻城者
的手臂

宋代各式斧示例（均选自《武经总要》）
1.大斧　2.凤头斧　3.蛾眉镶　4.剉手斧

斧钺

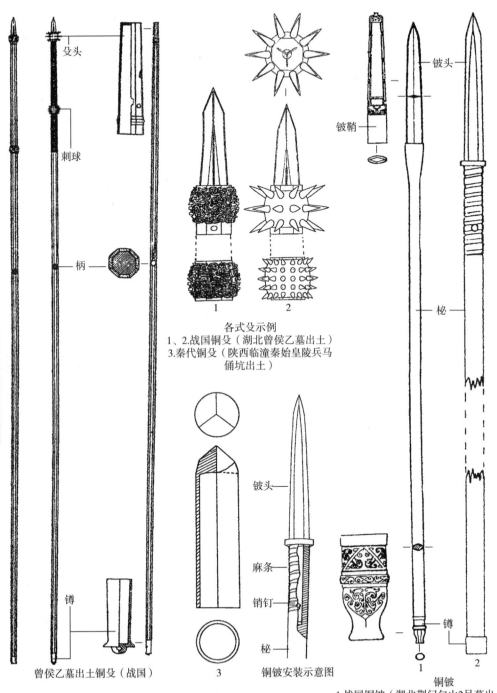

古兵探赜

各式殳示例
1、2.战国铜殳（湖北曾侯乙墓出土）
3.秦代铜殳（陕西临潼秦始皇陵兵马
俑坑出土）

殳头

刺球

柄

镦

曾侯乙墓出土铜殳（战国）

3

铍头

麻条

销钉

柲

铜铍安装示意图

铍头

铍鞘

柲

镦

1

2

铜铍
1.战国铜铍（湖北荆门包山2号墓出土）
2.秦代铜铍（陕西临潼秦始皇陵兵马俑坑出土）

殳　铍

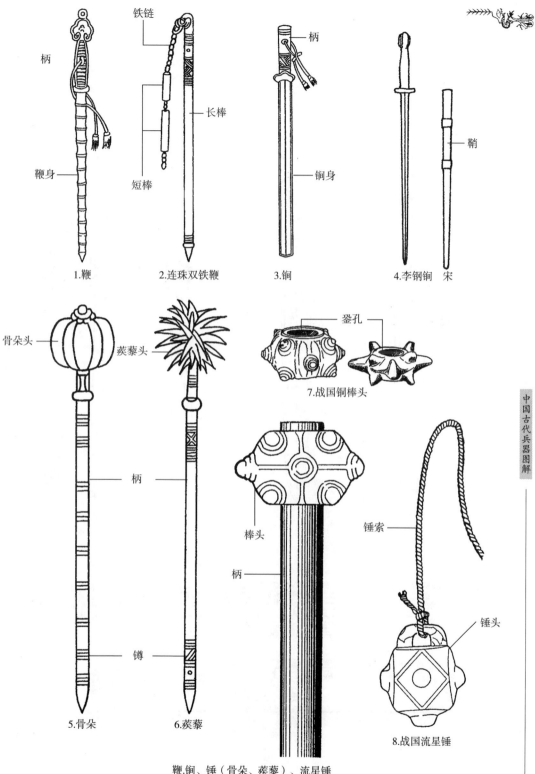

柄

铁链

长棒

鞭身

短棒

1.鞭

2.连珠双铁鞭

柄

铜身

3.铜

柄

鞘

4.李钢铜　宋

骨朵头

蒺藜头

銎孔

7.战国铜棒头

柄

柄

棒头

锤索

鐏

柄

锤头

5.骨朵

6.蒺藜

8.战国流星锤

鞭.铜、锤（骨朵、蒺藜）、流星锤
（1~3、5、6.《武经总要》）4.福建金鸡山　7、8.内蒙古伊克昭盟

砸击类兵器

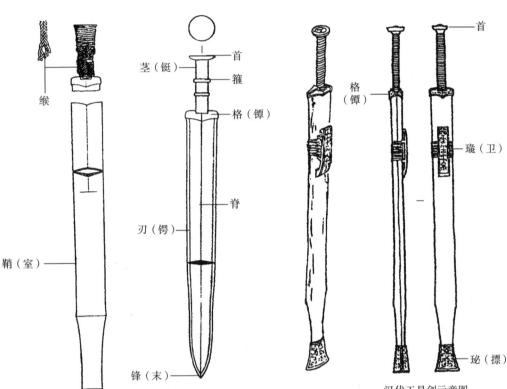

缑

鞘（室）

茎（铤）

首

箍

格（镡）

脊

刃（锷）

锋（末）

格（镡）

首

璏（卫）

珌（摽）

铜剑各部位示意图（湖北荆门包山4号楚墓出土）

汉代玉具剑示意图
（据满城汉墓玉具剑）

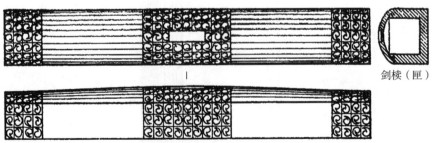

剑椟（匣）

战国漆木剑椟
（湖南长沙楚墓出土）

剑及剑椟

剑带 ———— ———— 剑璏

———— 悬挂式佩剑

秦代璏式佩剑法
（秦始皇陵一号铜车御手背视）

宋代悬挂式佩剑法
（据宋人《中兴四将图》）

古代佩剑方式

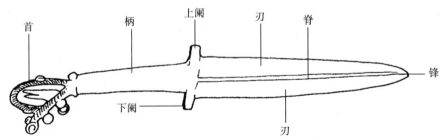

首　　柄　　上阑　　刃　脊

下阑　　　　　　　　　刃

锋

商代短剑各部位示意图（河北张家口征集）

匕首（短剑）使用情况（沂南画像石墓画像）

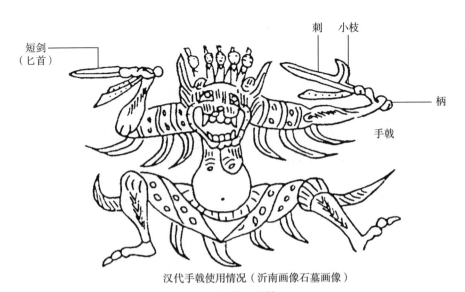

刺　小枝

短剑
（匕首）

柄

手戟

汉代手戟使用情况（沂南画像石墓画像）

匕首、手戟

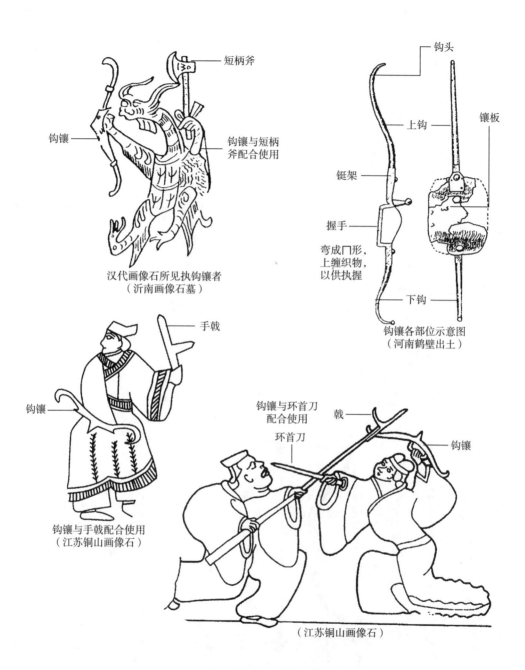

短柄斧

钩镶

钩镶与短柄斧配合使用

汉代画像石所见执钩镶者
（沂南画像石墓）

钩头

上钩

镶板

铤架

握手

弯成门形，
上缠织物，
以供执握

下钩

钩镶各部位示意图
（河南鹤壁出土）

手戟

钩镶

钩镶与手戟配合使用
（江苏铜山画像石）

钩镶与环首刀
配合使用

环首刀

戟

钩镶

（江苏铜山画像石）

钩镶及与之配合用的兵器

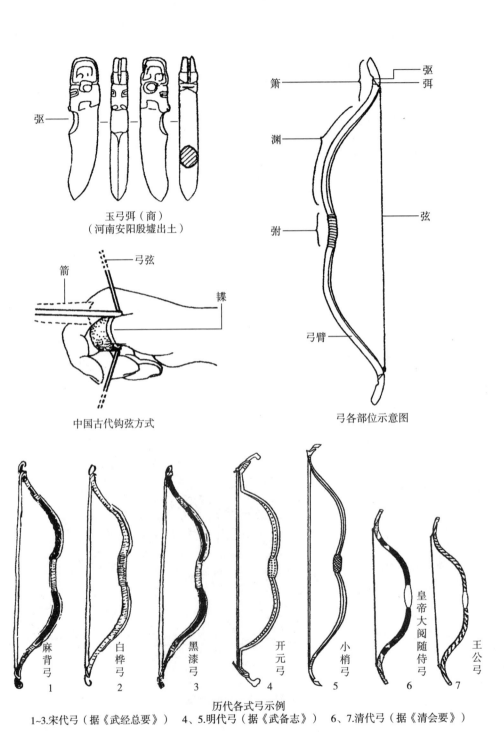

玉弓弭（商）
（河南安阳殷墟出土）

弙

箭

弓弦

䪅

中国古代钩弦方式

箫

渊

弣

弙

弭

弦

弓臂

弓各部位示意图

麻背弓
1

白桦弓
2

黑漆弓
3

开元弓
4

小梢弓
5

皇帝大阅随侍弓
6

王公弓
7

历代各式弓示例
1~3.宋代弓（据《武经总要》）　4、5.明代弓（据《武备志》）　6、7.清代弓（据《清会要》）

木弓

古兵探赜

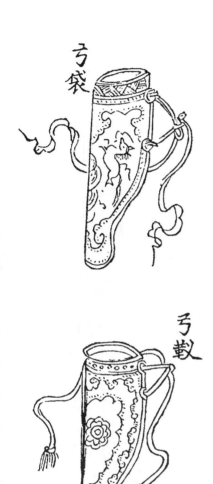

弓袋

弓韣

宋代弓韣、弓袋（据《武经总要》）

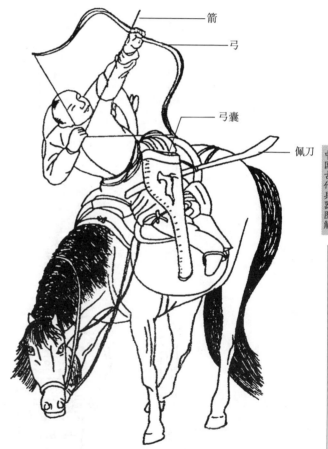

箭

弓

弓囊

佩刀

元代射箭武士（采自《元世祖射猎图》）

弓箭及弓袋

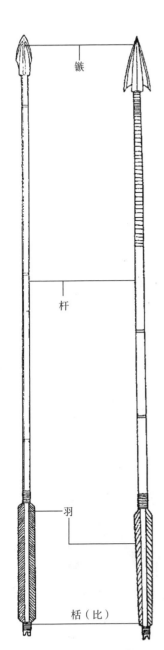

左：战国箭　右：商代箭

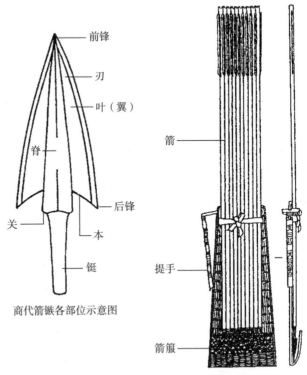

商代箭镞各部位示意图

箭及箭箙（商）
（河南安阳殷墟出土）

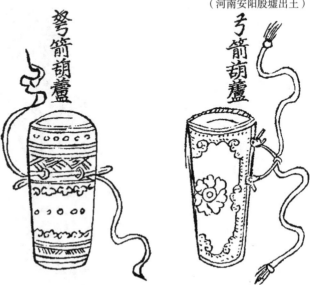

宋代箭箙（《武经总要》）

箭及箭箙

古兵探颐

344

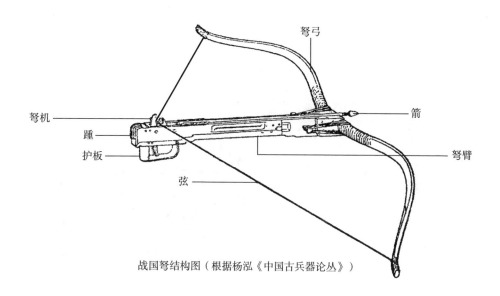

弩机 ——
踵 ——
护板 ——
弦 ——

弩弓

箭

弩臂

战国弩结构图（根据杨泓《中国古兵器论丛》）

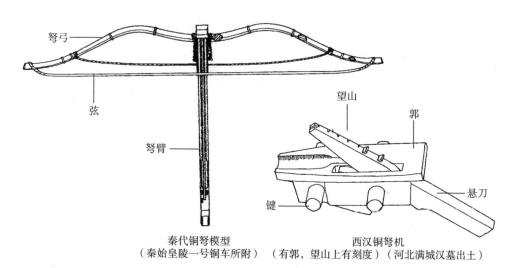

弩弓

弦

弩臂

望山

郭

键

悬刀

秦代铜弩模型
（秦始皇陵一号铜车所附）

西汉铜弩机
（有郭，望山上有刻度）（河北满城汉墓出土）

弩

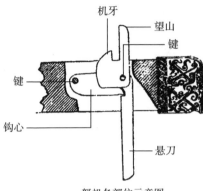

机牙

望山

键

键

钩心

悬刀

弩机各部位示意图

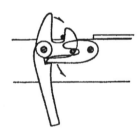

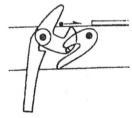

弩发射原理示意图
（根据杨泓《中国古兵器论丛》）

射弩图 宋
（据《古今图书集成·戎政》）

弩机与射弩

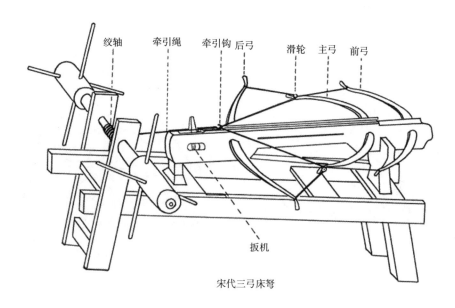

绞轴　牵引绳　牵引钩　后弓　　滑轮　主弓　前弓

扳机

宋代三弓床弩

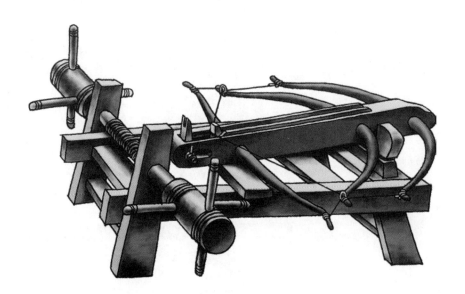

床弩

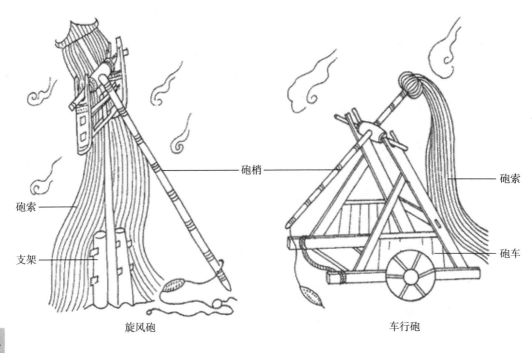

砲梢

砲索

支架

旋风砲

砲梢

砲索

砲车

车行砲

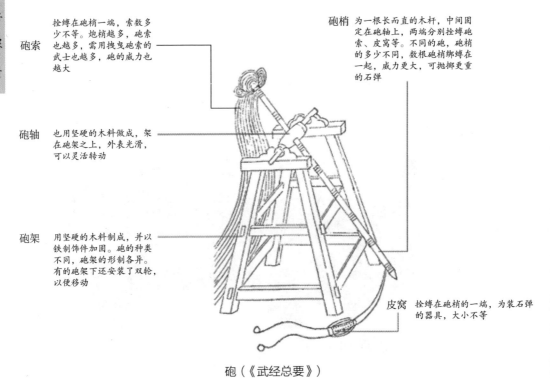

砲索　拴缚在砲梢一端，索数多少不等。炮梢越多，砲索也越多，需用拽曳砲索的武士也越多，砲的威力也越大

砲梢　为一根长而直的木杆，中间固定在砲轴上，两端分别拴缚砲索、皮窝等。不同的砲，砲梢的多少不同，数根砲梢绑缚在一起，威力更大，可抛掷更重的石弹

砲轴　也用坚硬的木料做成，架在砲架之上，外表光滑，可以灵活转动

砲架　用坚硬的木料制成，并以铁制饰件加固。砲的种类不同，砲架的形制各异。有的砲架下还安装了双轮，以便移动

皮窝　拴缚在砲梢的一端，为装石弹的器具，大小不等

砲（《武经总要》）

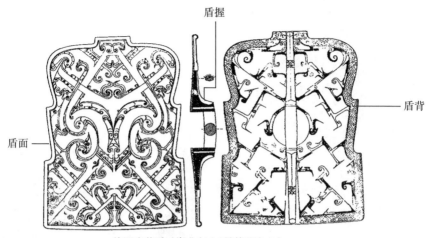

盾握

盾背

盾面

战国皮革盾（湖北包山2号楚墓出土）

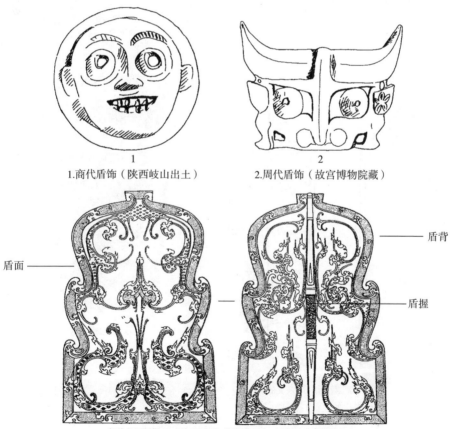

1

2

1.商代盾饰（陕西岐山出土）　　2.周代盾饰（故宫博物院藏）

盾面

盾背

盾握

秦代铜盾模型（陕西临潼秦始皇陵一号铜车马所附）

盾及盾饰

中国古代兵器图解

349

正

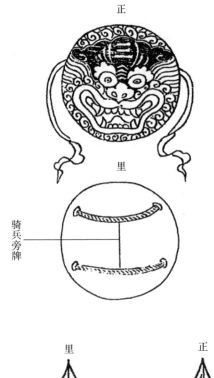

里

骑兵旁牌

缨拂

里　　　　　　正

步兵旁牌

枪木

金花狮子盾

东魏执矛盾武士

倚（枪）木呈"T"字形，用来支盾牌
上：骑兵所用宋代各式盾（旁牌）
下：步兵所用（据《武经总要》）

宋代盾和南北朝执盾武士

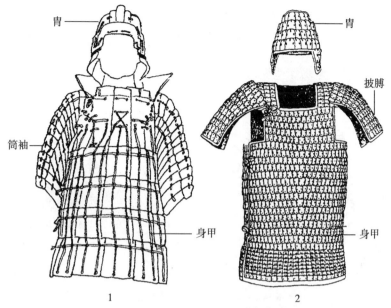

1

2

1.战国皮甲（湖北曾侯乙墓出土皮胄复原）
2.西汉铁叶甲（山东淄博齐王墓出土铁甲复原）

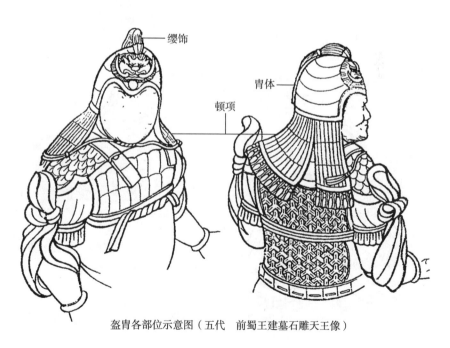

盔胄各部位示意图（五代　前蜀王建墓石雕天王像）

甲胄

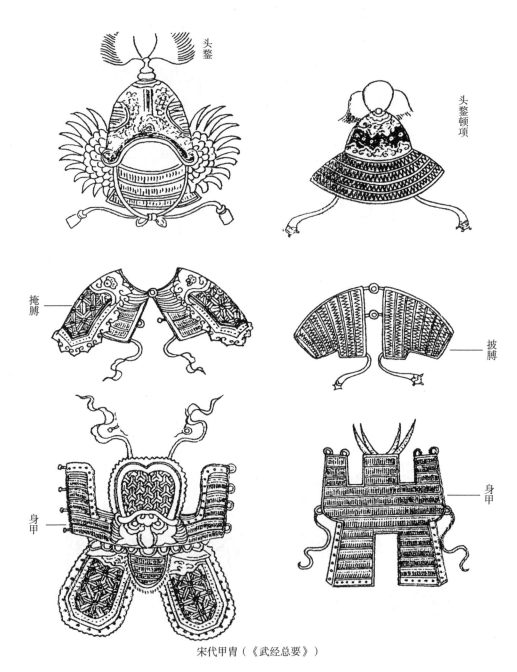

宋代甲胄（《武经总要》）

甲胄

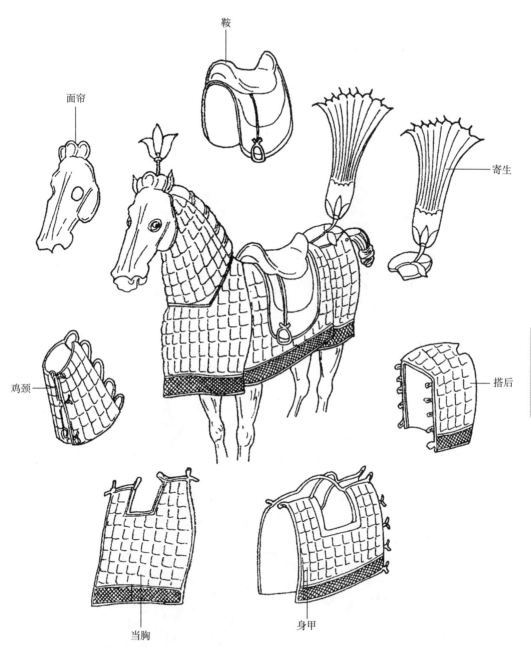

鞍

面帘

寄生

鸡颈

搭后

当胸

身甲

北朝马具具装各部位示意图（根据杨泓《中国古兵器论丛》）

马甲具装

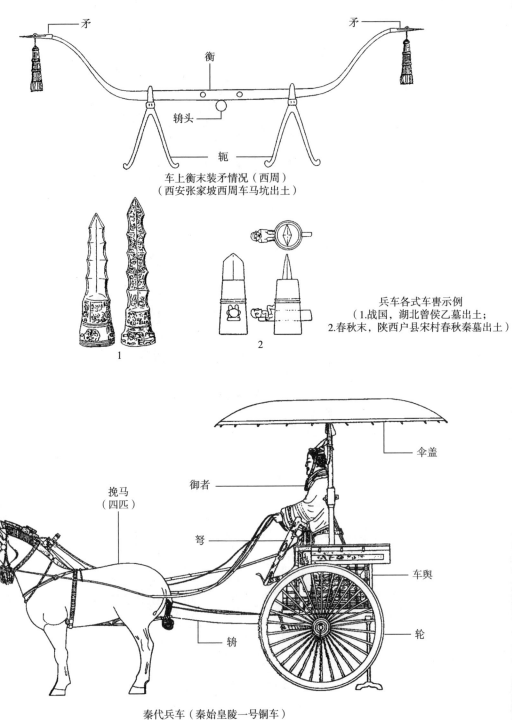

矛　　　　　　　　　　　　　矛

衡

辀头

轭

车上衡末装矛情况（西周）
（西安张家坡西周车马坑出土）

1

2

兵车各式车軎示例
（1.战国，湖北曾侯乙墓出土；
2.春秋末，陕西户县宋村春秋秦墓出土）

古兵探赜

伞盖

御者

挽马
（四匹）

弩

车舆

辀

轮

秦代兵车（秦始皇陵一号铜车）

兵车

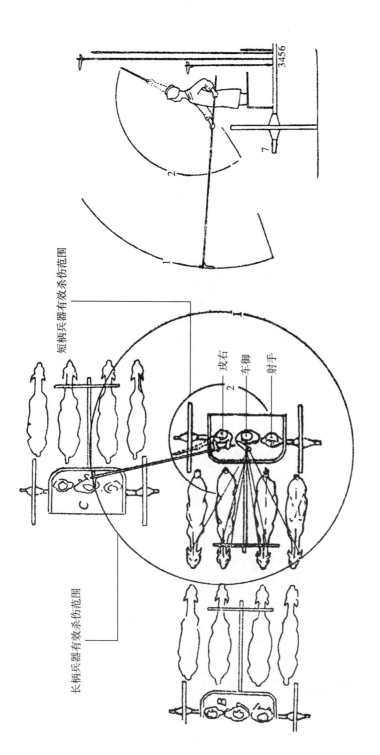

先秦车战示意图（据杨泓《中国古兵器论丛》）

1.戎右使用长柄武器（戈）杀伤范围，长矛的杀伤范围比之略小；2.戎右使用卫体兵器（剑）杀伤范围，若使用短柄戈杀伤范围在两者之间
3.短戈，长1.4米；4.长戈，长3.14米；5.长矛，长2.97米；6.剑，长50厘米；7.车舆；戎右身高1.69米（兵器数据根据湖南长沙浏城桥1号春秋墓）

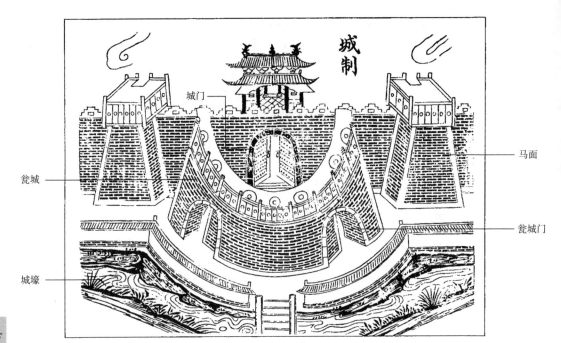

城门

马面

瓮城

瓮城门

城壕

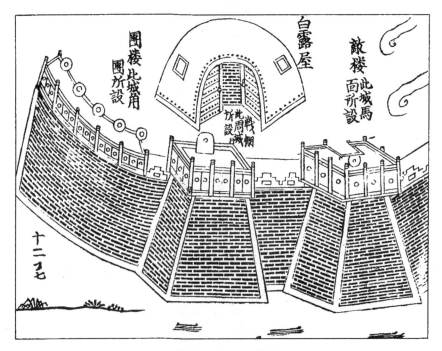

团楼比城用
团所设

白露屋

敌楼此城马
面所设

战棚
此周城
所设

十二七

城制　宋（《武经总要》）

城垒防御

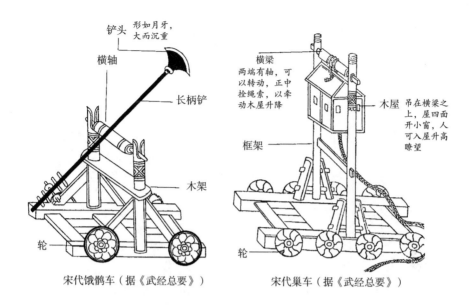

铲头 形如月牙，大而沉重

横轴

长柄铲

木架

轮

宋代饿鹘车（据《武经总要》）

横梁 两端有轴，可以转动，正中拴绳索，以牵动木屋升降

框架

木屋 吊在横梁之上，屋四面开小窗，人可入屋升高瞭望

轮

宋代巢车（据《武经总要》）

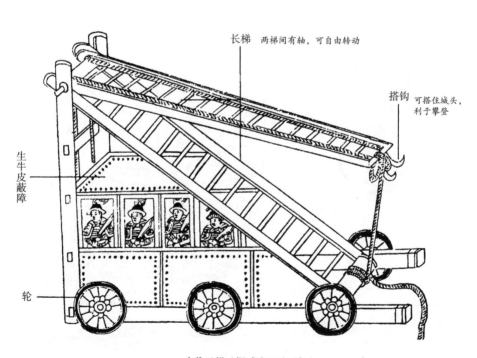

长梯 两梯间有轴，可自由转动

搭钩 可搭住城头，利于攀登

生牛皮蔽障

轮

宋代云梯（据《武经总要》）

宋代攻城战具

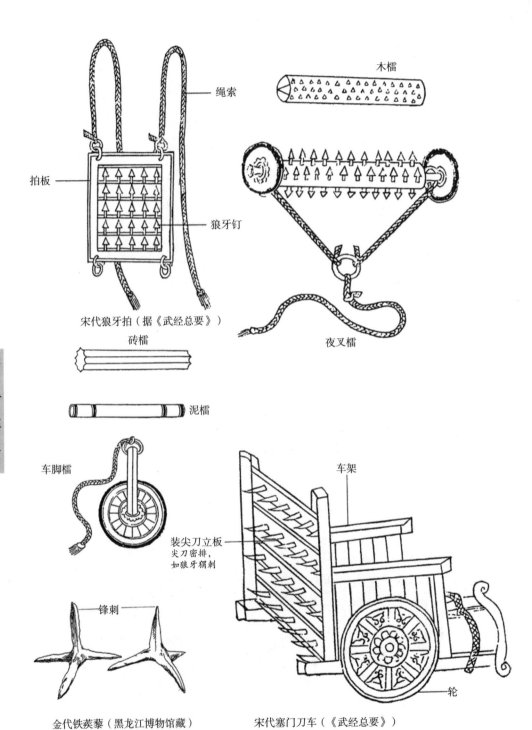

绳索

木榴

拍板

狼牙钉

宋代狼牙拍（据《武经总要》）

夜叉榴

砖榴

泥榴

古兵探赜

车脚榴

车架

装尖刀立板
尖刀密排，
如狼牙猬刺

锋刺

轮

金代铁蒺藜（黑龙江博物馆藏）

宋代塞门刀车（《武经总要》）

宋代守城战具

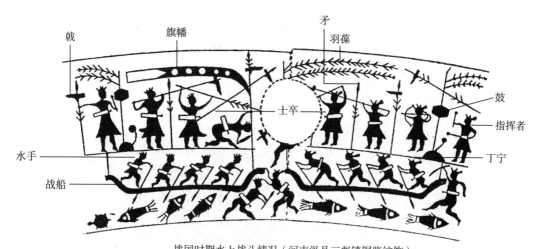

战国时期水上战斗情况（河南汲县三彪镇铜鉴纹饰）

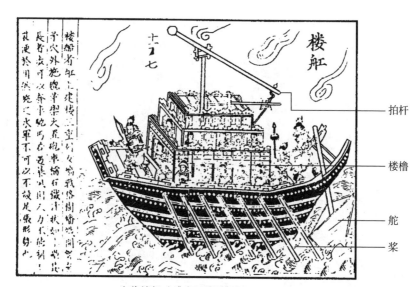

宋代楼船（《武经总要》）

战船战具

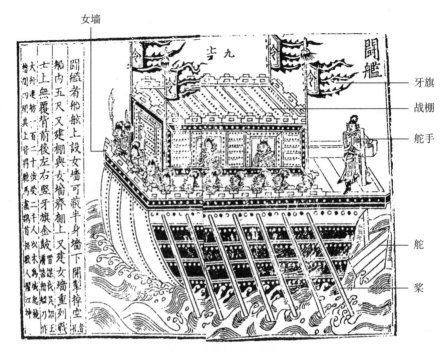

女墙

闘艦

牙旗
战棚
舵手

舵

桨

闘艦者船上设女墙可蔽半身墙下开掣掉空船内五尺又建棚与女墙齐棚上又建女墙重列战敌上无覆背前后左右竖牙旗金鼓此战船也

宋代斗舰（《武经总要》）

牙旗

战卒

桨

海鶻

舵手

舵

宋代海鹘船（《武经总要》）

战船战具

后　记

　　我从小就喜欢历史，喜欢除暴安良、叱咤风云的英雄故事。记得孩提时就喜欢听人讲古，曾在老屋的青灰粉壁墙上图画长坂坡的赵云、景阳冈的武松。三四年级时痴迷历史故事连环画，读《西游记》原著，后来又读《说岳全传》《三国演义》等。学习了历史课之后，渐渐开阔了眼界，也开始思索一些问题，譬如赵子龙在长坂坡七进七出，杀死曹军无数，他具有何等超乎常人的体力，就是曹军伸长脖颈让他砍、挺起胸膛让他刺，他又能斩杀多少人？而且他不但全身而退，还救出了刘备的儿子阿斗。再说，既然有如此英勇的战将，何必再要几十万、上百万的军队？既然刘备有了赵云，又有号称万人敌的关羽、张飞，为什么与曹操作战屡战屡败？又如，李渊之子李元霸号称隋唐第一条好汉，手使一对铁锤，重八百斤。这还是平常人吗？这么重的铁锤怎么用来交战？什么样的战马才能充当他的坐骑？

　　读大学乃至工作之后，由于工作之便，在全国各地博物馆看到了各种各样的古代兵器，不少还仔细揣摩过，触摸过。不过历经了千百年的岁月，早已失去了它们原来的模样。就说湖北省博物馆珍藏的越王勾践剑和吴王夫差矛吧，虽然铸制工艺精湛，但剑的柄上缠缑不存，剑鞘业已朽毁不成样子；矛只剩下矛头，矛矜（柄）和矛镈已失，难以尽显春秋末年最后两位霸主的风采。又如先秦时期精选干、角、筋、胶、丝、漆六种材质，经两三年方能制成的复合弓，遗存至今恐怕只有角或骨质的弓珥，或许还有已朽残殆尽的弓干了。如果是弩，残存下来的只有青铜制作的弩机，或许还有硬木制作的弩臂、弩弓、弓弦早已腐朽，它们原来凛凛的杀气已消失殆尽。我感叹唐代诗人杜牧《赤壁》中"折戟沉沙铁未销，自将磨洗认前朝"的诗句，说的虽是前朝古物，不过已经面目全非！今天我们在博物馆看到的展品不就是如此吗？但这又是古代历史不可或缺的实物例证。我们必须了解它，研究它。

今天我们辨识中国古代兵器，古典小说、评书、戏曲，乃至一些影视剧，往往把我们带入一个个误区。譬如关羽使用青龙偃月刀问题，吕布使用方天画戟问题，程咬金使用宣花大斧、李元霸使用八百斤铁锤问题。更甚者如钱彩《说岳全传》，更把铁浮屠谬说作是铁铸的大炮。

在影视作品中，两汉或更早的骑兵都脚踩马镫往来冲杀，殊不知完备的马镫是三国乃至两晋时期才出现的马具；1987版《三国演义》中，士兵持握的都是先秦常用的联装戟，周瑜头戴的盔胄上居然装有与日本古代盔胄相似的"前立"。还有，古代剑鞘上都装有供佩带的饰件，古人用璲式或悬挂式将剑佩在腰间，没有哪个武将侠士如影视剧中手握一柄剑四处闯荡的。

20世纪90年代初期，杨泓先生带着我们几个年轻人撰写了几本普及古代兵器知识的图书，由此我就更加喜爱古兵器了，在研究探讨中渐渐找到了自己的门径。21世纪初，在杨泓、孙机先生的指导下，花费数年时间编撰了国家文物局国家鉴定委员会主编《文物藏品定级标准图例》的"兵器卷"，开阔了眼界。

此后，一个偶然的机会，中国人民革命军事博物馆邀请孙机先生和我为其官网"古兵探观"栏目撰写古代兵器研究文章。数年间，自己的积存已有几十篇之多。在此基

古
兵
探
赜

础上筛选篇目，修改文字，增删附图，以成本书。书中新
增加了《兵车行——古代战车纵横》《丈八蛇矛谈趣》《拐
子马与铁浮屠》《古代兵书巨著〈武经总要〉》等文章。我
相信，读者定会喜欢，也会从书中了解更多更有趣的古代
兵器知识。

于炳文

2024 年初春